Mark Salzman, ein junger Amerikaner, ging im Anschluß an sein Sinologie-Studium in Yale für zwei Jahre nach China, wo er an der Universität von Changsha in der Provinz Hunan Englisch unterrichtete und seinerseits vom größten Kampfsportler Chinas als erster und einziger Privatschüler akzeptiert wurde.

Von Mark Salzman sind außerdem erschienen:

Eisen und Seide (Band 03084)
Der Solist (Band 60491)

Deutsche Erstausgabe Juni 1997

Titel der Originalausgabe: »Lost in Place«

Originalverlag: Bloomsbury Publishing, London
Umschlaggestaltung: Agentur Zero, München
Satz: Ventura Publisher im Verlag
Druck und Bindung: Ebner Ulm
Printed in Germany
ISBN 3-426-60498-1

5 4 3 2 1

Mark Salzman

Frisbee, Buddha und Kung-Fu

Aus dem Amerikanischen von
Hans-Joachim Maass

Knaur

Für Joseph Arthur Salzman –
Künstler, Astronom, Sozialarbeiter,
geliebter Vater
und gutmütiger Pessimist, der auf dieses Buch
mit der Bemerkung reagierte, er habe es gern gelesen,
jedoch das Gefühl gehabt, daß mein Porträt von ihm
ungenau sei.
Ich hätte ihn, beschwerte er sich,
in einem übertrieben positiven Licht dargestellt.

Obwohl dieses Buch kein Roman ist und die ganze, unverfälschte, objektive Wahrheit wiedergibt, hat man mich auf die vage Möglichkeit hingewiesen, daß einige der in diesem Buch geschilderten Personen bestimmte Dinge anders in Erinnerung haben. Um dieser absurden Möglichkeit Rechnung zu tragen, sind sämtliche Namen mit Ausnahme der meiner Familie geändert worden.

Di*e Erde ist ein teuflischer Ort,*
doch das Weltall ist etwas Wunderbares.

Edwin Arlington Robinson

Ma*n hat behauptet, wir seien dazu bestimmt,*
die Dunkelheit jenseits der Sterne zu kennen,
bevor wir die Natur unserer Lebensreise verstünden …
wir wissen aber auch, daß unsere innere Bestimmung
irgendwo weit hinter dem Riff der Sirenen liegt,
die von Wissen sangen, jedoch nicht von Weisheit.

Loren Eisely

1

Als ich dreizehn Jahre alt war, sah ich meinen ersten Kung-Fu-Film, und noch bevor er zu Ende war, kam ich zu dem Schluß, daß das Leben eines wandernden Zen-Mönchs für mich das richtige sei. Ich verkündete meine Entschlossenheit, die East Ridge Junior High-School sofort zu verlassen und alle materiellen Dinge aufzugeben, doch meine Eltern teilten meine Begeisterung nicht. Sie machten mir klar, daß ich erst dann ein wandernder Zen-Mönch werden könne, wenn ich die Schule beendet hätte. Bis dahin könne ich unten im Keller Kung-Fu üben und meditieren. So versenkte ich mich in das Studium des chinesischen Boxens und der chinesischen Philosophie. Ich tat es mit der Hingabe, die einem nur dann möglich ist, wenn man seinen Lebensunterhalt noch nicht selbst verdienen muß, zu jung ist, den Führerschein zu machen, und noch keine Freundin hat.

Zunächst verwandelte ich unseren Keller in etwas, was meinen Vorstellungen von einem buddhistischen Tempel am nächsten kam. Ich schob alles Gerümpel auf eine Seite, zog mit Kerzen eine Grenzlinie und baute mir auf einem Couchtisch einen Schrein. Ich stattete ihn mit Gegenständen aus einem Haushaltswarenladen aus, dem einzigen Geschäft in der Stadt, das Geschenke aus dem Orient verkaufte: einem Platzgedeck aus Bambus, einer Packung Eßstäbchen, einem Sake-Becher, den ich in ein Weihrauchgefäß verwandelte, und einer chinesischen Küchengottheit aus Kunststoff, auf deren Bauch das Schriftzeichen für »schmackhaft« gemalt war. Neben den Schrein legte ich meine geheiligten Texte: ein mehrbändiges Jugendlexikon mit Einträgen über China, Buddhismus und Taoismus sowie Bruce Tegners Buch *Kung Fu and Tai Chi*, das siebte in einer Reihe von Handbüchern von Mr. Tegner, einem kurzgeschorenen, ehemaligen Mariner und kenntnisreichste Autorität unseres Landes über Zweikämpfe ohne Waffen.

Damals, als es noch keine Rauchmelder gab, konnte ich soviel Weihrauch verbrennen, wie ich wollte, und was mich betraf, war ein Kung-Fu-Tempel kein richtiger Kung-Fu-Tempel, wenn man in eineinhalb Meter Entfernung noch etwas sehen konnte. Traurigerweise gab es in Ridgefield, Connecticut, nur einen einzigen Laden, in dem man Weihrauch kaufen konnte. Ye Olde Head Shop, der sich auf Hippie-Poster in grellen Schockfarben und Papier für Joints spezialisiert hatte, und in seinem Weihrauch-Angebot gab es keine traditionellen asiatischen Düfte wie etwa Sandelholz oder Weihrauch des arabischen Weihrauchbaums. Im Ye Olde Head Shop gab es statt dessen Aprikose, Wassermelone, Passionsfrucht und etwas, was sich Black Love nannte und in einem länglichen Karton verpackt war, auf dessen Deckel ich die Umrisse eines nackten Mannes und einer nackten Frau entdeckte, die beide Afro-Frisuren trugen und es miteinander trieben. Ich wagte es nicht, den grüblerischen Hippie hinter dem Tresen um eine Packung Black Love zu bitten oder auch nur Passionsfrucht, was sich etwas gemäßigter anhörte, und so blieb ich bei den sexuell neutralen Sorten hängen, die einen an Aprikose und Wassermelone erinnern, wenn man an der Schachtel schnuppert. Kaum hat man jedoch die Kegel angezündet, riechen sie wie brennender Karton.
Da waren noch weitere Details. Ich brauchte Kleidung für meine Trainingsstunden, aber die Kung-Fu-Kampfanzüge, die ich in den Kampfsportzeitschriften-Anzeigen gesehen hatte, waren zu teuer. So begnügte ich mich damit, meinen grünen Schlafanzug schwarz zu färben, doch die Farbe haftete nicht richtig, und so kam am Ende eine oliv-purpurfarbene Uniform heraus. Ich band sie mit dem roten Bademantelgürtel meines Vaters zusammen und sah aus wie eine in Weihnachtspapier eingewickelte Aubergine. Am schwierigsten von allem war jedoch, was ich mit dem Haar machen sollte. Wirkliche Zen-Meister rasieren sich den Kopf, wie jeder weiß, der mal einen Kung-Fu-Film im Fernsehen gesehen

hat. Mein Vater hatte mein langes Haar nie gemocht und oft gesagt, er wünschte, er könnte alles abrasieren. Also ging ich auf der Stelle zu ihm und fragte, ob er seinen Wunsch gern erfüllt sähe. Seine Reaktion bestand darin, eine Augenbraue zu heben, und das war, wie ich aus Erfahrung wußte, ein klares Nein.

Als Alternative bestellte ich eine sogenannte Kahlkopfperücke, die ich auf der Rückseite eines Comic-Hefts angezeigt gesehen hatte. Wenn sie, wie es in der Anzeige hieß, gut genug war, Freunde zu überraschen, würde sie wohl auch für meine Trainingsstunden im Keller taugen, wie ich mir dachte. Als die Perücke vier lange Wochen später mit der Post ankam, erwies sie sich als Enttäuschung. Sie war schlaff, gekräuselt und von einer widerlichen grauen Farbe. Ich modifizierte sie, indem ich die Innenseite mit pink- und orangefarbenen Markerstiften bemalte und sie dann mit etwas einpuderte, was ich aus dem Frisiertisch meiner Mutter genommen hatte. Irgendwann sah die Perücke tatsächlich fleischfarben aus, doch dann mußte ich mir darüber klar werden, was ich mit all meinen Haaren machen sollte. Mein Vater hatte darauf bestanden, es zu schützen, da es hinten und an den Seiten hervorkam und mir über die Schultern hing. Mein kleiner Bruder Erich, der zwei Jahre jünger war als ich, spazierte zufällig ins Badezimmer, bevor ich das Problem gelöst hatte, und er erklärte, ich sähe eher wie Ebenezer Scrooge aus als »wie einer dieser glatzköpfigen Kerle im Fernsehen, die Frauenkleider tragen und andere Leute treten«. Meine Schwester Rachel, zwei Jahre jünger als Erich, erklärte, ich sähe aus wie ein riesiger Fötus. Nicht jeder hielt soviel von Kung-Fu wie ich.

Am Ende drehte ich das überschüssige Haar zu einem Ball und stopfte es im Nacken unter die Perücke. Als ich in den Spiegel blickte, sah ich einen entschlossenen, jungen Adepten, der bereit war, alles auf sich zu nehmen, um körperliche und spirituelle Meisterschaft zu erlangen; doch als meine Eltern einen Blick von mir erhaschten, wenn ich nach oben ins Badezimmer rennen mußte, sahen sie etwas anderes. Der massige, gepuderte Kopf, der purpurfarbene Schlafanzug und die Rauchwolken, die hinter mir hervorquollen, wann immer ich die Kellertür öffnete, überzeugten sie davon, daß ich ohne Umwege auf eine Karriere als Straßenmusikant zusteuerte.

In jenem ersten Sommer mit Kung-Fu, als unsere Familie die Eltern meiner Mutter im westlichen Ohio besuchte, starb Bruce Lee. Wir saßen alle gerade beim Frühstück in der Küche, und meine Großmutter nannte meinen Großvater »ein Hühnerhirn«, weil er wieder mal den Toast hatte verbrennen lassen.
»Sei mal still«, unterbrach mein Vater sie und drehte den Ton von ihrem alten Schwarzweißfernseher auf. Dieser stand auf einem Tablett mit Rädern, damit meine Großmutter die Nachrichten sehen konnte, wenn sie Kartoffeln schälte, Maiskolben entpulte, Pastetenteig knetete, das Geschirr abwusch oder Hemden bügelte.
»Sieh dir das an, Mark«, sagte mein Vater.
»Der König des Kung-Fu ist mit dreiunddreißig gestorben!« verkündete der Nachrichtensprecher. »Asiens größter Filmstar starb unter rätselhaften Umständen in der Wohnung einer Schauspielerin in Hongkong, und zwar am Vorabend der Premiere seines ersten amerikanischen Films. Hier ein Ausschnitt aus einem seiner früheren Filme.« Es war die berühmte Szene aus *The Chinese Connection*, in der Bruce hoch in die Luft springt und ein hölzernes Schild in Stücke tritt. Dieses Schild, von dem früher in diesem Jahrhundert tatsächlich ein Exemplar am Eingang eines Parks im europäisch besetzten Schanghai hing, hatte die Aufschrift getragen: HUNDE UND CHINESEN UNERWÜNSCHT. Diese eine Szene machte Bruce Lee über Nacht zu einem Symbol des chinesischen Nationalstolzes. Es spielte keine Rolle, daß die von ihm dargestellte Figur am Ende des Films von einem Erschießungspeloton hingerichtet wurde; die Szene, in der er das Schild zerstörte, ließ Millionen verzückter Chinesen im Kino

aufspringen und katapultierte Bruce Lee in Asien zum Ruhm eines Superstars.
Ich konnte nicht glauben, daß er tot war. Ich ging hinaus zu unserem Wagen, setzte mich hinein und weinte den ganzen Tag. Mein Vater bedauerte mich so sehr, daß er mir anbot, mit mir ganz bis nach Dayton zu einem Drive-in-Kino zu fahren, in dem zufällig *The Chinese Connection* lief. Wir sahen uns den Film in dem VW-Bus gemeinsam an. Mein Vater gab sich Mühe, seine Langeweile zu verbergen, während ich jedesmal vor Freude und Kummer in Tränen ausbrach, wenn Bruce Lee zu kämpfen anfing. Nachdem in jener Nacht alle anderen eingeschlafen waren, setzte ich meine Perücke auf und übte in dem dunklen Wohnzimmer. Ich schwor meinem toten Helden stumm, aber leidenschaftlich, niemals aufzugeben, bis ich selbst ein erleuchteter Kung-Fu-Meister sei.

Kurse in asiatischem Mystizismus gab es an der East Ridge Junior High-School nicht, so daß ich mir selbst einen Studiengang entwerfen mußte. Aus meinen Nachforschungen in dem Jugendlexikon hatte ich gelernt, daß Buddha bei der Meditation unter einem Baum kurz vor Sonnenaufgang zufällig nach oben blickte und am östlichen Himmel die Venus aufgehen sah. Irgendwie half ihm dieser Anblick des leuchtenden Planeten, das Nirwana zu erreichen, einen Seelenzustand, der als Befreiung von allem Leiden geschildert wurde. Ich deutete dies wörtlich und kam zu der Überzeugung, daß es beim Buddhismus nur darum ging, Schmerzen gegenüber unempfindlich zu werden. Es wurde mein spirituelles Ziel, eine Immunität gegen Unannehmlichkeiten zu entwickeln, und zu diesem Zweck machte ich meine Zen- und Kung-Fu-Übungen so unangenehm wie nur möglich. An sonnigen Tagen meditierte ich an der niedrigsten Stelle des Dachbodens, und an Regentagen saß ich draußen im Schlamm. Ich achtete darauf, daß alle meine Streck-, Schlag- und Tretübungen weh taten, was keine gute Idee war, wie mir jeder gute Sportler hätte sagen können, doch ich hatte keinen Sportler um seinen Rat gebeten. Zur Meditation gehörte für mich auch der Versuch, mich auf »Leere« zu konzentrieren – was für jeden Dreizehnjährigen eine unangenehme Herausforderung ist, bei der man kaum stillsitzen kann –, während mir die gekreuzten Beine weh taten und die Nase juckte.

Damals war es mir noch nicht klar, doch es gab einen grundlegenden Unterschied zwischen dem, was ich tat, und dem, was die meisten wirklichen Buddhisten tun. Der Buddha selbst gab ein angenehmes Leben auf, weil er die Heuchelei nicht ertragen konnte, ein wohlgenährter Fürst zu sein, während um ihn herum so viel Leiden herrschte. Er gab zunächst sein Haus auf und machte sich mittellos, um sich dann um das Nirwana zu bemühen, weil er sich dachte, es lohne sich nur dann, es zu erreichen, wenn es selbst für den ärmsten Menschen auf der Erde erreichbar war. Ich hingegen wollte Zen-Meister werden, weil ich hoffte, die vollkommene Erleuchtung würde mich beliebter machen – vor allem bei den Mädchen. Als der jüngste und kleinste Junge meiner Klasse war ich überzeugt davon, ins Grab zu sinken, ohne je Sex gehabt zu haben, bevor ich etwas ganz Besonderes mit meinem Leben anfing. Obwohl es heute durchaus so sein kann, daß man in Amerika keinen Stein werfen kann, ohne ein Medium, einen tibetischen Lama oder einen Yoga-Lehrer zu treffen, galt es 1973 in Ridgefield als außergewöhnlich, sich um das Studium des Zen zu bemühen. Ich hoffte, nie wieder die Worte »Du bist für mich nur wie ein kleiner Bruder« hören zu müssen, wenn ich ein Mädchen um eine Verabredung bat, wenn es mir gelang, ein lebender Buddha zu werden

Dann gab es noch Kung-Fu. Den Filmen und Fernsehprogrammen, die ich sah, hatte ich entnommen, daß einer der Hauptvorteile eines Daseins als buddhistischer Mönch darin bestand, daß man böse Menschen ohne innere Beteiligung oder körperliche

Erschöpfung windelweich prügeln konnte. In moralischer Hinsicht hatte man immer die Oberhand, weil man Pazifist war, doch wenn jemand trotzdem dumm genug war, auf einen loszugehen und einen Schlag zu riskieren, erlebte er sein blaues Wunder. Kung-Fu verwandelte einen in eine Mischung aus Sugar Ray Robinson, Michail Baryschnikow und Mahatma Gandhi. Ich hegte die Hoffnung, diese Überraschung bei mindestens einem der Arschlöcher aus der achten Klasse anwenden zu können, die ständig auf mir herumhackten, weil ich klein war, höflich zu Erwachsenen und in einem Jugendorchester das Cello strich.

Nicht zuletzt wollte ich ein Zen-Meister werden, weil ich glaubte, es würde auf meinen Vater Eindruck machen. Wie die meisten Jungen wollte ich mich dadurch beweisen, daß ich etwas tat, was mein Vater nicht konnte, aber wie die meisten Jungen glaubte auch ich, daß mein Vater alles konnte. Er konnte Auto fahren, Wände anstreichen, die Sternbilder beim Namen nennen, ein Zelt aufbauen und war außerdem bei der Air Force gewesen – was gab es denn sonst noch? Die Antwort erhielt ich an dem ersten Abend, an dem ich sah, wie David Carradine mit gekreuzten Beinen auf der Erde saß und seine Bambusflöte spielte, als eine Bande mörderischer Cowboys ihn überfallen wollte. Ich konnte mich kaum beherrschen vor Aufregung – dies war definitiv etwas, was mein Vater nicht konnte.

Wenn mein Dad wüßte, daß er gleich von mörderischen Cowboys überfallen werden würde, würde er zunächst angewidert den Kopf schütteln und sagen, er habe schon immer gewußt, daß ihm so etwas passieren würde. Dann würde er eine Zeitlang auf und ab gehen, leise Flüche vor sich hin murmeln und sich laut über die Dämlichkeit von Leuten wundern, die den Wilden Westen romantisch verklärten. Schließlich würde er sich in das Unvermeidliche fügen und sich mit dem Gedanken trösten, daß auch seine Mörder wie jeder Mensch auf der Welt schon bald sterben würden, daß die Sonne irgendwann erkalten und all dieser Irrsinn gnädiger Vergessenheit anheimfallen würde. Es fiel mir nicht schwer, mir dieses Szenario vorzustellen; mein Vater spielte nämlich eine Version davon vor, wann immer ein Wasserhahn tropfte, der Heizkessel ein seltsames Geräusch machte oder ein merkwürdiger Geruch aus dem Motorraum in das Innere unseres Wagens drang. Man konnte fast sehen, wie der erste häßliche Gedanke in ihm auftauchte – »Wir werden jetzt eine völlig neue Küchenspüle/Heizanlage/Karre kaufen müssen« –, als wäre es in die Muskeln seines Unterkiefers gekritzelt, und dann beobachtete man, wie er sich ausbreitete, bis sein ganzer Körper mit verzweifelten Graffiti bedeckt war. Heitere Gelöstheit erlebte mein Vater nur dann, wenn er schlief und keine Alpträume wegen der Wasserleitungen oder des Wagens hatte oder davon träumte, wieder auf dem College zu ein.

Ich wußte, daß mein Vater sowohl stolz als auch neidisch auf mich sein würde, wenn es mir gelang, ein unerschütterlicher Weiser zu werden. Dann würde er zugeben müssen, daß die Kahlkopf-Perücke und der Schlafanzug letztlich doch gute Ideen gewesen waren. Während also die meisten meiner Schulkameraden damit begannen, sich durch Leistungen im Unterricht, durch Sport oder durch üble Streiche hervorzutun, beschloß ich, in die Fußstapfen der antiken Meister zu treten, deren Wissen in Laotses aus dem fünften Jahrhundert v. Chr. stammenden Klassiker *Tao te-King* wie folgt beschrieben wird:

> ... Waren fein, geheimnisvoll, dunkel, eindringend,
> Tief, nicht auszuloten.
> **E**ben weil nicht auszuloten,
> **D**arum kann man nur mit Mühe sich ihre Haltung vorstellen.
> **V**orsichtig waren sie, wie wer im Winter den Strom durchwatet,
> **S**cheu, wie wer auf den vier Seiten Nachbarn fürchtet.

Zurückhaltend wie Gäste,
Zergehend wie Eis, das schmelzen will,
Schlicht waren sie wie Rohholz,
Leer wie das Tal,
Trüb wie Schlammwasser.

Wenn ich meinem Vater diese Passage vorlas, um ihn mit meiner neuen Philosophie vertraut zu machen, reagierte er nicht sofort. Er schob seine Kaffeetasse quer über den Küchentisch, erst nach links, dann nach rechts, und versuchte sie dann genau in die Mitte zu stellen. Wenn er dies tat, bedeutete es meist, daß er mir einen ernüchternden Vortrag halten wollte. Ich wappnete mich, um für seine sanfte, aber vernichtend rationale Kritik des uralten, unfaßbaren Wissens gerüstet zu sein, doch sie kam nicht. Er fand eine zufriedenstellende Stelle für die Tasse, nickte auf eine Weise, die, wie ich wußte, nur bedeutete, daß er zwar nicht begeistert war, aber auch nicht die Absicht hatte, mir in die Suppe zu spucken. Dann sagte er: »Mein Sohn, das Rohholz. Sag mir Bescheid, wenn es funktioniert.«

Mein Vater sah die Dinge immer ein bißchen klarer, als ihm guttat. Seine Gabe, sich alles vorzustellen, was in einer beliebigen Situation schiefgehen konnte, brachte ihm schon mit fünf Jahren den Spitznamen »der altkluge kleine Joe« ein. Einer seiner älteren Brüder erzählte mir, er habe den Eindruck, daß mein Vater seine Kindheit nicht erlebt, sondern vielmehr ertragen habe; schon von Geburt an scheine sein Gesicht zu einem Ausdruck erschöpften Stoizismus erstarrt zu sein. Er verfestigte diesen Ruf noch, älter zu erscheinen, als er tatsächlich war, indem er seine Abende damit zubrachte, aus seinem Schlafzimmerfenster auf den Nachthimmel zu starren, sich die Sternbilder einzuprägen und Nordlicht-Erscheinungen zu beobachten. Er lieh sich in der Bibliothek sämtliche Bücher über Sterne und Planeten aus und abonnierte die Zeitschrift *Sky and Telescope*, bevor er auf die High-School kam. Dieses Interesse an Astronomie gab seinen Eltern Rätsel auf, denn sie standen mit beiden Beinen fest auf der Erde. Meine Großmutter hatte mir einmal erklärt, sie sei ein nettes Mädchen aus Texas, dessen Aufgabe es sei, vier Jungen großzuziehen, und mein Großvater war ein nüchterner Bauunternehmer, der den Parkplatz des ersten McDonald's-Restaurants asphaltiert hatte.

Anders als viele Wunderkinder, deren Gaben schon in einem frühen Alter verblassen, verlor mein Vater nie sein Talent, Dinge in einem klaren Licht zu sehen. Und zum Glück entdeckte er für sich die Malerei, mit deren Hilfe er es schaffte, sich mit großem Erfolg auszudrücken. Bedauerlicherweise ließ ihn eben diese Gabe allzu geringschätzig über seine freudlosen Gemälde denken, um sich für sie einsetzen zu können, und so wurde er lieber Sozialarbeiter, als in einem Speicher zu verhungern. Er argumentierte, daß er zumindest etwas tun könne, was nicht vorwerfbar sei, wenn er es schon nicht schaffe, seinen Lebensunterhalt mit dem zu verdienen, was ihm Spaß mache. Jedenfalls war Psychologie auf dem College das Fach gewesen, das ihn am meisten interessiert hatte. Angesichts seiner Persönlichkeit überraschte es dann nicht, daß er sich als mitfühlender Zuhörer entpuppte und während seiner gesamten Laufbahn hohe Wertschätzung genoß, doch wenn man ihn nach seiner Arbeit fragte, erzählte er einem nur, daß die sozialen Berufe sich auf der Verliererstraße befänden. Trotz allem, was er über Psychologie und den Geist wußte, war er oft selbst deprimiert, obwohl er immer sagte, er sei deprimiert, gerade *weil* er so viel über Psychologie und den Geist wisse. Jeden Morgen verließ er das Haus mit einem Gesicht, als hätte ihm jemand einen zentnerschweren Sandsack um die Schultern gebunden, und jeden Abend kam er nach Hause und sah aus, als wäre der Sand naß geworden. Er erwähnte nie seine Arbeit, wenn er nicht danach gefragt wurde, und wir Kinder hüteten uns, Fragen zu stellen.

Tatsächlich wurde ich eine Zeitlang nicht recht schlau aus dem, was er tagsüber machte; das Mißverständnis ergab sich an einem Wintermorgen, nachdem er noch vor Tagesanbruch aufgestanden war, um eine Heizdecke über den Motor unseres Volkswagens zu legen (der sonst im Winter nicht ansprang). Er brauchte nämlich eine runde Stunde, um zu seiner Arbeit zu kommen. Nachdem er den Wagen verarztet hatte, kam er noch mal ins Haus, um noch einen Moment Wärme zu genießen, und sagte anscheinend zu sich selbst: »Zurück ins Salzbergwerk.« Ich hörte es zufällig und verkündete später in der Frage-und-Antwort-Stunde in der Schule, daß mein Daddy unter Tage arbeite; in jenem Jahr schrieb meine Lehrerin auf die Rückseite meines Zeugnisses: »Ich fürchte, daß Mark manchmal in einer eigenen kleinen Welt zu leben scheint.« Sie wußte nämlich, daß mein Vater kein Bergmann war. Sie hatte recht. Ich lebte *tatsächlich* in einer eigenen kleinen Welt, und sie bestand meist aus Tagträumen, mit denen ich mir die Zeit vertrieb, bis Daddy von der Arbeit nach Hause kam. Für mich begann erst dann das richtige Leben, denn ich betete meinen schwermütigen Vater an. Er war ziemlich streng, machte sich nichts aus Brettspielen, besaß keine Heimwerkergeräte, hatte keinerlei Interesse an Sport, aber ich fühlte mich in seiner Gesellschaft immer wohl. Aristoteles sagte einmal, daß Melancholiker am geistreichsten seien. Dem möchte ich hinzufügen, daß es auch am meisten Spaß macht, sich gerade ihnen anzuvertrauen. Denn während eines großen Teils meines jungen Lebens machte mir nichts mehr Spaß, als ihm dabei zu helfen, seinen scheußlichen Arbeitstag zu vergessen, indem ich ihm von meinem scheußlichen Tag in der Schule erzählte, und das führte meist zu einer guten, abwechslungsreichen Unterhaltung. Manchmal saßen wir auf dem Fußboden im Wohnzimmer und unterhielten uns, denn dort malte er. Die Hälfte seines Materials bewahrte er in Schachteln auf, die überall herumlagen, und die andere Hälfte hatte er auf dem Teppich verteilt. An den Wochenenden unterhielten wir uns im Wagen, wenn wir zur Müllkippe unterwegs waren, zum Eisenwarenladen, zum VW-Händler oder zu Proben meines Jugendorchesters in Norwalk. Wenn das Wetter zu scheußlich war, erklärte er, das sei ein Tag für die grüne Wolldecke, zog ein uraltes, ausgefranstes Exemplar aus der Kommode, warf es auf eins unserer klapprigen Sofas und bereitete für Erich, Rachel und mich Zimt-Toast und Tee zu. Dann erzählte er uns Geschichten und machte manchmal ein Nickerchen mit uns. Gelegentlich begleitete ich ihn bei seinem Spaziergang zum Bauernhof in der Nähe unseres Hauses, denn ich konnte darauf bauen, daß er sich lieber unterhalten wollte, als sich auf das Gehen zu konzentrieren, was er haßte. Am meisten unterhielten wir uns jedoch während unserer Astronomiesitzungen unter den Sternen. Diese Gespräche machten auch den größten Spaß.

Da mein Vater spürte, daß ich vielleicht ein lernwilliger Schüler war, führte er mich in dieses Hobby ein, als ich alt genug war, nach acht Uhr noch aufzubleiben. Meine früheste Kindheitserinnerung ist, als er mit mir einmal mitten in der kalten Nacht auf ein Feld ging, um den Kometen Ikeya-Seki zu beobachten. Das war 1965. Von seinem hell strahlenden, sternenähnlichen Kopf bis zum Ende seines milchigen Schweifs maß er mehr als achtundvierzig Millionen Kilometer, was einem Drittel der Entfernung der Erde von der Sonne entspricht. Der Komet leuchtete in der klaren Nachtluft so hell, daß die Kühe, die in unserer Nähe standen, wie geisterhafte Anbeter aussahen, die mit ihrem Atem Ikonen ihrer Gottheit formten. Als wir mit den Füßen stampften, um uns warm zu halten, erklärte mir mein Vater, daß Kometen in Wahrheit kaum mehr seien als Schneebälle und daß ein kleines Stück von ihnen schmelze, wenn sie die Sonne passierten. »In ein paar hundert Millionen Jahren«, sagte er, »wird dieser Komet, den wir gerade betrachten, vollständig geschmolzen sein, und der Solarwind wird den Staub des Schweifs in den Weltraum zwischen den Sternen geblasen haben.«

Ein Grund dafür, glaube ich, daß Unterhaltungen beim Betrachten von Sternen so denkwürdig sein können, ist, daß man das Gesicht seines Begleiters nicht richtig sehen kann. Man hört nur seine Stimme, während man nach oben in die Dunkelheit starrt, was die Worte ungewöhnlich deutlich werden läßt. Als ich meinen Dad fragte, was mit dem Staub des Schweifs passieren würde, nachdem er aus dem Sonnensystem hinausgeblasen worden sei, erwiderte er: »Nun, vielleicht fängt ihn die Schwerkraft ein und zieht ihn in eine riesige Wolke aus anderen Arten von Staub, und dann würde ein neuer Stern oder Planet aus ihm. Vielleicht schwebt er auch ewig durch den Weltraum.«

»Wie kann er ewig schweben?«

Er machte eine Pause, bevor er antwortete: »Das weiß niemand genau. Aber du wirst eine bessere Vorstellung davon haben, wenn du erst mal einen Job hast.«

Ironischerweise war es bei dem Job, von dem mein Dad mit solcher Begeisterung sprach, erforderlich, durch den Weltraum zu schweben; er kannte die Namen sämtlicher Astronauten und hielt jeden von ihnen für einen Helden. So war es kein Wunder, daß ich mit sieben Jahren (das war um die Zeit des Gemini-Programms) zu dem Schluß kam, unbedingt Astronaut werden zu wollen. Allerdings sollte das nicht erst dann sein, wenn ich erwachsen war; ich wollte es auf der Stelle werden, am liebsten schon am Ende des Monats. Als ich es meinem Vater sagte, erwiderte er: »Du bist zu jung, um jetzt schon Astronaut zu sein, aber wenn du in der Schule hart arbeitest, könntest du eines Tages die Chance dazu haben.« Dieser Rat entmutigte mich, doch meine Mutter rettete die Situation mit dem Vorschlag, ich solle einen Brief an die NASA schreiben und um Informationen über das Astronautenprogramm bitten; wer weiß, sagte sie, vielleicht gebe es etwas, was ich gleich tun könne, sogar als Siebenjähriger.

»Oh, Martha«, sagte mein Vater und schüttelte den Kopf. »Sie haben keine Zeit, auf solche Briefe zu antworten.«
»Es tut doch nicht weh, es zu versuchen«, entgegnete sie zornig. Also schrieb ich einen Brief, und drei Wochen später erhielt ich von der NASA einen großen braunen Umschlag voller Farbfotos aus dem Weltraum und Broschüren über das Raumfahrtprogramm. »Siehst du?« sagte Mom, die es nie zu überraschen schien, wenn ihre scheinbar abstrusen Vorschläge funktionierten. »Du solltest nie Angst davor haben, etwas zu versuchen!«
Ich folgte ihrem Rat und begann auf der Stelle mit meiner Astronautenausbildung. Eine der Broschüren zeigte einen Mann, der in einem engen Simulator saß, der einer Raumkapsel ähnelte, und die Bildunterschrift erklärte, die Astronauten müßten sich daran gewöhnen, endlos lange Stunden reglos zu verharren. In einem frühen Anflug einer Gewohnheit, die später zu meinem Markenzeichen wurde – der zwanghaften Verfolgung unrealistischer Ziele –, beschloß ich, im Stillsitzen in einem beengten Raum einen Rekord aufzustellen. Ich war überzeugt davon, die NASA damit auf mich aufmerksam zu machen.
Ich fand einen großen Karton, in den ich kaum hineinpaßte, bemalte die Innenseiten mit Knöpfen und Meßgeräten, stattete die Kiste mit einer Wolldecke, einem Thermometer, einem Wecker sowie einem Periskop aus, das ich aus zwei Taschenspiegeln meiner Mutter zusammengebaut hatte. Das Weltraumfoto der NASA lehnte ich an die Wand, so daß ich durch das Periskop alles betrachten und mir einbilden konnte, bei einem wirklichen Weltraumflug dabeizusein. Mein Bodenpersonal – Erich und Rachel – füllte für mich Metallbecher mit Zuckerwasser und reichten sie mir durch das Loch für das Periskop, wenn ich frische Energie brauchte. Zu Anfang des Programms saß ich eine halbe Stunde in der Kiste und steigerte die Zeit täglich um zehn Minuten. Als ich mehr als eine Stunde pro Tag erreicht hatte, fing die Sache an, langweilig zu werden, doch mir war klar, daß ich durchhalten

mußte. Wenn ich für eine echte, richtige Mission ausgewählt wurde, eine Fahrt zum Mond, wie lange würde ich dann wohl so sitzen müssen!

Ich wußte, wie wichtig es war, daß ich es unbequem hatte, und so erlaubte ich mir nicht einmal, auf einem Kissen zu sitzen, und hielt die Kiste ständig geschlossen, damit sie stickig und überhitzt wurde. Sobald eine Übungsstunde begonnen hatte, verkniff ich es mir sogar, ins Badezimmer zu gehen. Nach einer Woche oder so, als ich spürte, daß meine Entschlossenheit nachließ, richtete ich die Kiste so aus, daß ich durch das Periskop mein Lieblingsprogramm im Fernsehen sehen konnte – *Lost in Space* –, um die Langeweile zu bekämpfen.

So ging das mehrere Wochen weiter. Ich baute die Zeit nach und nach bis auf über drei Stunden pro Sitzung aus, bis das Training ein abruptes Ende fand. An die letzte Mission kann ich mich noch gut erinnern.

»Achtung, Kommandant – hier Bodenstation in Houston. Machen Sie sich für eine translunare Injektion bereit.«

»Hier Kommandant. Alle Systeme arbeiten. Mache mich bereit zum Start.«

»Noch zehn Sekunden bis zur Zündung.«

Die translunare Injektion würde mich aus dem Orbit der Erde hinauskatapultieren und zum Mond schicken. Ich würde meine Geschwindigkeit von sechsundzwanzigtausend Kilometern pro Stunde auf mehr als siebenunddreißigtausend Stundenkilometer steigern.

»Zündung!«

Es gab keinerlei Wahrnehmung von Beschleunigung, kein Geräusch und nur eine leichte Vibration. Nur mein Computer sagte mir, daß ich in einem phänomenalen Tempo schneller wurde. Als die Zusatzbrennkammer leer war, hörte die Vibration auf.

»Brennstoffkammer leer.«

Danach war alles still. Ich befand mich jetzt tief im Weltraum. In der Raumkapsel war es stickig und heiß; ein Blick auf das Thermometer klärte mich darüber auf, daß die Temperatur 35 Grad betrug. Der Wecker zeigte an, daß ich jetzt seit drei Stunden und fünf Minuten in der Kapsel saß. Plötzlich hörte ich einen Knall und spürte, wie ich meine Position änderte. Noch ein Knall, doch diesmal dauerte er etwas länger und hörte sich eher an, als würde etwas reißen. O nein! Eine der Schweißnähte der Raumkapsel öffnete sich! Wenn der Riß noch breiter wurde, würde der Luftdruck absacken! Mein Körper würde zerplatzen wie ein Luftballon und dann in dem absoluten Vakuum des Weltraums sofort gefrieren.

»Mayday, Mayday!« rief ich. »Bodenstation, hier Kommandant. Wir haben ein Problem.«

»Liebling, ich unterrichte gerade.«

»Was?«

»Woher kam diese Stimme, Missis Salzman?«

»Oh, aus dieser Kiste da drüben beim Fernseher. Mein Sohn ist darin.«

Mayday! Mayday! Ich drehte das Periskop herum und sah statt der Erde oder des Mondes oder des grenzenlosen Nichts etwas, was mich verwirrte. Ich entdeckte meine Mutter, die in unserem Wohnzimmer eine Klavierstunde gab, und ihre Schülerin saß auf der Bank und starrte in meine Richtung.

»Er übt, um Astronaut zu werden«, erklärte meine Mutter mit einem Bühnenflüstern. »Er stellt diese Bilder von den Sternen vor die Kiste und betrachtet sie durch das kleine Periskop. Das macht er jetzt schon seit Wochen.« Sie blickte zu mir hinüber. »Hoppla! Liebling, ich glaube, deine Kiste fällt auseinander. Dein Hinterteil guckt raus.« Ihre Schülerin kicherte.

Mein Hintern ragte aus dem Raumschiff, direkt vor einem dieser Teenager, die bei Mom Klavierunterricht nahmen. Ich war wieder sieben Jahre alt.

Ich zog das Spielzeugperiskop herunter, kletterte durch die Öffnung hinaus und vermied es sorgfältig, meine Mutter oder ihre Schülerin anzusehen. Mein Gesicht kribbelte, und das bedeutete, wie ich wußte, daß es so rot war wie der Arsch eines Pavians. Ich ging nach oben in mein Zimmer, legte mich aufs Bett und machte mich für die Ankunft dessen bereit, was ich den Schwarzen Nebel nannte, der sich immer dann auf mich senkte, wenn ich aus einem besonderen Tagtraum erwachte und erkannte, daß ich immer noch ein kleines Kind in Connecticut war. Diesmal schwebte der Schwarze Nebel wochenlang über mir. Er lichtete sich erst dann, als mein Vater ein Buch mit dem Titel *Säugetiere tun die seltsamsten Dinge* mitbrachte, was mich zu meinem nächsten unrealistischen Vorhaben anregte: Ich wollte den Sumpf in unserem Vorgarten in ein Schutzgebiet für Schnabeltiere, Flughunde und Gürteltiere verwandeln.

Trotz meiner fehlgeschlagenen Bemühungen, Astronaut zu werden, genoß ich auch weiterhin die Astronomiestunden mit meinem Vater, und unsere Plaudereien beim Betrachten der Sterne sorgten dafür, daß ich nie den Sinn für seinen schwarzen Humor verlor. Als ich in den Stimmbruch kam, hatte ich das Geheimnis seiner Denkweise gelernt, das darin bestand anzuerkennen, wie Tolstoi es getan hatte, daß es nur eins gibt, was wir mit Sicherheit wissen können, nämlich daß wir nichts wissen. Tolstoi hielt dies für den höchsten Gedankenflug des menschlichen Verstands, während es für meinen Vater nur eine weitere düstere Tatsache war und die einzig denkbare Erklärung für den Erfolg von Phänomenen wie der spanischen Inquisition, von Bildern trauriger Clowns auf schwarzem Samt sowie von Country- und Western-Musik. Woody Allen hielt er in erster Linie für einen Soziologen und erst in zweiter für einen Komödianten; er war der Meinung, daß Edvard Munch ein besserer Psychiater gewesen wäre als Sigmund Freud und stimmte mit Arthur Koestler darin überein, daß das menschliche Gehirn das vielleicht einzige Beispiel dafür sei, daß die Evolution eine Spezies mit einem Organ ausgestattet habe, das sie nicht zu gebrauchen verstehe.

Am Pessimismus meines Vaters störte mich nur eins, nämlich daß er nicht mehr Spaß daran hatte. Dies enthüllte den größten Unterschied zwischen ihm und mir, die einzige Kluft, die nicht mal lebenslange Konversation überbrücken konnte: Mein Vater war von Natur aus Pessimist, der immer das Schlimmste als gegeben ansah, während ich ein synthetischer Pessimist bin, ein Mensch, der sich dadurch vor Enttäuschung zu schützen versucht, daß er sich einredet, Pessimisten lägen schon richtig. Geborene Pessimisten leiden, wenn ihre düsteren Vorhersagen wahr werden, während synthetische Pessimisten sich freuen, wenn sie zur Abwechslung mal recht haben. Wenn ich mit meinem Vater über den Tod sprach, machte mich das munterer, als wenn ich andere Menschen über die Unsterblichkeit spekulieren hörte; und die Befriedigung, die ich empfand, wenn er mir dabei half, die richtigen Worte zu finden, um ein Problem zu artikulieren, gab mir mehr Auftrieb, als es aufmunternde Worte vermocht hätten. Angesichts meiner Erfahrungen als gelernter Griesgram kam es mir also vor, als müßte mein Vater der lebendigste und heiterste Mann der Welt sein. In Wahrheit war er häufig unglücklich, und das machte mich verwirrt.

Ich war auch oft unglücklich, wußte aber, daß es gute Gründe dafür gab. Ich war ein Kind und führte wie alle Kinder kein wirkliches Eigenleben. Schule, Hausarbeiten, Mahlzeiten, Cellostunden, gutes Benehmen, Transport und Hygiene waren sämtliche Faktoren, die durch Gesetz, die Gesellschaft oder meine Eltern bestimmt wurden, und es war zwecklos, sich dagegen aufzulehnen. Außerdem war ich körperlich klein, was bei Jungen praktisch garantiert, daß sie sich elend fühlen. Ich klammerte mich an die Vorstellung, daß ich mit Unabhängigkeit, einem Wachstumsschub, einem ständigen Begleiter des anderen Geschlechts, einem eigenen Wagen und einem gutbezahlten Job belohnt werden würde, wenn ich es nur schaffte, bis einundzwanzig am Leben zu bleiben und kein langes Vorstrafenregister anzuhäufen. Dann konnte ich den ganzen Tag ein glücklicher Pessimist sein und nicht nur abends und an den Wochenenden, wenn mein Vater zu Hause war.

Mein Vater bedrohte diese Vision vom Paradies. Er war verheiratet, hochgewachsen, bezog ein Gehalt, fuhr einen eigenen VW-Bus und wußte, daß es zwecklos ist, sich allzusehr über das aufzuregen, was man in den Zeitungen liest, und dennoch war er deprimiert, vor allem von Montagmorgen bis Freitagnachmittag. Er tat mir leid, doch irgendwann mit Beginn der Adoleszenz erkannte ich, daß seine Angst für mich eine Öffnung bot, eine Gelegenheit, mir eine eigene Identität zu schaffen, ohne ihm weh zu tun oder ihn zu enttäuschen: Ich brauchte nur eins zu tun, glücklich zu werden. Wenn mir dies gelang, würde er sich beeindruckt zeigen müssen und mich vielleicht sogar fragen, wie ich es geschafft und was mich in die Lage versetzt hätte, zur Abwechslung mal ihm Ratschläge zu geben.

Irgendwo in jenem Pilotfilm der *Kung-Fu*-Serie, die ich gesehen hatte, bezeichnete die Gestalt, die jedermanns Liebling wurde – Meister Po, der blinde Mönch, der Grashüpfer gehen hören konnte –, Erleuchtung als ein Gefühl von Einssein mit dem Universum. Das war der Augenblick, über den ich, wie ich wußte, mehr herausfinden mußte; in jenem Augenblick kam ich zu der Überzeugung, daß der Erfinder von Kung-Fu an mich gedacht haben mußte, wer immer es war. Angesichts meines Hintergrunds als Astronomenlehrling fiel es mir schwer, mir einen edleren oder spannenderen Weg zum Glücklichsein vorzustellen als die Verschmelzung mit dem Nachthimmel. Wenn es bei Buddha funktioniert hatte, der erleuchtet wurde, als seine Augen die Venus entdeckten, würde es vielleicht auch bei mir klappen. Und ich konnte nicht umhin, zu bemerken, daß der Buddhismus eine Mischung aus Pessimismus und Idealismus bietet, die wundervoll zu meinen Lebensumständen paßte: Buddha erkannte alles Leben als Leiden und Unwissenheit und gab seinen Platz in der Welt auf, wie wir ihn kennen, doch indem er es tat, gewann er ein anderes Leben in einem Zustand ewiger Euphorie. Als mein Vater mich also bat, ihm Bescheid zu sagen, falls es funktionierte, wie ein Stück Rohholz zu sein, gab es keine Umkehr. Ich mußte mit dem Universum eins werden, denn es wäre demütigend gewesen, mit leeren Händen von einer so merkwürdigen, aber vielversprechenden Reise zurückzukehren.

2

Nachdem mehrere Monate vergangen waren und es den Anschein hatte, als würde ich in meinem Bemühen, leer wie das Tal zu werden oder trüb wie Schlammwasser, keinerlei sichtbare Fortschritte machen, beschloß ich, das Tempo zu beschleunigen. Ich nahm mir vor, jeden Augenblick des Tages als eine Art Training zu nutzen, und zwar nicht nur die Stunden, in denen ich meditierte oder Kung-Fu übte. Da ich immer noch glaubte, daß Unempfindlichkeit gegen Schmerz der Schlüssel zur Erleuchtung sei, fing ich an, mich im Unterricht oft zu kneifen, Mahlzeiten zu überspringen und mich je nach Wetterlage zu leicht oder zu warm anzuziehen und barfuß in die Schule zu gehen. Diese letzte Trainingsmethode stellte Erichs und Rachels Loyalität auf eine harte Probe, denn wenn sie mit dem Schulbus an mir vorbeifuhren, mußten sie sich jedesmal das Gelächter der anderen Kinder über diesen Idioten anhören, der da ohne Schuhe lief.

Da ich das älteste Kind war, fragte ich mich oft, wie es gewesen wäre, einen älteren Bruder zu haben. Als ich ihn mir vorstellte, sah ich meist einen coolen Typ mit langem Haar vor mir, der mich mit seinen Freunden in Bars lotste, mich mit Mädchen bekannt machte und mir beibrachte, Elektrobaß zu spielen, damit ich in seiner Rockband mitmachen konnte. Erst jetzt, wenn ich daran denke, was meine tatsächlichen Geschwister durchmachen mußten, geht mir auf, was für ein Glück ich hatte, meinen imaginären älteren Bruder nach Wunsch verschwinden lassen zu können. Meine Geschwister hatten nicht nur mit ansehen müssen, wie ich mit einer Kahlkopf-Perücke und einem Schlafanzug durchs Haus wanderte oder bei Regen mit gekreuzten Beinen im Garten saß, sondern mußten sich auch mit meinen Bitten abfinden, für mich Reisetaschen voller Kleidungsstücke bereitzulegen, an denen ich Tritte und Schläge üben konnte, mußten mit Vaters Bogen Pfeile auf mich abschießen, damit ich mich in der Kunst des

Ausweichens üben konnte, oder an Seilen zerren, die ich mir um die Fußknöchel gebunden hatte, damit meine Beine länger wurden. Für Erich jedoch waren die nackten Füße im Winter einfach zuviel – er brach sein Schweigegelöbnis und verpetzte mich. An jenem Abend hielten mir meine Eltern einen gepfefferten Vortrag, und am nächsten Morgen vergewisserte sich meine Mutter, daß ich das Haus mit Schuhen an den Füßen verließ. Außerdem nahm sie mir das Versprechen ab, sie anzubehalten, bis ich wieder nach Hause kam. Ich hielt das Versprechen, legte sie jedoch herein, indem ich die Sohlen aus den Schuhen herausschnitt, was meinen Französischlehrer, dem nie etwas entging, dazu brachte, mich eines Tages beiseite zu nehmen und zu fragen: »Mark, hast du noch nie was von der Schuhstadt gehört?«

Da ich begierig war, fortgeschrittenere Trainingsmethoden zu lernen, las ich in einer Kampfsportzeitschrift mal einen Artikel, in dem behauptet wurde, daß die Kung-Fu-Meister früherer Zeiten sich darin geübt hatten, nicht zu urinieren. Die Zeitschrift erklärte, diese großen Meister hätten sich in der Pferde-Stellung hingehockt (der Grundstellung der meisten asiatischen Kampfsportarten), und zwar jeweils acht oder zehn Stunden. Sie hätten Toxine ausgeschwitzt und ihre verblüffenden seelischen Kräfte dazu benutzt, das, was sich noch in ihren Blasen befand, in mächtiges *Ch'i* zu verwandeln, was in dem Artikel als »innere Atemessenz der Lebenskraft« übersetzt wurde. Ich probierte es mal mit dem Zurückhalten, doch nur einen Nachmittag lang; ich kam zu dem Schluß, daß einige der uralten Künste für ewig verloren waren.

Ein Jahr, nachdem ich diese erste Kung-Fu-Sendung gesehen hatte, kam ich auf die High-School. Ich fühlte mich unruhig und unzufrieden. Ich konnte inzwischen sämtliche Bewegungen nachmachen, die in Bruce Tegners Buch *Kung Fu and Tai Chi* beschrieben werden, hatte aber das Gefühl, der Meisterschaft in der Kampfkunst noch keinen Schritt nähergekommen zu sein. Ich meditierte jeden Tag mit gekreuzten Beinen, und zwar so lange, wie ein Kegel mit Aprikosenweihrauch brauchte, um bis auf den Couchtisch niederzubrennen, doch statt mich auf Leere zu konzentrieren, verbrachte ich den größten Teil dieser Zeit mit vergeblichen Versuchen, mir nicht vorzustellen, wie meine Klassenkameradinnen nackt aussahen. Am ärgerlichsten war jedoch, daß mich frühe Symptome chronischer Überanstrengung des Rückens den ganzen Tag daran erinnerten, daß ich den Schmerz nicht besiegt hatte. Diese Überbeanspruchung war auf meine Technik zurückzuführen, plötzlich in die Luft zu springen und in alle Richtungen zu treten, ohne mich zuvor gestreckt oder aufgewärmt zu haben, bevor ich übte, »aufmerksam zu sein wie Männer, die sich einer Gefahr bewußt sind«. Ich brauchte also einen richtigen Lehrer. Entmutigt und frustriert fragte ich meine Eltern, weshalb ich fünf Jahre warten müsse, bevor ich in ein Zen-Kloster eintreten könne, und sie sagten immer wieder, wie wichtig es sei, einen High-School-Abschluß zu haben. Aber, erklärten sie, wenn ich eine Kung-Fu-Schule fände, würden sie mich zu den Stunden hinfahren.

»Es gibt keine Kung-Fu-Schulen in Connecticut«, stöhnte ich.

»Bist du dir sicher? Hast du auf den Gelben Seiten nachgesehen?« fragte meine Mutter. Dies war ein typischer Ratschlag von ihr, der klassisch ausgebildeten Musikerin, die mit derselben fröhlichen Gründlichkeit an jede Aufgabe heranging. Für sie bot jeder Tag eine Vielfalt willkommener Herausforderungen; sie konnte nicht begreifen, warum sich ein Mensch überhaupt langweilen konnte. Ihr kamen die Tage nie lange genug vor, und sie konnte nicht verstehen, warum ein Mensch am Morgen lieber im Bett herumlungerte, statt fröhlich aus den Federn zu springen und damit anzufangen, etwas auf die Beine zu stellen. Kurz, sie war das genaue Gegenteil meines Vaters. Sie leistete sich nur selten den Luxus philosophischer Spekulationen, wurde dafür aber nie müde, die Bedeutung der beiden Grundprinzipien zu betonen, nach denen sie lebte und arbeitete: Wenn du beschäftigt bist, hast du keine Zeit, dich zu beklagen, und solltest du je eine Frage haben, solltest du sofort im Jugendlexikon nachschlagen, dem *Harvard Music Dictionary* oder auf den Gelben Seiten.

Wie gewohnt hatte ich für diesen Vorschlag nur Hohn und Spott übrig – sie hätte mir ebensogut sagen können, ich solle bei Sears nach Weihrauch suchen –, aber um einfach sicherzugehen, wenn sie nicht gerade hinsah, nahm ich das Telefonbuch mit in den Keller und sah unter Kung-Fu nach. *Siehe unter Kampfsport-Ausbildung* hieß es dort. Ich schlug unter *K* nach, und zu meinem Erstaunen entdeckte ich gleich unter *Kaminbauer* einen Eintrag, der diese Anzeige enthielt: *Chinesisches Box-Institut, Haus des Kung-Fu.*

Meine Mutter fuhr mich am nächsten Abend hin. Unterwegs versuchte sie möglichst beiläufig zu sagen: »Weißt du, wenn dieser Lehrer nicht das ist, was du dir gewünscht hast, solltest du dich dadurch nicht entmutigen lassen. Man braucht manchmal Zeit, um die richtige Person zu finden.«

»Warum sagst du das, Mom?«

»Nun ... es ist nur so, daß der Mann, der die Schule betreibt, sich am Telefon nicht sehr freundlich angehört hat.«

Mir blieb das Herz stehen. »Was meinst du damit, er hat sich nicht freundlich angehört? Du hast mit ihm gesprochen?«

»Na ja, es ist doch nur richtig, einen Termin zu vereinbaren, bevor man zu einem Lehrer geht, Mark. So macht man es jedenfalls bei Musikstunden – die Mütter meiner neuen Schülerinnen und Schüler rufen immer erst an und machen einen Termin für eine erste Stunde. So weiß ich, wie weit die Schülerin schon ist, und ich kann mich vorbereiten.«

»Was hast du ihm gesagt?« fragte ich und hatte ein schlechtes Gefühl wegen dieses Anrufs.

»Nun, ich habe ihm gesagt, daß du schon seit einem Jahr für dich allein übst, so daß du nicht als Anfänger beginnst. Da hat er mich fast angebrüllt.«

»O mein Gott ...«
»Mach dir keine Sorgen, Mark. Er war ja nur auf mich wütend, nicht auf dich.«
»Was hat er gesagt?«
»Ach, er sagte, ›In meiner Schule beginnt jeder als Anfänger!‹ Er brüllte es fast. Was durchaus in Ordnung ist. Wenn sein Karate nicht das ist, was du dir vorgestellt hast, Mark ...«
»Es ist *Kung-Fu*, Mom!«
»Natürlich – Kung-Fu. Wenn es nicht das ist, was du dir vorstellst, darfst du nicht vergessen, daß es irgendwo noch andere Lehrer gibt. Vielleicht wirst du weitersuchen müssen.«
Für den Rest der Fahrt schwieg ich. Die Jugend ist keine Zeit, in der man vernünftig denkt; mir kam es vor, als hätte sie dem Kung-Fu-Meister genausogut sagen können, ich brauchte keine Windeln mehr, da ich schon vierzehn sei.
Schließlich kamen wir im Chinesischen Box-Institut an, einem kleinen Backsteingebäude, das an einen Friedhof grenzte. Durch das große Panoramafenster konnte ich sechs oder sieben bärbeißig wirkende Männer mit Bärten und Schnurrbärten sehen, die alle schwarze Kampfanzüge trugen und sich unter einem Schaukasten an der Wand mit Schwertern und Wurfmessern ausstreckten. Ich flehte meine Mutter an, nicht mit mir hineinzugehen. Sie schien zu verstehen und sagte: »Na schön, ich werde in zwei Stunden wieder dasein. Viel Spaß!« Sie ließ mich aussteigen, wendete und fuhr los. Die Fahrt nach Hause würde fünfundvierzig Minuten dauern.
Ich machte die Tür auf und schlurfte hinein. Ich hielt meinen Schlafanzug eng an die Brust gepreßt. Als ich mich umsah, fiel mir auf, daß die Wandtäfelung an mehreren Stellen zertrümmert war. Offenbar waren Körper dagegengeschleudert worden. Der ganze Raum stank nach Schweiß und nackten Füßen. Eine kleine, orientalisch wirkende Holzbrücke trennte den Eingang vom Übungsraum. An dessen Rückwand befanden sich drei Türen.

Auf der einen sah ich die Aufschrift MÄNNER, auf der zweiten FRAUEN und auf der dritten BÜRO. Ich konnte hören, daß im Büro etwas vorging; große Gegenstände wurden herumgeschleift und herumgeschubst, und von Zeit zu Zeit kicherte eine Frau.
Ein riesiger Mann, über einen Meter achtzig groß, der so aussah, als könnte ihm nichts etwas anhaben, kam zu mir, um mich zu begrüßen. Er hatte kurzes, lockiges, braunes Haar, einen gewaltigen Schnurrbart, eine Boxernase und einen derart intensiven Blick, daß mir die Knie zitterten. Die Ärmel seines Kampfanzugs waren hochgekrempelt und enthüllten eine dunkle Tätowierung auf seinem Arm, einen bärtigen Mann mit einem Barett, der einen Joint raucht. Ich bemerkte, daß der Bizeps des Mannes den Umfang meiner Schenkel hatte, und seine Hände schienen aus Granitblöcken herausgemeißelt worden zu sein. Ich hatte noch nie einen derart beängstigend aussehenden Mann zu Gesicht bekommen.
»Sind Sie Meister O'Keefe?« fragte ich.
»Nein. Ich bin Bill. Der Meister ist da drinnen«, sagte er und zeigte auf das Büro. »Was kann ich für dich tun?« Mir fiel auf, daß sein Gesicht keinerlei Ausdruck zeigte; er schien sich weder für mich zu interessieren noch verärgert zu sein, und so redete ich weiter.
»Ich – ich wollte mich für den Kung-Fu-Unterricht anmelden. Sollte ich ein andermal wiederkommen?«
»Nein. Hast du einen Kampfanzug mitgebracht?«
»Ja – etwas Ähnliches. Es ist kein richtiger.«
»Der dürfte genügen. Warum ziehst du ihn nicht an?«
Ich überquerte die Brücke – »Du mußt dich verbeugen, wenn du über die Brücke gehst«, erklärte mir Bill – und ging dann in den Umkleideraum. Dort waren zwei weitere erwachsene Männer, die nichts weiter anhatten als Sportsuspensorien. Ich erstarrte vor Verlegenheit; ich befand mich zum erstenmal in einem Umkleideraum und hatte mir vor niemandem mehr die Hosen ausgezo-

gen, seit ich ein Kleinkind war. Ich spürte, wie ich rot wurde, doch die beiden Männer taten, als hätten sie es nicht bemerkt. Als ich mein Hemd aufknöpfte, fragte einer von ihnen: »Sag mal, wie alt bist du, Kleiner?«
»Vierzehn.«
»Himmel, meinst du nicht, du wärst in der Kindergruppe besser untergebracht? Am Nachmittag unterrichtet Sensei nämlich eine, mußt du wissen.«
Ich zuckte die Schultern. Ich wollte nicht in der Kindergruppe sein. Ich zog mir die Schlafanzughose so schnell wie möglich an, aber einer der Männer sagte: »He, willst du kein Suspensorium tragen?«
»Oh ... ich habe keins.«
Beide lachten. »Was willst du denn machen, wenn dir einer in die Eier tritt? Bei diesem Sport passiert das dauernd, mein Kleiner. Du solltest dir lieber bald eins zulegen, sonst kommst du nämlich nie in den Stimmbruch.«
Sie verließen den Umkleideraum, bevor ich mich zu Ende umgezogen hatte. Als ich mir den roten Bademantelgürtel um mein Auberginen-Kostüm gezogen hatte, wäre ich am liebsten nach Hause gegangen, doch es gab kein Zurück – ich mußte da raus.
Als ich die Schiebetür zur Seite zog und in den hellerleuchteten Raum trat, wandten sich die Augen aller zu mir um.
»Herr im Himmel, seht euch das an! Ein roter Gürtel! Er ist schon Meister! Und ein purpurner *gi*! Holt die Kamera her!«
Ich war dankbar, daß ich mich entschieden hatte, nicht die Kahlkopf-Perücke mitzunehmen. Ich bemerkte, daß Bill, der furchterregend aussehende Mann, der mich an der Tür begrüßt hatte, nicht lachte. Er gab mir ein Zeichen näherzukommen und fixierte mich dabei mit seinem enervierend starren Blick. Ich dachte schon, daß er mir befehlen würde, wieder meine Straßenkleidung anzuziehen und an einem Nachmittag für Kinder wiederzukommen, doch statt dessen sagte er mit leiser Stimme: »Jetzt lachen sie noch,

aber wenn du dabei bleibst, kann es sein, daß du ihnen in ein paar Jahren in den Arsch trittst, und wer wird dann wohl lachen?« Er schien zu grinsen, doch ich war mir nicht sicher. Nur eine große Willensanstrengung hinderte mich daran, in Tränen der Dankbarkeit auszubrechen. Bevor ich ihm jedoch danken konnte, wurde er wieder ernst und sagte: »Du solltest aber lieber diese rote Schärpe abmachen. Sensei dürfte sie nicht gefallen, und es ist besser, wenn du ihn nicht ärgerst, glaub mir.« Ich riß den Gürtel ab und hätte ihn sogar aufgegessen, wenn Bill es mir befohlen hätte. Dann gab er mir den Rat, ins Büro hinüberzugehen und dem Meister zu sagen, daß ich da sei, und ihn um Erlaubnis zu bitten, bei der Gruppe mitzumachen.

»Aber es hört sich an, als wäre er, äh, beschäftigt«, protestierte ich.

»Ach was, er ist nicht beschäftigt«, sagte Bill, der wieder zu grinsen schien. »Klopf einfach erst an.«

Ich durchquerte den Raum und blieb vor der Schiebetür stehen. Ich konnte immer noch hören, wie da drinnen eine Frau kicherte. Die Männer, die mich vorhin ausgelacht hatten, drängten mich jetzt mit stummen Handbewegungen, weiterzugehen und an die Tür zu klopfen. Sie schienen alle zu erwarten, daß etwas Komisches passierte. Als ich anklopfte, brüllte eine zornige Stimme: *»Was zum Teufel?«*

»Ich … ich …«

Bevor ich antworten konnte, glitt die Tür zur Seite, und eine junge Frau schlenderte heraus, die ebenfalls einen schwarzen Kung-Fu-Kampfanzug trug. Sie warf mir einen freundlichen, aber leicht spöttischen Blick zu, als sie an mir vorbeiging. Ich ging auf Zehenspitzen ins Büro und versuchte, mich so klein wie möglich zu machen, und bekam den Meister zum erstenmal zu Gesicht. Er saß an einem Schreibtisch, hatte die Füße daraufgelegt, und an der Wand sah ich ganze Reihen von Regalen, auf denen riesige, glänzende Karate-Trophäen standen. Die Wände waren mit Ur-

kunden und Fotos beklebt, auf denen er Stapel glänzender Backsteine zertrümmerte, Grimassen schnitt, Waffen in den Händen hielt und durch die Luft flog.
Sensei O'Keefe war viel kleiner und dünner, als ich erwartet hatte – er konnte kaum mehr gewogen haben als hundertzehn Pfund und war nicht viel größer als ich –, hatte tiefliegende Augen mit dunklen Schatten hinter seiner Fliegerbrille, einen mächtigen Schnurrbart und einen Fu-Manchu-Bart unter der Unterlippe sowie Zähne, die er sich auf seinem Weg zur Meisterschaft offenbar mehrmals hatte richten lassen müssen. Er trug Disco-Stiefel mit siebeneinhalb Zentimeter hohen Absätzen aus Holz, Hosen mit weitem Schlag, die ihm auf den Hüften saßen, sowie ein engsitzendes, kurzes Hemd, das seinen Bauchnabel freiließ und mit Hosenträgern aus Kettengliedern an seinen Hosen befestigt war, ein Goldkettchen um den Hals und einen breitkrempigen Lederhut mit Münzen am Hutband. Er trug an mehreren Fingern Ringe, doch am auffallendsten war einer, der wie ein Drachen geformt war, der sich um einen ovalen Jadestein ringelte. Er sah aus wie ein Weißer in einem dieser Filme aus den siebziger Jahren, in denen man sich über die Schwarzen lustig machte – ganz und gar nicht das, was ich erwartet hatte. Außerdem sah er wütend aus.
»Bist du derjenige«, sagte er dröhnend, »dessen Mutter mich anrief und sagte, du wärst zu gut, um als Anfänger zu beginnen?«
Ich brachte kein Wort heraus.
»Na schön, eins wollen wir klarstellen, Mister Salzman. Ich bin hier der Meister, und in diesem Haus sage ich, wer wo anfängt, sonst niemand. Die Mami von irgend jemandem schon gar nicht. Ist das klar?«
»Ja, Sir.«
Er funkelte mich so streng und mit derart intensivem Abscheu an, daß ich ganz benommen wurde. »Na schön«, sagte er und blickte

zur Seite, als könnte er meinen Anblick nicht länger ertragen. »Hier sind die Anmeldeformulare. Wie alt bist du?«

»Vierzehn.«

Ich war mir sicher, was jetzt kommen würde: Entweder würde er mir sagen, ich solle nach Hause gehen oder wiederkommen, wenn die Kindergruppe dran sei.

»Wenn das so ist, nimm sie mit nach Hause und laß sie von deinen Eltern unterschreiben.« Er reichte mir ein paar Blätter Papier, in denen erklärt wurde, wann sich die Gruppe traf und was der Unterricht kosten würde. Außerdem sollten meine Eltern erklären, daß sie den Meister nicht regreßpflichtig machen würden, falls ich mich verletzte. »Und besorg dir einen Kampfanzug wie alle anderen. Wenn ich dich in Designerfarben sehen will, werde ich es dich wissen lassen.«

»Ja, Sir. Vielen Dank, Sir.«

Ich flüchtete aus dem Büro, verbeugte mich, als ich die Brücke überquerte, und ging dann direkt zum Parkplatz. Ich hatte die Absicht, dort in meinem Schlafanzug die zwei Stunden zu warten, bis meine Mutter kam, um mich abzuholen, doch dann ging die Tür auf, und Bill steckte den Kopf heraus. »Heda, du Sandfloh, Sensei sagt, daß du heute abend mitmachen kannst. Komm schon.«

Ich schloß mich ihm, den anderen Männern und der kichernden jungen Frau an, die in der Mitte des Trainingsraums eine lockere Reihe bildeten.

Der Meister stolzierte aus seinem Büro heraus und begab sich in den Umkleideraum, wobei seine Hosenträger ein leise klirrendes Geräusch machten. Ein paar Minuten später rauschte er durch die Tür. Er trug einen schwarzen Kampfanzug mit einem verblichenen, schwarzen Gürtel, an dem fünf weiße Bänder befestigt waren – ein schwarzer Gürtel des fünften Grads! Auf dem Rücken des Kampfanzugs waren die Buchstaben *AKMF* aufgestickt. Ich nahm an, daß es American Kung-Fu Masters' Federation heißen

sollte, doch Bill erklärte später, es solle »Ass-Kicking Motherfucker« heißen.
»Aufstellen!« schrie der Meister, und alle nahmen ihre Plätze in drei parallelen Reihen ein. Bill zeigte auf den letzten freien Platz in der hintersten Reihe, und ich beeilte mich, dorthin zu kommen. Der Meister sah jedoch nicht aus, als wäre er mit mir zufrieden.
»Wenn ich sage aufstellen«, schnauzte er, »will ich nicht sehen, wie ein Haufen gottverdammter Memmen herumschlendern und aneinanderstoßen! *Ich meine damit, ihr sollt euch bewegen!* Runter auf den Boden, aber ein bißchen plötzlich!« Darauf ließen sich alle mit dem Gesicht nach vorn zu Boden fallen und fingen an, auf den Knöcheln Liegestütze zu machen, und ich folgte dem Beispiel der anderen. Wir machten weiter, bis der Meister wieder losschrie »Aufstellen!«, worauf wir uns bewegten, als hätten wir gerade einen Gewehrschuß gehört. Diesmal war der Meister zufrieden, ließ uns alle eine Verbeugung vor ihm machen und jeden ein kleines Gebet sprechen:

Kung-Fu ist mein Geheimnis,
Ich trage keine Waffen.
Möge der Herr mir vergeben,
Falls ich die Hände benutzen sollte.

Dann blickte er mich an und runzelte die Stirn. Obwohl die anderen Schüler das Gesicht von mir abwandten, bemerkte ich, daß sie mich alle im Spiegel an der Rückwand betrachteten. Urplötzlich ging mir auf, wie klein ich im Vergleich zu den anderen Schülern war. Ich war noch keinen Meter fünfzig groß und wog gerade neunzig Pfund. Für einen Moment kam es mir vor, als wäre die Kindergruppe letztlich doch keine so schlechte Idee.
Das Gesicht des Meisters verzog sich zu einem Grinsen. »Da Mister Salzman seinen Schlafanzug mitgebracht hat«, sagte er,

»sollten wir ihm eine Chance geben. Hat jemand was dagegen, daß er in der Gruppe mitmacht?«
»Nein!« schrien all diese erwachsenen Männer begeistert. Sie drehten sich zu mir um, und ihr Gesichtsausdruck zeigte echte Freundlichkeit. Anscheinend hatte ich die Probe bestanden, weil ich nicht geklagt oder geweint hatte. Damit war die Sache gelaufen.
»Na schön«, sagte der Meister und nickte mir zu. »Wenn du nicht mehr mitkommst, zähle einfach mit, wenn du deine Schläge übst, und zerbrich dir nicht weiter den Kopf. So, jetzt wollen wir aber endlich loslegen. Grundtechniken, zählt bis zwanzig und fangt an dieser Ecke an.«
Mir zersprang fast das Herz vor Freude. Ich vergaß die Hosenträger des Meisters, seine unmöglichen Hosen und das kichernde Mädchen und gelobte, alle körperlichen oder seelischen Schmerzen zu ertragen, jede Verletzung oder Demütigung, um vor seinen Augen Gnade zu finden. Ich erkannte mit niederschmetternder Klarheit, daß ich bis dahin immer ein Weichling gewesen war – Cello spielen! Astronomie! Kahlkopf-Perücken im Keller! Doch jetzt, wo ich einen Mann gefunden hatte, der sich vor nichts fürchtete, den ich gerade dabei erlebt hatte, wie er eine Gruppe stämmiger Männer mit einem einzigen Kommando dazu gebracht hatte, zitternd zu gehorchen – *der Gott bitten mußte, ihm für das zu vergeben, was er mit seinen bloßen Händen anrichten konnte* –, jetzt würde alles anders werden.

3

Da ich jetzt den größten Teil meiner freien Zeit damit zubrachte, einen Seelenzustand zu erstreben, der »leer ist, nichts enthält und daher voll ist und alles enthält«, wurde dies zum Thema der meisten meiner Gespräche mit meinem Vater. Ich kann nur erraten, wie sehr er sich gewünscht haben muß, daß ich mich statt dessen für Malerei interessierte. Am meisten störte mich damals, daß ich in der Schule so viele Stunden damit zubringen mußte, Fakten auswendig zu lernen, die für mich ohne jedes Interesse waren. Es war nicht einfach die Tatsache, daß es mich glücklicher gemacht hätte, meine Zeit mit Kung-Fu-Übungen zu verbringen; ich glaubte, daß das Wissen, das ich in der Schule erwarb, mich wirklich daran hinderte, zu einem Meister zu werden.

»Wie kommst du darauf, Mark?« fragte mein Vater. An jenem Abend hatten wir das Teleskop auf dem gleichen Feld aufgestellt, auf dem wir vor fast zehn Jahren den Kometen Ikeya-Seki beobachtet hatten. Diesmal hatten wir uns zum Ziel gesetzt, den Pferdekopfnebel zu finden, eine leuchtende Wasserstoffwolke im Sternbild des Orion.

Alle wirklichen Wissenschaftler besitzen die kindliche Gabe des Staunens, aber ich glaube, daß Astronomen von allen am kindlichsten sein müssen. Alles, was sie beobachten, läßt sie als Zwerge erscheinen, sowohl was die Größe als auch die Langlebigkeit angeht, und der größte Teil dessen, was sie beobachten, ist unmöglich zu erreichen. Kein Mensch kann sich die Entfernung vorstellen, die das Licht in einem Jahr zurücklegt, geschweige denn die Entfernung, die es in zwei Millionen Jahren überwindet. So weit muß man nämlich reisen, um die erste große Milchstraße zu erreichen, die der unseren *am nächsten* liegt.

Kinder legen sich auf den Rücken und sehen in den Gestalten von Wolken vertraute Gegenstände; Astronomen blicken durch riesi-

ge Linsen und sehen vertraute Objekte in der Gestalt von Milchstraßen, die riesigen, verdünnten Wasserstoffwolken, welche die Kinderstuben neuer Sterne bilden, sowie die sich ausdehnenden Blasen aus schweren Atomen und Strahlung, die zurückbleiben, wenn Sterne in Explosionen von ungeheuren Ausmaßen sterben. Eine Karte des Nachthimmels liest sich wie der Wunschzettel eines Kindes mit guten Dingen, die es am liebsten in einer Schublade verstecken möchte: der Krebsnebel, die Sombrero-Milchstraße, der Hantelnebel, Bienenkorb-Sternhaufen, der Eulennebel sowie eine Galaxie, die einfach nur die Tarantel genannt wird.
Um die Frage meines Vaters zu beantworten, weshalb ich der Ansicht sei, daß die High-School meinen Geist ruiniere, erzählte ich ihm, daß Laotse, der taoistische Philosoph des fünften Jahrhunderts v. Chr. und Autor des *Tao te-King* den Menschen geraten habe, »Schneidet ab die Gelehrsamkeit, so gibt es keine Sorge mehr«.
Mein Vater sah wenig beeindruckt aus. »Das ist alles? Schneidet ab die Gelehrsamkeit, so gibt es keine Sorge mehr? Das soll eine ganze Philosophie sein?«
»Das ist nur ein Teil davon, Dad. Ehrlich!«
»Sag nicht ›ehrlich‹, Mark, das ist so lästig.«
»Weißt du, du versucht es so aussehen zu lassen, als wären diese Dinge dumm! Es gibt sie aber seit zweitausend Jahren, und ich denke, daß wahrscheinlich etwas dran ist.«
»Na schön, na schön. Warum solltest du keine Sorge mehr haben, wenn du die Gelehrsamkeit abschneidest?«
Ich holte mein Exemplar des *Tao te-King* aus dem Wagen und las ihm in dem rötlichen Licht kurz vor Anbruch der Dunkelheit vor:

Wer der Wissenschaft sich widmet, nimmt täglich zu,
Wer in der Führung des Alls wandelt, nimmt täglich ab.
Durch fortgesetztes Abnehmen
Gelangt man zum Nichthandeln.

Handelt man nicht, dann gibt es nichts, was nicht
getan werden könnte.
Wer das Weltreich nehmen möchte,
Der tut es immer durch Nichtgeschäftigkeit.
Solange einer Geschäftigkeit hat,
Ist er ungeeignet, das Weltreich zu nehmen.

Mein Vater hatte ein besonderes Lachen an sich, das er Dingen vorbehielt, die ihm einerseits lustig, andererseits aber auch alles andere als lustig erschienen. Es war kein Schnauben, sondern vielmehr ein schnelles Seufzen.
»Mark, wie soll ein Mensch nach dieser Philosophie leben? Wer soll einem das Essen bezahlen und die Heizkostenrechnung, wenn man nichts tut?«
Ich wußte, daß ich diese Frage mit einer guten Antwort erwidern mußte, doch das Problem war, daß man erleuchtet sein muß, um die wirkliche Antwort zu kennen, und ich war nicht erleuchtet. Ich war vierzehn Jahre alt und hatte noch nicht gelernt, daß der Satz »Ich weiß es nicht« eine vertretbare Antwort auf profunde Fragen ist. Ich wich also aus und sagte ihm, der Grund dafür, daß er nicht verstehen könne, sei gerade die Tatsache, daß er all diese soziale Konditionierung hinter sich habe und die sogenannte Bildung, Dinge, die er, meine Mutter und das Schulsystem von Connecticut mir jetzt aufzwingen wollten.
Er schenkte mir noch einmal dieses besondere Lachen und sagte: »Ja, ja, aber jetzt will ich mal von *dir* hören, wie *du* mir das erklärst. Was bedeutet es? Ich möchte es gern hören, selbst wenn ich es nicht verstehen kann.«
Als mir aufging, daß mir keine andere Wahl blieb, als einfach zu raten, was ein erleuchteter Mensch sagen würde, erwiderte ich: »Du hast nicht zugehört, Dad! Es heißt, *handelt man nicht, dann gibt es nichts, was nicht getan werden könnte.*« Es bleiben also alle Möglichkeiten offen. Es ist aber nur so, daß es irgendwie

mühelos geschehen kann. Man braucht nicht zu kämpfen, weil alles, was man tut, sich wie von selbst ergibt. Es ist so, wie eine Katze an alles herangeht. Eine Katze wacht nicht auf, um zu sagen: ›Oh, verdammt, ich muß heute ja arbeiten.‹ Sie *ist* einfach, ohne sich darüber den Kopf zu zerbrechen.«
Mein Vater hatte die Röhre des Teleskops jetzt am Stativ befestigt und sah sich suchend auf der Erde um. »Ich glaube, die Schachtel mit der Augenmuschel liegt noch im Wagen«, sagte er. »Kannst du sie schnell holen?«
Diese Strategie war mir vertraut. Er erfand wie beiläufig eine Ausrede, um Zeit zum Nachdenken zu haben. Ich ließ mich auf die Taktik ein, weil ich mir meiner Antwort recht sicher war und meinte, ihm diese Zeit wirklich lassen zu können. Soll er doch all die Zeit haben, die er will, dachte ich; dann wird ihm nur noch um so klarer aufgehen, daß unsere ganze westliche Denkweise eine Illusion ist wie im Märchen von des Kaisers neuen Kleidern, nämlich daß man unbedingt einen Job und Eigentum und einen Universitätsabschluß braucht. Als ich mit den Augenmuscheln zurückkam, ging ich so, wie eine Katze geht – natürlich, ohne jedes Gefühl von Anstrengung oder Absicht. Ich fühlte mich frei.
Er staubte eine der Augenmuscheln ab und befestigte sie am Teleskop. »Hör mal zu, Mark. Du bist keine Katze, sondern ein Mensch. Du kannst nicht überleben, indem du nur Mäuse fängst und dich mit der Zunge putzt. Um zu überleben, mußt du mit anderen Menschen zusammenarbeiten, und es ist nicht ganz einfach, mit anderen Menschen zu kooperieren. Es kostet Mühe. Manchmal muß man sich Sorgen machen wegen der Dinge, die man tut, oder wegen der Dinge, die andere Menschen tun. Sonst würde man am Ende etwas tun, ohne zu denken, und dann macht man einen törichten Fehler, den man vielleicht für den Rest seines Lebens bereut. Wenn du aufhörtest zu lernen, Mark, würden deine Probleme damit nicht verschwinden; sie würden nur noch viel schlimmer werden.«

Mein Gefühl von Freiheit begann sich in Luft aufzulösen. »Aber wir sind Tiere, Dad, so wie Katzen! Wir sind irgendwie genauso natürlich wie sie! Nichts spricht dagegen, daß auch wir natürlich leben, so wie es von der Natur beabsichtigt ist, statt diese künstliche Welt zu erschaffen, in der es so etwas wie Leistungen und Status und Gesetze und Geld und Moral gibt.«
Mein Vater verschraubte eine der Augenmuscheln und prüfte die Einstellung. »Was bringt dich zu der Annahme, daß unsere Welt der Leistungen und so weiter künstlich ist?« fragte er.
»Weil sie nur in unseren Köpfen existiert und nicht in der Realität!« entgegnete ich mit all der Überzeugung, die ich aufbieten konnte. Im Grunde wiederholte ich nur etwas, was ich in einem Buch von Alan Watts mit dem Titel *So What?* gelesen hatte. Ich hatte entdeckt, daß ich mit seinen Thesen vollkommen übereinstimmte, daß es mir aber nie so recht gelungen war, einem Erwachsenen die Gründe dafür zu erklären.
»Aber, Mark, unser Geist ist das Produkt unseres Gehirns, und unser Gehirn hat sich auf natürliche Weise entwickelt. Wie kann dann die Welt, die wir mit unserem Geist erschaffen haben, unnatürlich sein? Bedeutet das, daß die Kunst nicht natürlich ist? Diese Zen-Meister erschaffen doch auch Kunst, nicht wahr? Ich glaube mal gelesen zu haben, daß sie behaupten, ihr ganzes Leben in Kunst zu verwandeln. Bedeutet das denn nicht, daß sie den ganzen Tag lang künstlich sind?«
Auf eins konnte man sich bei meinem Vater immer verlassen: Wenn man spürte, daß man dabei war, in einer Auseinandersetzung mit ihm zu unterliegen, und deshalb beschloß, mit einem Themenwechsel den Rückzug anzutreten, bevor er einem mit seinen Argumenten den Rest geben konnte, ließ er einen immer davonkommen. Dies bedeutete, daß er es nie schaffte, durch Argumente eine Gehaltserhöhung zu bekommen oder sich den Kaufpreis eines fehlerhaften Produkts erstatten zu lassen. Mich hat es in meiner Jugend aber aus vielen kniffligen Situationen

gerettet. Ich sagte ihm, ich würde noch einmal auf das Thema zurückkommen, und fragte, ob unser Teleskop wirklich lichtstark genug sei, um den kaum wahrnehmbaren Pferdekopfnebel sichtbar zu machen.
»Wahrscheinlich nicht«, sagte er müde und zeigte damit eine weitere Eigenheit, auf die man sich immer verlassen konnte.

Mein Vater hatte das Teleskop 1970 infolge eines glücklichen Zufalls kaufen können. Als meine Mutter eines Morgens Schecks ausschrieb, um Rechnungen zu bezahlen, entdeckte sie, daß sie bei der Berechnung des Kontostands einen Fehler gemacht hatte. Im Lauf der Zeit hatte sich dieser Fehler summiert und zu einer unfreiwilligen Ersparnis von achthundert Dollar geführt. Das war damals eine riesige Summe für einen Sozialarbeiter mit Frau und drei Kindern. Als sich die erste Erregung gelegt hatte, sagte mein Vater zu meiner Mutter, wenn sie das Geld nicht sofort für die schnellere Rückführung ihres Autokredits verwendeten, könnten sie das eines Tages womöglich schrecklich bereuen. Meine Mutter, die sich bei seinen düsteren Vorhersagen meist seinem Urteil beugte, blieb diesmal jedoch fest und widersprach. Sie bestand darauf, daß sie das Geld gespart habe (ob nun unabsichtlich oder nicht), und so könne sie auch entscheiden, wie es verwendet werden solle. Die Hälfte für den Autokredit, entschied sie, und mit der anderen Hälfte solle mein Vater sich ein Teleskop kaufen. Mein Vater gab sich die größte Mühe, sie von ihrer Entscheidung abzubringen, und erfand eine ganze Reihe schrecklicher Szenarien für unsere Familie, wenn wir nicht die gesamten achthundert Dollar in das Darlehen steckten (»Es könnte passieren, Martha, daß wir den Wagen immer noch bezahlen, wenn er schon längst verrostet ist und fast hunderttausend Meilen auf dem Tacho hat – und was machen wir, wenn der Motor plötzlich den Geist aufgibt?«), doch sie überlistete ihn, indem sie Erich, Rachel und mir gegenüber etwas von ihrem Plan mit dem Teleskop durchblicken ließ. Da wir ihm von da an ständig in den Ohren lagen, hatte er keine Chance mehr. Als das Wochenende vorbei war, mußte er seine Niederlage eingestehen und sich damit einverstanden erklären, sich das einzige Geschenk zu leisten, das er sich sein ganzes Leben lang gewünscht hatte.

Nachdem er wochenlang schuldbewußte, aber sorgfältige Überlegungen angestellt hatte – Spiegelteleskop oder Refraktor?, starke Vergrößerung oder größeres Sehfeld?, Newtonscher oder Cassegrainscher Reflektor? –, entschied er sich schließlich für einen F/8 Newtonschen Reflektor mit einem Spiegel von zwanzig Zentimeter Durchmesser und einem Refraktorgehäuse. Das bedeutete, daß es für einen Amateur ein verdammt starkes Teleskop war; das Rohr war fast 1,8 Meter lang, und an einem klaren Tag konnte man damit aus achthundert Meter Entfernung die Buchstabenreihen auf den Tabellen bei einem Augenarzt klar lesen. Mein Vater bestellte das Gerät bei Criterion Telescopes, einem kleinen Unternehmen in Hartford, das er einerseits wegen des guten Rufs und andererseits wegen seiner räumlichen Nähe zu uns wählte. So konnte er das Teleskop selbst abholen, wenn es fertig war, und so sicher sein, daß jeder Cent seiner vierhundert Dollar in die Optik ging und nichts für Bearbeitungs- und Versandkosten verschwendet wurde.

Sechs Monate vergingen. Als der Anruf schließlich kam, fühlten wir uns alle wunderbar aufgeregt; solange ich zurückdenken konnte, hatten meine Eltern immer so sparsam leben müssen, daß ich noch nie erlebt hatte, daß sie sich auch nur ein anständiges Weihnachtsgeschenk machten. Dad vereinbarte, das Teleskop an einem Sonnabendmorgen abzuholen, und ich fragte ihn, ob ich mitkommen dürfe. Ich war damals zehn Jahre alt.

Der Teleskophersteller Criterion war fast unmöglich zu finden. Wenn ich mich recht erinnere, lag er in einer schmalen Straße mit Lagerhäusern, und an die Tür hatte jemand nur eine vergilbte Visitenkarte geklebt. Wir klingelten und warteten in strömendem

Regen, bis ein Mann mit einer Sicherheitsbrille uns einließ. Wir passierten einen dunklen, muffig riechenden Raum und bestiegen dann einen Fahrstuhl, der an Tauen hing. Im zweiten Stock traten wir über leere Teleskoprohre und Augenmuschelgehäuse, gingen an langen Werkbänken mit Bohrmaschinen und Zwingen vorbei und bewegten uns unter einer Reihe nackter Glühlampen zu einer Stelle in der Nähe einer Art Fabrikfenster mit milchigen Glasscheiben. Der Werksaal sah zum Fürchten aus, doch ich liebte seinen Geruch: Holzspäne, Klebstoff, Lackfarben und der unwiderstehliche Duft elektrischer Werkzeuge, die vor Öl glitzerten. Hier war der Traum eines kleinen Jungen von den Wohlgerüchen der Technik Wirklichkeit geworden.

»Hier ist es«, verkündete der Techniker und zeigte auf zwei riesige Kartons. Der eine, der eher flach und äußerst schwer war, enthielt das Gehäuse sowie die Ausrüstung für die Feineinstellung und der zweite, der mehr als 1,8 Meter lang war, enthielt das Rohr mit der empfindlichen Optik. Der Techniker und ein weiterer Mann halfen meinem Vater dabei, die Kartons in den Fahrstuhl zu wuchten und dann zum Wagen zu bringen. Als sie schließlich im Regen stehend uns nachwinkten, als wir wegfuhren, glaubte ich, sie seien traurig, das Teleskop weggebracht werden zu sehen, doch mein Vater sagte: »Sei nicht albern, diese armen Jungs haben einfach keine Lust, wieder an die Arbeit zu gehen.« Sobald wir die Stadtmitte von Hartford verlassen hatten und mindestens zwei Autobahnabfahrten weiter kamen, atmeten wir auf. Ich konnte die Vorfreude nicht mehr beherrschen, kletterte über die Rücklehne und krabbelte ins Heck unseres VW-Busses, worauf ich begann, an den Kartons zu zerren, um sie aufzubekommen.

Wenn man zehn Jahre alt ist, öffnet man keine großen Kartons, ohne sich die Finger an den schweren Metallklammern zu schneiden, und ich bildete keine Ausnahme; als ich den länglichen Karton geöffnet hatte, wußte ich schon, daß meine Mutter sich aufregen würde, wenn sie meine Hände sah (»Du wirst vielleicht nie wieder Cello spielen können!«), doch das war mir gleichgültig – ich konnte das Teleskop sehen. Es war ein makelloses Rohr mit tiefschwarzen Einfassungen an beiden Enden und einem Sucher aus blauem Metall, der in der Nähe des Lochs für die Augenmuschel angenietet war. Es war einfach schön.

Ich kletterte wieder auf den Beifahrersitz und plapperte während fast der gesamten Heimfahrt drauflos: Das ist ja unglaublich, es ist größer als ich, wir werden die einzigen Leute in Connecticut mit so einem Teleskop sein, wahrscheinlich werden wir die Astronauten damit sehen können, wenn sie das nächste Mal auf dem Mond herumspazieren!

Mein Vater schien nicht aufgeregt zu sein, sondern blickte sogar noch grimmiger drein als sonst, und je hingerissener ich von dem Teleskop schwärmte, um so mehr verfinsterte sich seine Miene. Ich konnte es nicht begreifen; er hatte endlich ein Geschenk bekommen, das Geschenk aller Geschenke, ein Spielzeug, wie ich es mir in meinen wildesten Phantasien nicht hätte erträumen können, auf das er dreißig Jahre hatte warten müssen, und jetzt schien er nicht sonderlich glücklich darüber zu sein. In den Monaten, in denen wir auf das Teleskop gewartet hatten, hatte ich mir angewöhnt, mir vorzustellen, wie es sein würde, meinen Vater verrückt vor Freude zu sehen, wie er vor Befriedigung über diese Neuerwerbung die Hände rang und im Haus herumlief, um Stapel von Packmaterial und Einwickelpapier mit Fußtritten zur Seite zu befördern, wie wir Kinder es an unseren Geburtstagen und zu Weihnachten machten. Doch so war es nicht. Ich fragte ihn enttäuscht, ob er jetzt nicht glücklich sei, endlich so ein tolles, teures Teleskop zu haben. Mir fiel auf, daß er zusammenzuckte, als ich »teures« sagte. Er antwortete nicht gleich, und in dem Schweigen wurden die Geräusche des Scheibenwischers und des Motors ohrenbetäubend laut. »Weißt du, Mark«, sagte er schließlich, schüttelte den Kopf und zog die Hände auf dem

Lenkrad ein wenig auseinander, »ich fürchte, mehr abgebissen zu haben, als ich kauen kann.«

Wir hielten über eine Stunde nach dem Pferdekopfnebel Ausschau, konnten ihn aber nicht finden. Ich war überzeugt davon, daß es an der Luftverschmutzung lag, mein Vater hingegen meinte, es liege an seinem Teleskop. Um uns aufzumuntern, betrachteten wir ein paar vertraute Sternbilder wie den Orionnebel, der wie eine durchsichtige graue Qualle aussieht, und den Planeten Jupiter, der von fünf seiner Monde umgeben war. Astronomen werden nie müde, immer und immer wieder dieselben Objekte zu betrachten, was zum Teil daran liegt, daß die Bilder äußerst fremdartig und schön sind, aber auch daran, daß man bei jedem neuen Betrachten an ihre ungeheuren Entfernungen erinnert wird, ebenso an ihre Größe und die Energien, die sie repräsentieren. Aus diesem Grund sagen Astronomen immer wieder die gleichen Dinge, wenn sie ihre Beobachtungen anstellen, doch das ist ihnen weder peinlich, noch haben sie das Gefühl, Klischees geäußert zu haben. Immer wenn ich mit meinem Vater zum Sterngucken ging, sagte einer von uns irgendwann am Abend unweigerlich: »Man fühlt sich immer richtig klein, nicht wahr?« Worauf der andere stets zustimmte, doch dieses Gefühl bedeutete für meinen Vater etwas anderes als für mich. Er trat dann meistens von dem Teleskop zurück, blickte nach oben und sagte: »Wir verbringen den größten Teil unseres Lebens, ohne uns bewußt zu werden, daß es alles da oben gibt! Wir halten uns alle für so wichtig, für etwas Besonderes, doch dann blickt man nach oben und erkennt: *Wem wollen wir damit eigentlich etwas vormachen*?« Dann lachte er leise in sich hinein.
Mir hingegen gefiel es, mich klein zu fühlen, denn es ließ meine Fehlschläge als unbedeutend erscheinen. Die Kluft zwischen dem, was ich tatsächlich war (ein winziger Achtkläßler, der auf Mädchen keinerlei Eindruck machen konnte) und dem, was ich

sein wollte (ein vollkommener Kung-Fu-Meister, der in einem von Nebel eingehüllten Tal lebte), schien unter dem Nachthimmel weit kleiner zu sein als in einem der Schulräume oder im Kampfkreis im Chinesischen Box-Institut.

Der Kampfkreis war ein mit Klebeband markierter Kreis auf dem Fußboden unserer Kung-Fu-Schule. Während jeder andere Teil des Übungsraums zum Strecken, für Drehbewegungen, choreographierte Bewegungsabläufe oder Waffenübungen benutzt werden konnte, war der Kampfkreis etwas Besonderes; er war der Ort, an dem wir entweder von Sensei O'Keefe verprügelt wurden oder uns abmühten, uns gegenseitig zu verprügeln. Da Kung-Fu eine uralte und geachtete Kunstform ist, die von gewaltlosen buddhistischen Mönchen erfunden worden ist, lernten wir auch, daß es bei den Kampfübungen in Wahrheit ausschließlich darum geht, Respekt vor anderen zu lernen, so daß wir meist peinlich vermieden, uns gegenseitig ernsthaft zu verletzen. Es gelang uns meist, unser Temperament zu zügeln. Tatsächlich war der Kreis eigentlich ein Rechteck, doch Kampfkreis hört sich besser als Kampfrechteck an, und deshalb nannten wir ihn so.
Mir erging es im Kampfkreis nicht sonderlich gut. Ich hatte in meinem ganzen Leben noch keinen Kontaktsport getrieben, geschweige denn mich geschlagen, so daß mir keinerlei Erfahrung zu Gebote stand. Ich war klein, hatte schreckliche Angst davor, geschlagen zu werden, und war weit von meinem Ziel entfernt, schmerzunempfindlich zu sein. Weil ich zu Hause so viel geübt hatte, sahen meine Schläge und Tritte ziemlich gut aus, und von den Leuten, die mich beim Schattenboxen beobachtet hatten, erwarteten die meisten in mir einen herausfordernden Sparringspartner. Nachdem sie aber gehört hatten, daß ich mich vor dem Unterricht vor Angst manchmal übergab, und dann beobachteten, wie ich in den Kreis eintrat, wo meine Ängste in jeder nur denkbaren Weise bestätigt wurden, fragten sich dieselben Leute

oft laut, was um Himmels willen ich in einer Kung-Fu-Schule wolle. Ich verabscheute das Sparring, doch nicht wegen irgendwelcher moralischer Einwände gegenüber dem Kampf, sondern weil ich darin so erbärmlich schlecht war. Immer wenn ich Sensei den Befehl geben hörte: »Verbeugt euch vor mir – verbeugt euch voreinander – kämpft!« spürte ich, wie mein Wille, Kung-Fu zu meistern, sich in Luft auflöste. Ich konnte einfach nicht aggressiv sein, und wenn man beim Sparring überhaupt zu etwas taugen will, muß man lernen, sich durchzusetzen. Wenn sich eine Gelegenheit bietet und der Gegner eine Öffnung zeigt oder eine Schwäche, muß man sich auf der Stelle zum Angriff entschließen, und zwar mit absoluter Entschlossenheit. Man kann nicht halbherzig angreifen, nur um zu sehen, wie es läuft, und wenn es gutgeht, einfach weitermachen. Das ist eine sichere Methode, sich Verletzungen einzufangen. Ebensowenig kann ein Turner einen Salto rückwärts mit halber Geschwindigkeit machen, um sicherzustellen, daß er sich dabei nicht weh tut. Ich habe dieses Prinzip jedoch nie voll verstanden, so daß ich oft verletzt wurde und selten Punkte verbuchen konnte. Doch nachdem ich geschlagen oder getreten worden war, schaffte ich es immer, das Gleichgewicht wiederzugewinnen und eine gutaussehende, traditionelle Haltung einzunehmen.

»Er wird jedesmal verdroschen, so daß einem angst und bange werden kann, aber trotzdem sieht er gut aus, nicht wahr?« sagte Sensei O'Keefe immer, wenn er in guter Stimmung war, und dann lachten alle, sogar ich. Mir war es weitaus lieber, zum Gegenstand von Spott gemacht zu werden, als einer anderen Form von Kritik ausgesetzt zu sein, der er mich unterzog, wenn er schlechter Laune war oder getrunken hatte oder – was meist der Fall war – wenn beides zusammenkam. Dann hörte es sich etwa wie folgt an: »Hör mal zu, du verzärteltes Jüngelchen. Was ist, wenn dich drei Arschlöcher anspringen, denen es scheißegal ist, ob du am Leben bleibst oder stirbst? Glaubst du am Leben bleiben zu können, wenn du so kämpfst? Ich möchte dieses *Memmen*-Verhalten nicht mehr sehen, ich möchte, daß du genau das tust, was ich dir in jeder gottverdammten Unterrichtsstunde gesagt habe, nämlich folgendes: Vergiß all dieses Zeug, das du aus Büchern gelernt hast, vergiß deine hübsche Technik und vergiß, dein hübsches kleines Gesicht zu schützen! All das bedeutet auf der Straße absolut gar nichts! Du lebst im wirklichen Leben und nicht in irgendeinem Elfenbeinturm! Im richtigen Leben geht es um Leben oder Tod, verdammt noch mal! Du bist nichts weiter als ein Muttersöhnchen und ein kleiner Schlaumeier und meinst wohl, du seist zu gut, um dich mit dem richtigen Leben einlassen zu müssen, aber eines Tages wird es dir ins Gesicht starren, du Zuckerbübchen, und was willst du dann dagegen unternehmen? Wenn du nicht zu deiner musikalischen Mami nach Hause rennen kannst und zu deinem Papi mit seiner *Petit-point-Stickerei*« – mein Vater hatte einmal an einer Petit-point-Stickerei eines Gemäldes von Edward Hopper gearbeitet, als er auf dem Parkplatz der Boxschule auf mich wartete –, »die in eurem sicheren kleinen Häuschen in dem Villenvorort auf dich warten, he? Ich werde dir sagen, was dann passieren wird, du Zuckerbübchen! Man wird dich in Stücke reißen, und kurz bevor man dir den Kopf wegpustet, wirst du dich fragen, warum dich kein Mensch auf diese Gefahren vorbereitet hat. Tu dir selbst also einen Gefallen und denk einfach nicht mehr daran, daß du Angst hast, verletzt zu werden, sondern kämpfe, um Himmels willen! In diesem Haus ist für Memmen nämlich kein Platz.«

Wenn Sensei O'Keefe zu dem Schluß kam, daß wir »einen kleinen Tritt in den Arsch« nötig hatten, um in der Kunst des Kung-Fu ein bißchen weiterzukommen, nahm er mit uns gelegentlich besondere Übungen durch, zu denen eine Art Sparring gehörte, bei dem sämtliche Schüler sich im Kreis aufstellten und jeder eine Nummer erhielt. Eine Person stand in der Mitte. Wenn Sensei O'Keefe dann Zahlen brüllte, mußte jeder, der seine

Nummer aufgerufen hörte, die Person in der Mitte angreifen und die Attacke fortsetzen, bis er wieder seine Nummer hörte. Dies bedeutete, daß die Person in der Mitte sich manchmal gegen bis zu fünf Menschen gleichzeitig wehren mußte, die ihn schlugen und nach ihm traten, und wenn man zu müde wurde, um sich weiter zu verteidigen, erhielt man nur noch mehr Schläge und Tritte; niemand wagte aufzuhören, weil Sensei immer wieder sagte, daß wir uns auf alles gefaßt machen müßten, da auf der Straße kein Mensch von einem ablasse. Manchmal, besonders dann, wenn er vor dem Unterricht zuviel getrunken hatte, vergaß Sensei, welche Nummern er gerufen hatte, und dann konnte es ewig dauern, bis der Kreis leer war. Manchmal hatte er den Eindruck, daß die Person in der Mitte sich nicht genug Mühe gab. Dann ließ er einen schauerlichen Schrei hören, sprang an den Angreifern vorbei und gab dem Schüler in der Mitte eine Abreibung, an die dieser sich noch lange erinnerte. Als er das eines Abends mit mir machte, traf er mich an der Seite des Kopfs so hart, daß ich gegen eine Wand krachte und ein ganzes Regal mit Trophäen mitriß. Das brachte mir an der Schläfe eine so tiefe Platzwunde ein, daß es mehrere Tage dauerte, bis sie verschorfte. Eine weitere Sonderübung hieß Friedhofs-Sparring. Wir bildeten zwei Mannschaften – eine mit Hemden, die andere ohne – und verließen die Schule getrennt, um uns im Schutz der Dunkelheit an entgegengesetzten Enden eines nahegelegenen Friedhofs zu verstecken. Wir mußten uns bemühen, uns so leise und unsichtbar wie möglich zu bewegen, um dann auf dem Feld der Ehre langsam aufeinanderzutreffen und zu kämpfen. Wenn wir einen entscheidenden Schlag erhielten, mußten wir bis zum Ende der Übung »tot auf dem Feld« liegenbleiben. Allerdings gingen die Meinungen darüber, was einen entscheidenden Schlag darstellte, weit auseinander, so daß manche Zweikämpfe weitergingen, bis einer der beiden Parteien kaum etwas anderes übrigblieb, als auf dem Feld der Ehre liegenzubleiben. Das Spiel endete, wenn eine

Mannschaft völlig vernichtet worden war, die dann zur Strafe für das Verlieren hundert Liegestütze machen und eine Meile rennen mußte. Während der Kämpfe war Sensei O'Keefe so etwas wie der Libero, der allein auf dem Friedhof herumwanderte, um zu beobachten oder anzugreifen, je nach Laune. Nie hab ich ihn so zornig gesehen wie an dem Abend, an dem er einen Schüler entdeckte, der sich in einem Baum versteckt hatte. Er hatte gehofft, das Spiel zu überleben, ohne überhaupt zum Kampf anzutreten. Überflüssig zu sagen, daß dieser Schüler nie mehr zum Unterricht erschien.

Am nachdenklichsten habe ich Sensei O'Keefe ebenfalls bei einer dieser Friedhofs-Übungen erlebt. Er hatte vorher Hasch geraucht, was ihn meist zahmer machte als das Trinken. Wie üblich war ich einer der ersten, der auf dem Feld starb, so daß ich reichlich Zeit hatte, die kühle Herbstluft zu genießen und den wunderschönen Blick auf den Nachthimmel, während um mich herum die Begleitmusik der Rufe, Klatscher und dumpfen Stöße des glorreichen Kampfs ertönte. Am Ende des Spiels war Bill, der riesige Mann, der mir so gefiel, der einzige, der noch stand. Als er gerade verkünden wollte, daß das Spiel vorbei sei und wir alle aufstehen könnten, flog Sensei O'Keefe hinter einem Grabstein hervor und attackierte Bill mit solch einer Wildheit und einem Schrei, der uns das Blut in den Adern gefrieren ließ, daß ich schon glaubte, Sensei könnte ihn töten. Bill war allerdings kein Zuckerbübchen wie ich; er steckte alles ein, teilte aber auch fast genausoviel aus. Doch von all seinen vorhergehenden Kämpfen war er so erschöpft, daß er am Ende zu Boden ging. Er blutete aus Nase und Mund, und überall auf den Rippen und auf dem Rücken zeigten sich knallrote Beulen. Er ging kämpfend zu Boden, ohne auch nur ein Ächzen oder einen Klagelaut hören zu lassen, was erklärt, weshalb Sensei O'Keefe vor Bill mehr Achtung hatte als vor jedem anderen seiner Schüler.

Vor Freude über das Beispiel von Mut und Entschlossenheit, das

Bill gegeben hatte, vielleicht auch ein wenig erleichtert darüber, daß nicht er den Kampf verloren hatte, rief uns Sensei O'Keefe zu einem kleinen Gespräch zusammen. Wir saßen mit gekreuzten Beinen in einem engen Kreis um ein Grab aus dem neunzehnten Jahrhundert herum, und Sensei sagte: »Hört mal zu. Ihr seid alle hier, weil ihr den Pfad der Krieger verstehen wollt, die lange vor euch da waren. Ihr wollt wissen, worum es überhaupt geht; ihr wollt wissen, was Kung-Fu wirklich bedeutet. Ich werde euch sagen, worum es dabei geht. Es geht nicht ums Gewinnen oder Verlieren oder darum, daß man einen braunen oder einen schwarzen Gürtel trägt – es geht darum, *mit Anstand sterben zu lernen.* Wenn einer von euch sich eines Tages in einer dunklen Gasse wiederfindet und sieht, daß fünf Typen mit Baseballschlägern oder Kanonen auf ihn zukommen, weiß er vielleicht, daß er keine Chance hat. Er weiß vielleicht auch, daß er sterben wird und nichts tun kann, um diese Scheißkerle davon abzuhalten, ihn zu töten. Aber wißt ihr, was ein Krieger dann tut? Er gönnt diesen Mistkerlen nicht die Befriedigung, ihn ängstlich zusammenzucken zu sehen. Er jammert nicht und bettelt auch nicht um sein Leben; er stürzt sich *ohne eine Sekunde zu überlegen* auf sie und nimmt mindestens einen dieser Scheißkerle mit, wenn das Ende da ist – genau das tut er. Wenn ihr das im Kopf behaltet, wenn ihr also trainiert, als würde euer Leben davon abhängen, und wenn ihr handelt, als wäre vielleicht *alles, was ihr tut*, das Letzte, was ihr auf dieser Erde vollbringt, dann werdet ihr Meister und den Schwarzen Gürtel tragen wie ich. Sonst werdet ihr nichts weiter sein als die üblichen Möchtegern-Karate-Schüler, die am Wochenende ein paar Holzbretter zertrümmern, aber nie wirklich begreifen, worum es bei diesem Sport eigentlich geht.«
Wir verbeugten uns vor ihm und voreinander, sprachen unser kleines Gebet, daß Kung-Fu unser Geheimnis sei, und absolvierten dann mit höchster Geschwindigkeit unsere Strafmeile, ohne daß Sensei es uns befehlen mußte; wir feuerten einander an und

fühlten uns wie junge Götter. Die Siegermannschaft war so aufgedreht, daß auch sie einfach mitlief, und als wir zur Schule zurückkehrten, beendeten wir auf dem Parkplatz gemeinsam unsere hundert Liegestütze barfuß auf einem Stück Asphalt, das mit Glasscherben übersät war.

Das war einer der Höhepunkte meiner Erlebnisse am Chinesischen Box-Institut. Zum Teil lag es an der verführerischen Mischung aus Furcht, Gewalt und dem Gefühl von Zusammengehörigkeit unter Männern, jedoch hauptsächlich an Sensei O'Keefes Ansprache, die mich hatte erkennen lassen, daß das endlich die Erleuchtung sein mußte. Ich war überzeugt davon, wenn er sagte, beim Kung-Fu gehe es darum, mit Anstand sterben zu lernen, daß dies genau das sein mußte, was das *Tao te-King* meinte, man solle zu einem Stück Rohholz werden. Natürlich! Es bedeutete, daß man handeln sollte, als wäre man schon ein toter Mann, als hätte man nichts zu verlieren! Das wiederum erklärte all die Hinweise auf Leere; ein leerer Geist, schloß ich daraus, war ein Geist ohne Hoffnung auf die Zukunft oder ohne kleinliche Sorgen um Sicherheit, Behaglichkeit oder Besitztümer. In jener Nacht beschloß ich, zu Hause im Keller die Stärke meiner Erkenntnis auf die Probe zu stellen, indem ich die ganze Nacht wie Buddha in der Lotos-Position sitzen blieb. Ich nahm mir vor, mich nicht von der Stelle zu bewegen oder in meiner Konzentration nachzulassen, bis die ersten Sonnenstrahlen durchs Fenster hereinschienen – ich würde sitzen bleiben, als wäre es meine letzte Nacht auf Erden, bevor man mich bei Tagesanbruch hinrichtete.

Ich begann meine Wache gegen 23.00 Uhr. Um Mitternacht tat mir der Rücken höllisch weh, und ich fühlte mich erschöpft. Um Viertel nach zwölf wußte ich, daß ich gleich einschlafen würde, rettete den Abend jedoch, indem ich mir ins Gedächtnis rief, daß ich in einem gewissen Sinn schon tot war, so daß ich mir keine Gedanken mehr darüber machen mußte, ob ich mir beweisen sollte, ob ich erleuchtet war oder nicht, und so konnte ich tun, was ich wollte. Mir fiel ein Stein vom Herzen, und so kroch ich erleichtert ins Bett. Endlich war ich ein Meister des Kung-Fu.

Mein Vater weckte mich um halb sieben; selbst tote Männer müssen in unserer leistungsorientierten Gesellschaft zur Schule gehen. Ich frühstückte und ließ mich an jenem Morgen von ihm zur Schule fahren, da ich mir sagte, daß ich nicht länger barfuß gehen oder sonst etwas Unangenehmes tun mußte, da ich ja erleuchtet war. Doch schon nach einer Stunde war mein neuer spiritueller Zustand gestört. Ich hatte mich in ein Mädchen in meiner Biologie-Gruppe verknallt, und so war es nur natürlich, daß ich dies für eine gute Gelegenheit hielt, mich mit ihr zu verabreden. Schließlich hatte ich erkannt, daß ich in dem ewigen Jetzt lebte und nichts zu verlieren hatte. Doch als sich die Gelegenheit ergab, sie anzusprechen, erstarrte ich wie üblich, und sie ging direkt an mir vorbei, ohne etwas von den Stürmen zu bemerken, die in mir tobten. Wie kann es sein, daß ich erleuchtet und trotzdem so nervös bin, daß ich es nicht schaffe, ein Mädchen um eine Verabredung zu bitten? fragte ich mich. Für den Moment entschied ich mich für folgende Lösung: Ein Teil des Erleuchtetseins bedeutet, daß man aufhört, zwischen Verhaltensweisen zu unterscheiden, die man früher »gut« oder »schlecht« nannte, und akzeptiert, daß alles, was man tut, ein Ausdruck der inneren Natur oder des »ursprünglichen Gesichts vor der Geburt« ist, wie es in den Zen-Handbüchern hieß. Gerade durch Unsicherheit hatte der Kosmos sich bei meiner Geburt manifestieren wollen. Ich verweilte zwei Tage in dieser philosophischen Vorhölle, in der ich immer noch glauben wollte, erleuchtet zu ein, mich aber wieder dazu bringen mußte, die Beweise für das Gegenteil zu ignorieren. Am dritten Tag nahm meine Offenbarung ein abruptes Ende, als ich nämlich wieder im Chinesischen Box-Institut war und in den Kampfkreis gerufen wurde. Als ich meinen Namen hörte, wurden mir wie üblich die Knie weich, ich wurde wie üblich von meinem

Gegner zusammengeschlagen und anschließend ebenfalls wie üblich von Sensei O'Keefe angebrüllt, ich sei ein Zuckerbübchen. Ich mußte mir schließlich eingestehen, daß dies nicht Erleuchtung sein konnte, denn in keinem der asiatischen Philosophiebücher, die ich gelesen hatte, stand etwas darüber, daß man sich im Zustand der Erleuchtung genauso miserabel fühlt wie im Zustand der Unwissenheit.

4

Kurz bevor ich in die neunte Klasse kam, überzeugte ich meine Eltern, daß es sinnlos sei, mit dem Cello-Unterricht weiterzumachen. Ich hatte mit sieben begonnen, Cello zu spielen, nachdem ich es vorher ohne Erfolg mit Geige und Klavier versucht hatte. Es war kaum überraschend, daß ich schon früh Interesse für Musik zeigte, denn immerhin war meine Mutter sowohl Konzertpianistin als auch Konzertoboistin, die jeden Tag mindestens vier Stunden übte und in unserem Wohnzimmer jeden Nachmittag Unterricht gab. Sie war die erste Absolventin der Eastman School of Music, die in zwei Instrumenten ihr Abschlußexamen machte, und außerdem Mitbegründerin unseres städtischen Orchesters. Sie liebte Musik, aber was mich wirklich beeindruckte, war die Tatsache, daß sie das Üben liebte. Sie trug zwar gern etwas vor, aber im Grunde ging es ihr bei der Musik hauptsächlich ums Üben, und die Tatsache, daß sie fähig war, jeden Tag stundenlang zu üben, bedeutete, daß sie an jedem Tag viele Stunden lang glücklich war.

Mein Vater konnte das einfach nicht begreifen. »Hast du es denn nie satt, die gleiche Passage immer und immer wieder zu spielen?« fragte er.

»Natürlich nicht! Sie ist jedesmal anders! Außerdem kennst du selbst die Antwort. Liebst du es denn nicht, an deinen Gemälden zu arbeiten?«

»Ich mag es, *wenn ich sie gemalt habe*, Martha. *Das Malen* geht mir furchtbar auf die Nerven.«

»Wirklich? Was für eine Schande! Ich halte das für das Beste – den Kampf!«

Meine Mutter sagte auch gern, Hals, Rücken und Innereien seien das Beste am Huhn. Sie war wirklich leicht zufriedenzustellen.

Bedauerlicherweise kam ich mehr nach meinem Vater als nach meiner Mutter, wenn es um Arbeitsgewohnheiten ging. Ich haßte es zu üben. Es war eine freudlose Anstrengung, die nur durch die darin implizierte Aussicht erträglich gemacht wurde, daß ich irgendwann »gut« werden würde, wenn ich dabei blieb, und dann würden die Menschen mich schließlich ernst nehmen müssen. Ich fing mit Geigenspielen an, als ich vier war, und zeigte einige Begabung. Als ich fünf war, forderte der Musiklehrer in unserer Schule mich auf, in das Orchester einzutreten. Als ich zur ersten Probe ins Musikzimmer kam, wollte es das Unglück, daß der Lehrer für einen Moment den Raum verlassen hatte. Mehr brauchten die älteren Kinder nicht, um mich mit ihren Hänseleien in Tränen ausbrechen zu lassen – »Seht euch das Baby an! Ha, ha!« –, und damit war das Geigenspiel für mich zu Ende.

Danach lernte ich bei meiner Mutter Klavierspielen, doch wenn sie mich kritisierte, spürte ich, wie mein ganzer Körper vor Frustration starr wurde, so daß auch diese Bemühungen weniger als ein Jahr dauerten. 1967 nahm meine Mutter mich dann einmal zu einem Konzert von Aldo Parisot mit, der ohne Begleitung Cello-Stücke spielte. Als das Konzert zu Ende war, verkündete ich zwei große Entscheidungen: Ich wollte Cellist werden und ein paar Schuhe haben, die genauso glänzten wie die von Mr. Parisot.

Mein Cello-Lehrer, Rudolph Gordon, war ein über alle Maßen sanfter Mann, der stark humpelte und sein altes Cello oft als Krückstock benutzte. Der Unterricht fand in seinem Arbeitszimmer statt, in dem eine alte Standuhr stand, die laut tickte und mich während der Unterrichtsstunden manchmal aus dem Takt brachte. So liebenswürdig er auch war – er wuchs mir schnell ans Herz –, hatte ich doch immer ein wenig Angst vor Mr. Gordon. Es hatte nichts mit dem zu tun, was er sagte oder tat; als Kind war ich bei fast jedem Menschen schüchtern und verängstigt, doch Teenager und alte Menschen machten mich besonders nervös. Mr. Gordons Humpeln, seine tiefe Stimme, sein kahler Kopf sowie die Tatsache, daß ich kein besonders brillanter Cello-Schüler war, das alles hinderte mich daran, mich in seiner Nähe wirklich unbefangen zu fühlen. Während einer unserer Unterrichtsstunden ging mir auf, daß ich ins Badezimmer mußte, brachte es aber nicht über mich, es einzugestehen. Ich weiß nicht, warum es für Kinder eine so große Sache ist, aufs Klo zu gehen, aber ich spielte einfach weiter, während mir die Gedanken im Kopf herumschwirrten und meine Blase in den letzten Zügen lag. Schließlich konnte ich es nicht länger aushalten und machte mir die Hosen naß. Ich hörte allerdings nicht auf zu spielen. Als die Stunde zu Ende war, stand ich auf, hielt das Cello vor mich und ging rückwärts aus Mr. Gordons Haus. Meine Schuhe machten bei jedem Schritt *plitsch-platsch*. Es kam mir wirklich vor, als wäre das Ende der Welt gekommen.

Nachdem ich sechs Jahre bei Mr. Gordon Unterricht genommen hatte, empfahl er in aller Bescheidenheit, ich solle mir einen etwas strengeren Lehrer suchen und mich um einen Platz beim Norwalk Youth Symphony-Orchestra bemühen, dem besten Jugendorchester des Staates. Ich nahm Unterricht bei einem Lehrer in Westport, das eine Autostunde entfernt ist, und an jedem Sonnabendmorgen mußte ich wieder eine Stunde zu den Orchesterproben nach Norwalk fahren, die zwei Stunden dauerten.

Nachdem ich ernsthaft mit Kung-Fu angefangen hatte, fiel es mir immer schwerer, mich zu überwinden, am Cello zu üben, und die Orchesterproben erschienen mir unerträglich. Ich brachte meine chinesischen Philosophiebücher zu den Proben mit und hatte sie oft aufgeschlagen auf meinem Notenpult, so daß ich darin lesen konnte, während ich zu spielen vorgab. Als ich meine Eltern bat, mich beim Orchester aufhören zu lassen, waren sie zunächst enttäuscht, gewöhnten sich aber schließlich an den Gedanken. Zu meinem letzten Konzert mit dem Orchester kamen meine Großeltern aus Ohio nach Connecticut, um dabeizusein. Bei der ersten dramatischen Note unseres ersten Stücks wurde ich ein wenig zu

aufgeregt und setzte den Bogen zu hart auf die Saite, wobei der Bogen zerbrach. Normalerweise reißt die Saite, der Bogen aber bleibt heil, doch an jenem Abend ging der Bogen kaputt. Ich mußte während des ganzen Stücks auf dem Podium sitzen und dieses Gewirr von Roßhaar anstarren. Ich hoffte, daß meine Großeltern Sinn für Humor hatten.
Schwieriger war es schon, den Cello-Unterricht loszuwerden. Ich mußte meine Eltern den ganzen Sommer bearbeiten, im Herbst jedoch hatte ich es schließlich erreicht. Nun konnte ich meine gesamte Zeit nach der Schule sowie das ganze Wochenende meditieren und Fußtritte üben. Das war der Moment, in dem ich wußte, daß ich jetzt den nächsten Schritt wagen und mir ein eigenes Schlafzimmer erkämpfen mußte.
Ich teilte seit dreizehn Jahren ein winziges Zimmer mit Erich. Dieses Arrangement hatte bestens funktioniert, bis ich beschloß, Zen-Mönch zu werden, und da trat eine besorgniserregende Veränderung bei ihm ein. Während er mich in der Vergangenheit nur hänselte, wenn ich etwas besonders Dummes angestellt hatte, ließ sein Verhalten jetzt erkennen, daß er mich nun für komplett durchgedreht hielt. Er war offensichtlich der Meinung, daß man mich genau überwachen mußte. Er hatte den vernichtenden, mißbilligenden Blick meines Vaters geerbt und fing an, ihn immer öfter bei mir einzusetzen. Anders als Dad hatte Erich jedoch eine dröhnende Stimme und ein überschäumendes Charisma, was es schwierig machte, ihn zu ignorieren. Es ärgerte ihn beispielsweise, wenn ich in der Lotos-Position auf der Couch saß, wenn wir uns im Fernsehen eine Serie ansahen. Dann beugte er sich zu Rachel hinüber (er brachte sie immer wieder dazu, in der Mitte zu sitzen, wo die beiden Kissen nie ganz zusammenkamen und die kaputten Sprungfedern darunter in die Luft ragten; so erinnerte er sie daran, daß Königinnen beim Schachspiel wie im Leben immer zwischen ihren Dienern sitzen), warf mir diesen gewissen Blick zu und sagte: »Ich wette, daß diese Typen in

China nicht so sitzen würden, wenn sie sich Stühle leisten könnten.« Es gefiel ihm auch nicht, wie ich Schweinefleisch, Fischstäbchen und sogar Maiskolben mit Eßstäbchen aß. Wir drei Kinder nahmen unser Dinner immer auf unserer Wohnzimmercouch ein und benutzten dabei klappbare Tabletts, damit wir beim Essen fernsehen konnten. Erich beeilte sich immer, seinen Teller leer zu essen, dann zeigte er auf meinen noch halbvollen Teller und sagte: »Wenn du wie ein normaler Mensch mit Messer und Gabel essen würdest, wärst du jetzt fertig, und wir könnten zum Nachtisch übergehen.«

Erich war schon immer jemand gewesen, gegen den ich mich behaupten mußte. Als er drei war, fiel er in einen Swimmingpool, als mein Vater ihm gerade den Rücken zudrehte. Nachdem ein anderer Mann ihn aus dem Wasser gefischt hatte, schüttelte sich Erich, sah Dad böse an und sagte: »Warum paßt du nicht besser auf mich auf?« Als er neun war, versuchte er meine Mutter vom Rauchen abzubringen, indem er ihr kleine Knallkörper in die Zigaretten stopfte. Jetzt war er zwölf, und angesichts der Tatsache, daß Mom und Dad nun offenbar bereit waren, mich ohne Kampf von der Leine zu lassen, fühlte er sich mit der Verantwortung belastet, mir zeigen zu müssen, wie falsch ich mich benahm. Weihrauch lasse das Haus schlecht riechen, erklärte er. Nur Babys und alte Menschen liefen am Tag in ihren Schlafanzügen herum. Amerikaner tränken Lipton-Tee und nicht irgendein ekliges Zeug, das es nicht mal in Beuteln gab. Am meisten brachte ihn jedoch meine Meditation auf die Palme. Das machte ihn wirklich verrückt. »Du denkst *nicht* an nichts«, schäumte er, wenn ich mit gekreuzten Beinen am Fußende unseres zweistöckigen Betts saß. »Das ist unmöglich! Ich bin zwar erst in der sechsten Klasse, aber selbst ich weiß das. Im Augenblick denkst du ganz bestimmt an etwas. Du schummelst.«

Erich gestand mir zwar zu, daß die Sache mit dem Kampfsport in Ordnung sei, aber es machte ihn wütend, daß ich meine Künste nicht dazu einsetzte, mich an den Arschlöchern zu rächen, die sich über mich lustig machten, weil ich klein war und eine hohe Stimme hatte. Ich versuchte, ihm zu erklären, was es bedeutet, ein Kung-Fu-Meister zu sein, nämlich zu wissen, daß es besser ist, einen Kampf zu vermeiden, als jemanden zu verletzen, doch daran glaubte er keine Sekunde. »Könnte es nicht sein«, fragte er, wobei seine Augen schmal wurden, »daß Kung-Fu-Meister nichts weiter sind als ein Haufen *Feiglinge?* Wenn es so toll ist, *nicht zu kämpfen,* wie kommt es dann, daß sie ihr ganzes Leben damit zubringen zu lernen, wie man anderen Leuten den Kiefer bricht? Warum üben sie dann nicht einfach, sich von anderen zusammenschlagen zu lassen, wenn es so großartig ist, friedfertig zu sein? Himmel, Mark, das ist das Dämlichste, was ich je gehört habe.« Kurz, Erich, seine dröhnende Stimme und sein gesunder Menschenverstand stellten eine unannehmbare Bedrohung des unerforschlichen Wissens früherer Zeiten dar. Ich brauchte Abgeschiedenheit, wollte allein sein.

Da wir in unserem Haus kein freies Zimmer mehr hatten, schlug ich vor, mit meinen Sachen in meinen Kellertempel umzuziehen. Ich hatte schon alle meine Bücher, Kerzen und Weihrauch hinuntergebracht; jetzt brauchte ich nur noch einen Wäschekorb und meine Hälfte des doppelstöckigen Betts. Irgendwann erklärten sich meine Eltern damit einverstanden, erinnerten mich aber daran, daß ich den Keller tagsüber mit meiner Mutter würde teilen müssen, die in jenem Jahr ein Darlehen aufgenommen und einen Klavierbauer beauftragt hatte, ein Spinett für sie zu bauen, damit sie sich für ihre Konzerte mit früher Musik keins leihen oder mieten mußte. Wenn das Instrument fertig war, würde es im Keller untergebracht werden.

Anders als Klaviere, die stabile Metallrahmen haben, werden Spinette fast ausschließlich aus Holz gebaut. Starke Temperaturschwankungen oder Feuchtigkeit führen leicht dazu, daß der Klangkörper sich verzieht oder aufplatzt, was kostspielige Reparaturen verursacht oder gar irreparable Schäden. Der Keller war der einzige Raum in unserem Haus, dessen Temperatur und Luftfeuchtigkeit einigermaßen stabil waren und sich leicht regulieren ließen; es versteht sich von selbst, daß meine Halbkreisfußtritte nach rückwärts, »Handlanzen«, »Tigerkrallen« und »Schlangenzungen« und ähnliche Übungen ebenfalls den räumlichen Gegebenheiten angepaßt werden mußten. Angesichts dessen, was ich den Wänden und der Decke vor der Ankunft des Spinetts angetan hatte, erhielt ich jetzt strenge Order, meine Kung-Fu-Übungen ins Freie zu verlegen.

Das neue Spinett kam einen Monat später an und füllte zusammen mit meiner Kleiderkommode und dem Couchtisch-Schrein den Keller fast völlig aus. Um Platz zu sparen, ließ ich mein Bett oben und schlief auf dem Polster einer alten Sprungfedercouch (ein wahrlich sehr altes Polster, denn mein Vater war darauf geboren worden), so daß mein Kopf knapp unter das Spinett paßte. Die wilde Entschlossenheit meiner Mutter zu üben, führte angesichts meiner Neigung, an den Wochenenden lange zu schlafen, zu einem Morgenritual, über das ich mich damals beschwerte, an das ich heute aber sehr gern zurückdenke. Sie kam auf Zehenspitzen die Treppe herunter, weil sie mich vermutlich nicht wecken wollte, setzte sich so leise wie möglich ans Spinett und fing dann an, etwas von Bach zu spielen. Es stimmt zwar, daß ein Spinett leiser ist als ein Klavier, jedoch nicht sehr, besonders dann nicht, wenn es sich um eine gut zwei Meter breite französische Doppeltastatur handelt und man mit dem Kopf direkt darunter schläft.

Ohne Wissen meiner Mutter klebte ich einen Zettel mit einem, wie ich meinte, wichtigen Zitat aus einem meiner Zen-Bücher an die Unterseite ihres Instruments, damit ich den Text morgens als erstes und abends vor dem Einschlafen als letztes sah. Das Zitat lautete: *»Das Erreichen der Erleuchtung bringt nicht nur ein Gefühl von unerschütterlichem inneren Frieden, sondern auch unvergleichliche Geborgenheit und Freiheit. Die Spannungen* *des Werdens verflüchtigen sich, und es bleibt nur der Friede des Alleinseins.«*

Ich erwartete, daß diese Botschaft mich inspirierte, doch da ich mit der Erleuchtung schon einen falschen Alarm erlebt hatte, diente die Botschaft nur dazu, mich mindestens zweimal am Tag an mein Versagen zu erinnern. Von mir selbst angewidert erkannte ich, wie tief ich noch im *Werden* steckte. Es wäre nicht schlecht gewesen, wenn ich zumindest in der Schule etwas beliebter oder selbstsicherer *würde*, doch das Gegenteil trat ein. Ich war für meine Klassenkameradinnen nicht länger »nur wie ein kleiner Bruder«; jetzt war ich für sie auch noch so etwas »wie ein seltsamer kleiner Bruder«. Für Menschen, die mit Bands wie Talking Heads und Boy George aufgewachsen sind, mag es schwer sein, sich eine Zeit vorzustellen, in der »Seltsamkeit« der Beliebtheit im Weg stand, doch 1974 war genau eine solche Zeit. Man durfte wild sein wie Ted Nugent oder Ozzy Osbourne, aber nicht seltsam. Wenn man bis zur Bewußtlosigkeit trank und Hasch rauchte, einen Camaro mit abgefahrenen Hinterreifen und Grundierfarbe auf der gesamten Karosserie fuhr, im Schulhaus etwas in Brand steckte oder so laut war, daß Erwachsene Tobsuchtsanfälle bekamen, war man wild, aber wenn man die Sohlen aus den Schuhen herausschnitt, freiwillig Bücher las und draußen in der Raucherecke meditierte, war man seltsam und für die Mädchen ziemlich inakzeptabel.

Obwohl ich Lehrling eines Mannes war, der sich selbst als einen »arschtretenden Mutterficker« bezeichnete, genoß ich bei den Jungen in meiner Klasse nur wenig Respekt. Wem imponierte es schon, wenn ich Ziegelsteine zerbrechen konnte oder Fußtritte schaffte, die bis neunzig Zentimeter über meinen Kopf reichten, wenn ich mich nie mit jemanden stritt? Der Status unter Jungen meiner Schule wurde durch Taten bestimmt, nicht durch Potential. Jedenfalls standen sportliche Leistungen bei meinen Klassenkameraden nicht sonderlich hoch im Kurs; die paar Sportler, die

wir hatten, galten als Parias. Überflüssig zu sagen, daß auch schulische Leistungen ein Nachteil waren, und wenn man ein Musikinstrument spielte wie etwa das Cello war auch das kaum etwas, womit man prahlen konnte. Konventionelle Ambitionen wurden mit Mißtrauen betrachtet. Während einer Schulversammlung wagte sich eine tapfere Seele einmal auf die Bühne und sang »The Candy Man«, wobei ein paar Mädchen um ihn herum tanzten, die sich wie Puppen aufgeputzt hatten und riesige Lollis in den Händen hielten. Man mußte den Jungen bewundern; er gab sich wirklich die größte Mühe, gestikulierte mit den Händen, machte komplizierte Tanzschritte und sang mit viel Vibrato, jedoch ohne Ironie. Dafür mußte er jedoch einen hohen Preis zahlen. Der ganze Song wurde von einem Chor höhnischen Gelächters und spöttischer Bemerkungen des Publikums begleitet, der am Ende ohrenbetäubend wurde, als ein Junge losschrie: »Zeig uns mal dein Zuckerrohr, Mann!« Ich kann mich nicht erinnern, den armen Sänger des »Candy Man« danach noch einmal gesehen zu haben.
Obwohl ich keineswegs derjenige war, der bei Abschlußfeiern die Festrede halten durfte, deutete mein Interesse an chinesischer Kultur auf eine Begeisterung fürs Lernen hin, und das war uncool; wer cool sein wollte, durfte keine Begeisterung zeigen; mit einer Ausnahme allerdings: Wer jederzeit bereit war, Partys zu feiern, galt als äußerst cool. Mitte der siebziger Jahre bestand die sicherste Methode, sich die Zuneigung und den Respekt seiner Altersgenossen zu sichern, darin, für die Partys, die im Sommer jeden Abend draußen auf den Feldern und während des Schuljahrs an den Wochenenden stattfanden, Bier, Marihuana oder Transportmöglichkeiten zur Verfügung zu stellen. (Der Film *Dazed and Confused*, den ich für einen Dokumentarfilm hielt, als ich ihn damals sah, zeigt das auf großartige Weise.) Da ich wie besessen um Reinheit bemüht war und fürchtete, Alkohol und Drogen könnten meinen Geist schwächen, und da ich überdies zu jung

war, um den Führerschein zu machen, nahm ich in der Klassenhierarchie eine niedrige Position ein. Gelegentlich machte ich Punkte, wenn ich in der Schule komisch war, aber Klassenclowns sind nie wirklich beliebt, denn der Grund, aus dem man ihnen überhaupt Aufmerksamkeit schenkt, ist auch der Grund, weshalb kein Mensch sie ernst nimmt. Und ich, der ich mich freiwillig allen nur denkbar körperlichen und mentalen Strafen unterwarf, um zu lernen, »mit Anstand zu sterben«, wollte auf dieser Welt nichts mehr, als ernstgenommen zu werden.
Schlimmer noch als meine Unfähigkeit, in der Schule beliebter zu werden, war jedoch die wachsende Erkenntnis, daß ich durch die Überzeugung vollkommener innerer Erfüllung nicht anders, sondern meinem Vater durch meinen Kampf zunehmend ähnlicher wurde: ewig enttäuscht. Doch ich hatte das Gefühl, in einer Falle zu sitzen. So wie ich es sah, würde ich mein ganzes Leben wegwerfen wie Scrooge, wenn ich meine Bemühungen aufgab, nie in Frage zu stellen oder zu verstehen, was ich tat oder warum, hinter Illusionen wie Geld und Macht herzujagen, nur um kurz vor dem Ende meines Lebens zu erkennen, daß mir alles durch die Finger gerutscht war. Wenn ich mich andererseits nach dem Erlebnis des Gefühls sehnte, keine Sehnsucht nach irgend etwas zu empfinden – was wäre, wenn ich nie etwas richtig machte und mein ganzes Leben damit vergeudete, mich absichtlich unzufrieden zu machen? Oder was wäre, wenn ich zwanzig oder dreißig Jahre später aufwachte und erkannte, daß mein Vater damit recht gehabt hatte, meine Bemühungen, wie ein Stück Rohholz zu werden, mit Skepsis zu betrachten? Was wäre, wenn sogar Zen eine Illusion war, erschaffen von unglücklichen Menschen, die zuviel von sich selbst in ihren »spirituellen Weg« investiert hatten, um auch nur auf den Gedanken zu kommen, Erleuchtung könnte eine Halluzination sein?
Die ernstesten dieser Zweifel konnte ich meinem Vater gegenüber nicht eingestehen, denn das wäre mir wie eine Niederlage

vorgekommen, und ich war noch nicht besiegt. Bei einem unserer Wochenendtrips zum städtischen Müllplatz erwähnte ich ihm gegenüber jedoch, daß ich mit meinen Fortschritten im Kung-Fu unzufrieden sei. Wir beobachteten einen Schwarm von Krähen, die um einen Bulldozer herumflogen, der frischen Müll zusammenschob, und ich sagte, eins könne ich nicht verstehen: Wenn Krähen Müll fressen können, ohne dabei mit ihrem Schicksal sonderlich unzufrieden zu wirken, störe es mich um so mehr, im Vergleich etwa mit Sensei O'Keefe ein solcher Feigling zu sein. Ich erzählte ihm von Senseis Beispiel, daß man mit Anstand sterbe, wenn man selbst unter den widrigsten Umständen tapfer gegen seine Feinde kämpfe und sich ihnen stelle, ohne sich durch Unentschlossenheit oder Furcht behindern zu lassen.

»Mark«, sagte er und zuckte zusammen, als hätte er plötzlich bemerkt, wie übel der Müllplatz roch, »das ist *lächerlich.*«

Ich war schockiert; er wählte seine Worte meist sorgfältiger, wenn er mich kritisierte. »Was meinst du damit, *lächerlich?* Warum ist es lächerlich?«

»Weil es eine Phantasie ist. Es ist in Ordnung, wenn man sich an ihr als einer Phantasie erfreut, aber es ist töricht, sie mit dem wirklichen Leben zu verwechseln. Es ist mir egal, wie lange du Karate lernst, Mark – möchtest du wissen, was wirklich passieren würde, wenn du plötzlich in einer dunklen Gasse von einem Dutzend bewaffneter Männer überfallen wirst, die dich umbringen wollen?«

»Was denn?«

Er sah mich offen an. »Du würdest dir in die Hosen scheißen. Und ich auch. Das würde jeder normale Mensch tun. Es ist *dumm*, den Versuch zu machen, sich gegen Dinge wie Furcht immun zu machen, weil es absolut gute Gründe dafür gibt, vor gefährlichen Situationen Angst zu haben. Alle Lebewesen mit einem Gehirn haben es im Lauf der Evolution gelernt, Furcht zu empfinden – sie dient dem Selbstschutz und bedeutet ganz und gar nicht, daß

man ein Schwächling ist. Sei einfach nur du selbst, Mark. So wie du bist, wirst du gut zurechtkommen.«
Sei du selbst! Was für einen Geist hatte er da aus der Flasche gelassen. Natürlich versuchte ich, ich selbst zu sein! Nur darum ging es doch beim Kung-Fu; das Ich zu werden, das ich werden zu müssen meinte, und nicht so ein lahmarschiger Verlierer. Außerdem – wer sollte mir sagen, wer ich wirklich war? Nicht einmal *das* wußte ich – das war damals für mich auch schon das halbe Problem. Ich wußte nur eins: Wenn man ein noch wirklich kleines Kind ist, loben einen die Eltern, wenn man etwas tut, was ihnen gefällt. Wenn man aber etwas tut, was ihnen nicht gefällt, sagen sie: »Du bist nicht die Art Mensch, die so etwas tut! Versuche nicht, jemand zu sein, der du nicht bist! Sei du selbst!«
Also, überlegte ich, bedeutet man selbst zu sein vielleicht, daß man der Mensch ist, als den deine Eltern oder Lehrer dich haben wollen. Haben wir überhaupt etwas damit zu tun, wer wir sind? Wenn wir älter werden, stellen wir uns vor, eine einzigartige Persönlichkeit zu haben und sie für uns in Anspruch zu nehmen, wenn wir etwas Gutes tun, als hätten wir diese Persönlichkeit selbst erschaffen. Doch vielleicht haben wir es gar nicht! Vielleicht wurde unsere Persönlichkeit dadurch geformt, wie Menschen in unserer Umgebung auf uns reagierten. Also wer sind wir dann? Wie ich schon sagte, damit war ein Geist aus der Flasche, mit dem ich keine nähere Bekanntschaft schließen wollte – zumindest nicht an jenem Tag.
Ich hielt mich an eine dringendere Frage: Wie sehr ich mich auch anstrengte, gelang es mir nicht, mir Sensei O'Keefe oder Bruce Lee vorzustellen, wie sie sich angesichts von Gefahr in die Hosen machten, und folglich war ich auch noch nicht bereit, es mir bei mir selbst vorzustellen. Ich fragte meinen Vater, wie er so sicher sein konnte, daß eine zweitausendjährige Tradition falsch sei, die ganze Generationen erleuchteter Meister hervorgebracht habe.
»Ich sage nicht, daß sie falsch ist, Mark. Ich sage nur, daß du dir

keine Selbstvorwürfe machen solltest, weil du nicht genauso bist wie diese Leute, weil du nämlich *nicht* im China des Mittelalters lebst. Ich finde es gut, daß du so viel über diese Dinge nachdenkst, aber du sollst nicht zerknirscht darüber sein, wenn sie sich nicht als das erweisen, was du dir vorstellst. Viele Dinge funktionieren nicht so, wie man es sich wünscht, gleichgültig, wie gut deine Absichten sind. Das ist zwar enttäuschend, doch du lernst, damit zu leben.«
Nun, ich wußte schon, daß mein Vater fähig war, mit Enttäuschungen zu leben. Er bewies jeden Tag von neuem, daß es möglich ist, in einem lieblosen, planlosen Universum zu überleben, ohne böse oder Alkoholiker zu werden, und ich respektierte das; es war nur so, daß ich es besser zu machen hoffte. Statt einfach nur zu überleben, hatte ich den Ehrgeiz, mit dem Gefühl durchs Leben zu gehen, als wäre jeder Augenblick und jede Erfahrung kostbar. Es mußte möglich sein, die Dinge so zu sehen, daß sie einem am Ende immer noch als großartig erschienen, selbst wenn nicht alles so wurde, wie man es erwartet hatte. Mein Vater resigniert zu leicht, dachte ich.

Obwohl seine Neigung zur Resignation meinen Vater nicht gerade zu einem leuchtenden Rollenvorbild für einen heranwachsenden Jungen machte, machte es ihn immerhin zu einem hervorragenden Amateurastronomen. Man muß eine hohe Toleranz für Enttäuschungen besitzen, um ein Interesse an Objekten und Ereignissen aufrechtzuerhalten, die so unendlich fern jeder Kontrolle sind, ganz zu schweigen davon, daß sie so dramatisch außerhalb jeder Reichweite liegen. Zum Beispiel stellte mein Vater jeden August in der Nacht des Meteoritenschauers des Perseus, wenn die Erde einen Streifen des Sonnensystems passierte, in dem sich ungewöhnlich viele Felsbrocken und viel Staub befinden, im Garten eine Pritsche auf und hoffte auf gutes Wetter. Wenn der Himmel klar war, machte er sich eine Kanne Kaffee, legte sich auf die Pritsche und blieb die ganze Nacht auf, um die fallenden Sterne zu beobachten. Er hoffte, einen jener äußerst seltenen Höhepunkte der Sterntätigkeit zu sehen, die man Meteoritenstürme nennt. Dazu kommt es, wenn die Erde auf eine besonders »staubige« Sektion des Weltalls trifft und in einer Stunde mit bis zu mehreren Zehntausenden von Meteoriten zusammentrifft, von denen jeder einen hellen Strahl am Himmel erzeugt, wenn er in unserer Atmosphäre verglüht. Astronomen haben geschätzt, daß während des berühmtesten Meteoritensturms, des Leoniden-Sturms vom November 1833, rund 260 000 »Sternschnuppen« im Laufe von vierundzwanzig Stunden in die Atmosphäre stürzten. Manchmal zählten sie bis zu zwanzig Sternschnuppen pro Sekunde. Ein amerikanischer Indianerhäuptling in den Plains des Mittelwestens sah diesen Sturm und veranschaulichte das Ereignis auf einem Bild an der Außenseite seines Tipis, das sich bis heute erhalten hat und im Smithsonian Museum besichtigt werden kann. Augenzeugen dieser Stürme sagen, daß es so ist, als führe man nachts durch einen Schneesturm, und überdies bieten sie die einzige Gelegenheit, bei der man tatsächlich die Bewegung der Erde spüren kann, wenn sie mit gut einhundertzehntausend Stundenkilometern durchs Weltall rast. Trotz seiner Beharrlichkeit über Jahre hinweg hat mein Vater nie einen Meteoritensturm gesehen. Einer ereignete sich Anfang der sechziger Jahre, doch in jenem Jahr war der Himmel über Connecticut bewölkt.

Alle möglichen Dinge können die Versuche eines Astronomen vereiteln, ein seltenes Ereignis zu beobachten oder ein besonders fernes Sternbild. Sogar die eigene Persönlichkeit kann einem da in die Quere kommen. 1970 fuhr mein Vater mit Erich und mir an die Küste, nach Norfolk in Virginia, wo wir das spektakulärste aller astronomischen Ereignisse beobachten wollten, das sich mit bloßem Auge erkennen läßt: eine totale Sonnenfinsternis. Mein Vater hatte die Reise schon mehrere Jahre im voraus geplant. Die letzten drei Monate verbrachte er damit, über Karten der östlichen USA zu brüten, obwohl wir die ganze Zeit auf der Interstate 95 fuhren. Er hatte drei Kameras bereit, zwei für freihändige Fotos, während die dritte auf einem Stativ befestigt werden sollte. Er hielt mit Erich und mir Übungen ab, bei denen wir choreographierten, nach welchen Stadien der Sonnenfinsternis wir Ausschau halten sollten, wer für welche Kamera verantwortlich sein sollte und was für den Fall zu tun war, falls eine von ihnen versagte.

Endlich war es soweit. Dad weckte uns um ein Uhr nachts, verstaute uns in dem VW-Bus, und dann fuhren wir die ganze Nacht durch. Erich und ich versuchten zu beweisen, wie groß wir schon seien, indem wir wach blieben, doch als wir in Rye, im Staat New York ankamen, schnarchten wir beide. Ich weiß noch, daß ich gegen vier Uhr morgens aufwachte, als Dad an einer Tankstelle hielt, tankte und sich seine Thermoskanne mit Kaffee füllen ließ. Der Duft von Kaffee mitten in der Nacht in einem Wagen auf einem Highway irgendwo in einem Teil des Landes, in dem ich noch nie gewesen war, ließ in mir das Gefühl aufkommen, einer der Astronauten zu sein, die zum Mond unterwegs sind.

Wir fuhren und fuhren; wir sahen die Sonne in Maryland aufgehen und kamen um halb elf Uhr vormittags am Strand von Cape Charles an. Wir mußten uns noch ein paar Stunden die Zeit vertreiben, und so gingen Erich und ich am Strand auf und ab, sammelten Krabbenscheren für Rachel und stocherten mit Stöcken an einer toten Seemöwe herum. Wir warteten und warteten so lange, daß mir gar nicht mehr bewußt war, worauf wir eigentlich warteten. Dad ließ uns durch belichtete Filmstreifen zur Sonne blicken, und wir konnten sehen, daß sie jetzt die Form eines Halbmonds hatte. Der Mond war tatsächlich da und befand sich zumindest auf der richtigen Bahn. Trotzdem, sobald man den Filmstreifen zur Seite zog, schien die Sonne nur so hell zu strahlen

wie immer, und die Welt sah überhaupt nicht verändert aus. Erich und ich wurden allmählich ungeduldig; bis jetzt hatte das Ganze die Fahrt nicht gelohnt.
Doch dann hatte es den Anschein, daß die Welt zu einem bestimmten Zeitpunkt dämmrig wurde. Es war ein weicher, bräunlicher Farbton, der sich auf alles legte. Mein Vater begann sich zu konzentrieren und sagte uns, wir sollten uns bereit machen. Zehn lange Minuten vergingen; dann zeigte er auf den Himmel über dem Meer und sagte: »Da kommt sie.«
Während einer totalen Sonnenfinsternis verdeckt der Mond die Sonne vollständig und wirft einen vollkommen runden Schatten auf die Erde. Wenn die Erde sich um ihr eigene Achse nach Osten dreht, bewegt sich der Schatten immer nach Westen; da wir an der Atlantikküste standen, raste der Schatten über das Wasser direkt auf uns zu, was es uns erlaubte, ihn schon aus einiger Entfernung zu sehen. Es war eine klar erkennbare Wand aus Dunkelheit, die den Horizont umspannte, und sie bewegte sich *schnell*. Als sie uns erreichte, veränderte sich alles ohne einen Laut.
Der ganze Himmel wurde tiefblau, die Farbe, die jedes Kind im Malkasten hat und dazu benutzt, den Himmel abzubilden. In der Wirklichkeit ist jedoch kein Himmel so blau, bis man eine Sonnenfinsternis zu sehen bekommt, dann aber ist er *tatsächlich* so blau. Die Farbe war so üppig und tief, daß die Sterne hindurchschienen, während der Horizont in einem leuchtenden Rot erglühte. Die Luft war voller lärmender Seemöwen gewesen, doch als der Schatten sie traf, verstummten sie und ließen sich wie Steine ins Wasser fallen. Ich blickte nach oben und sah direkt in der Mitte des Himmels ein unbeschreiblich schönes, sanftes, weißes Glühen. Genau in dessen Mitte entdeckte ich eine kohlschwarze Scheibe, das Bild des Mondes vor der Sonne. Es war eine jener seltenen Gelegenheiten, bei denen die Realität so absurd irreal wird, daß man das Gefühl hat, im Kino zu sitzen, und sich Sorgen

macht, man könnte nicht wirklich das erfassen, was da gerade vor sich geht.
Es war der Augenblick eines ganzen Lebens. Ich schoß ein paar Bilder und drehte mich dann um, um mich zu vergewissern, daß mein Vater mit der großen Kamera fotografierte. Doch was bekam ich zu sehen? Er gab sich hektisch die größte Mühe, einer Gruppe europäischer Touristen etwas verständlich zu machen, die wenige Meter neben uns standen. Nach all seinen Planungen, nachdem er monatelang Karten von Rand McNally angestarrt hatte, beobachtete er nicht die Sonnenfinsternis, sondern versuchte statt dessen, es *anderen* zu ermöglichen. Im Augenblick der totalen Sonnenfinsternis hatten sie sich alle umgedreht und blickten in die falsche Richtung! Jemand hatte ihnen offensichtlich erzählt, daß es den Augen schadet, wenn man ein solches Ereignis betrachtet, doch das stimmt nur bei einer partiellen Sonnenfinsternis; bei einer totalen werden die schädlichen Sonnenstrahlen blockiert, und man genießt eins der großartigsten Schauspiele auf Erden. Mein Vater flehte die Leute an, sich umzudrehen, versuchte zu erklären, weshalb es sicher sei, doch sie verstanden kein Englisch und sahen ihn an, als hätten sie einen Irren vor sich. Irgendwann wurden sie zornig und klapperten in ihren seltsam aussehenden Sandalen los, bestiegen ihren Mietwagen und fuhren weg, ohne auch nur einmal zum Himmel zu blicken.
Die Sonnenfinsternis war zwar spektakulär, aber ich glaube nicht, daß ich mich noch so klar an sie erinnern würde, wenn da nicht diese unglückselige Touristengruppe gewesen wäre. Die Tatsache, daß sie den Ausflug zum Strand gemacht hatten, um die Sonnenfinsternis zu betrachten, es dann aber doch nicht wagten, ließ den Anblick dieser samtschwarzen Scheibe als besonders selten und schön erscheinen. Der Vorfall lieferte mir auch ein denkwürdiges Bild von meinem Vater. Die totale Sonnenfinsternis dauerte kaum mehr als zwei Minuten, und er verbrachte gut die Hälfte dieser Zeit damit, lauter Fremde dazu zu bringen, das

Schauspiel zu genießen. Ich nehme an, daß dieser Vorfall auch etwas über mein seltsames Gefühl für Prioritäten enthüllte, denn ich fühlte mich verpflichtet, diese ganze Minute damit zuzubringen, ihn zu beobachten, wie er das verdammte Ereignis verpaßte.

Kaum hatten wir die Rückreise nach Connecticut angetreten, da begann mein Vater schon mit den Vorbereitungen zu unserem nächsten Trip. Diesmal sollte die ganze Familie mitkommen. Die nächste totale Sonnenfinsternis, die in Nordamerika sichtbar sein würde, sollte zwei Jahre später erfolgen, im Juli 1972; danach würden sich sämtliche Sonnenfinsternisse der kommenden hundert Jahre in Afrika, am Indischen Ozean oder am Polarkreis beobachten lassen – außerhalb jeder Reichweite für uns und unseren Volkswagen –, so daß ein Gefühl von Endgültigkeit über diesem Abenteuer schwebte.

Dad errechnete, daß der beste Ort zur Beobachtung der Finsternis Cap Chat sein würde, eine wieder am Wasser gelegene Stadt auf der Halbinsel Gaspé im nordöstlichen Kanada. Unsere Reiseroute war diesmal komplizierter. Wir würden mehrere Highways und auch einige Landstraßen benutzen müssen, so daß mein Vater schon mehr als ein Jahr vorher seine Karten zu studieren begann. Wir befestigten ein Zelt auf dem Dach des Volkswagens und kampierten darin auf unserem Weg nach Norden, bis wir eines Vormittags schließlich Cap Chat erreichten und einen kettenrauchenden, französischsprechenden Zwölfjährigen bitten mußten, uns zu einer Stelle zu führen, an der wir unser Zelt aufschlagen konnten. Wir entschieden uns für einen Standort auf einem weitläufigen, öden Feld am Rande der Stadt. Am nächsten Morgen waren wir von Hunderten von Zelten umgeben, und vor jedem davon war eine fabelhafte Kamera, ein Teleskop oder ein anderes Instrument aufgebaut. Diese Szene war vollkommen anders als die in Virginia. Hier war nirgends etwas von hilflosen Touristen zu sehen, dafür gab es Hunderte von Berufsastronomen und ernsthafte Amateure aus der ganzen Welt. Ich hatte noch nie eine solche Vielfalt von Technologie gesehen oder so viele verschiedene Sprachen gehört.

Der dritte Tag war der Tag der Sonnenfinsternis. Um sechs Uhr am Morgen wachten wir bei strahlend blauem Himmel auf. Am Horizont gab es nur eine einzige kleine Wolke, die so klein und fern war, daß die meisten Leute sie ignorierten, mein Dad jedoch nicht. Er blinzelte sie lange Zeit an. Schließlich schüttelte er den Kopf und sagte: »Sie wird uns umbringen.« Er kroch wieder ins Zelt zurück und sah völlig deprimiert aus, was mir schrecklich voreilig vorkam.

Um zwölf Uhr mittags war diese Wolke der Sonne schon viel näher gekommen, sah größer aus und war außerdem nicht mehr allein. Die Leute um uns herum begannen nervös zu werden, doch schien die Situation noch keineswegs hoffnungslos zu sein.

Um drei Uhr nachmittags verschmolzen die Wolken und bedeckten den ganzen Himmel, und von 4.32 Uhr bis 4.34 Uhr wußten wir nur, daß es draußen dunkel wurde. Es sah aus wie das Ende irgendeines ganz gewöhnlichen, bewölkten Tages. Mehrere der Astronomen um uns herum waren so frustriert, daß sie weinten; einer riß sich an den Haaren, trat gegen die Räder seines Wagens und rief Dinge, die ich bis dahin nur einmal gehört hatte, als ich zehn Jahre alt war, meinen Bruder und meine Schwester im Wagen auf dem Schoß hatte und ihnen angst einzujagen versuchte, indem ich die Seitentür öffnete, während Dad fuhr.

Mein Vater hingegen hatte sich vollständig in der Gewalt. Er hatte den Verlust schon verarbeitet, als er sich allein und still ins Zelt zurückgezogen hatte, bevor die Katastrophe wirklich eintraf. Während viele der Astronomen gerade erst zu erkennen begannen, was geschehen war, und sich nun vor Verzweiflung wanden, überlegte mein Vater schon, wie wir auf dem großen Highway zurückfahren sollten. Er tauchte aus dem Zelt auf und begann sofort mit dessen Abbau, damit wir noch vor dem Mittagessen unterwegs sein konnten. Angesichts so vieler gebrochener Männer um mich herum, mit denen ich ihn vergleichen konnte, ging mir plötzlich auf, wie ungewöhnlich seine Art war, mit einer Enttäuschung fertig zu werden. Ich dachte, was für eine Anstrengung es ihn gekostet haben mußte, uns den Anblick zu ersparen, wie er sich auf der Erde herumwälzte und mit den Fäusten auf den Boden trommelte, wie es ein Astrofotograf aus dem Zelt nebenan gerade tat. Ich erkannte, daß dies die erste Gelegenheit meines Lebens war, unsere Rollen zu tauschen – wie ein Mann zu handeln und ihn zu trösten, so wie er es immer für mich getan hatte, wenn ich enttäuscht war. Ich bereitete eine kleine Ansprache vor, wie ein Zwölfjähriger sie sich in aller Hast ausdenken kann, und ging zu ihm hinüber.

Doch da stellte sich Dad mir in den Weg, drückte sich behutsam eine Hand auf den Mund, als ich einen verwirrten Ausdruck in seinen Augen bemerkte. Als er die Hand wegnahm, sah ich, daß seine beiden Lippen knallrot und geschwollen waren, wie bei einer Comicfigur. Wir standen beide nur da, zu verwirrt, um etwas zu sagen, als eine Frau, deren Lippen ebenfalls geschwollen waren, zu uns herüberkam und sagte: »Keine Angst – es ist eine Art Spinne, die hier oben lebt. Mein Mann wurde heute morgen auch schon gebissen. Die Schwellung geht nach etwa einer Stunde zurück.«

Ich bin mir sicher, daß es Erich war, der als erster loskicherte – wie immer. Dann prusteten Rachel und sogar meine Mutter los, und bevor ich wußte, wie mir geschah, lachte ich lauter als sie alle. Die Verwirrung wich von Dads Gesicht und verwandelte sich in Ärger, worauf er die letzten Zelthäringe ohne ein Wort herauszog. Diese verpaßte Sonnenfinsternis war das einzige Mal, daß die Natur mir eine Gelegenheit wie aus dem Bilderbuch gab, voll mit sowohl symbolischem als auch ganz konkretem Wert, nämlich direkt vor den Augen meines Vaters zum Mann zu werden.

Als Dad mir also auf dem städtischen Müllplatz sagte, ich müsse mich daran gewöhnen, daß die Dinge nicht immer so liefen, wie ich es mir vorstellte, war ich darauf eingestellt, ihm recht zu geben. Aber wie gewöhnt man sich an Enttäuschungen? Ich hatte schon ohne Erfolg versucht, mich an körperlichen Schmerz zu gewöhnen, indem ich mich oft Schmerzen aussetzte; vermutlich würde es genausowenig funktionieren, wenn ich mich absichtlich Enttäuschungen aussetzte, um eine Art Toleranz aufzubauen. Ich stellte mir vor, was ein Zen-Meister sagen würde: daß nämlich die Wurzel aller Enttäuschung Erwartung sei, und daß alle Erwartungen Illusionen seien. Wenn ich es schaffte, den jetzigen Moment so zu akzeptieren, wie er war, und auf das Bedürfnis verzichten konnte, die Zukunft zu beherrschen, würde sich die Enttäuschung an nichts festmachen können. Wie alle meine Zen-Einsichten hörte sich auch der Gedanke, auf das Bedürfnis zur Beherrschung der Zukunft zu verzichten, großartig an, doch ich hatte keine Ahnung, wie ich ihn praktisch umsetzen sollte. Sollte ich etwa den jetzigen Augenblick – Unreife, Unbeliebtheit, Angst, zölibatäres Dasein – akzeptieren und auf die Sehnsucht verzichten, erwachsen zu werden, gute Freunde zu haben, eine Lebensform zu entdecken, die ich genießen konnte, um schließlich herauszufinden, weshalb die Franzosen einen Orgasmus »den kleinen Tod« nennen? Nicht verdammt wahrscheinlich. Der Ansatz meines Vaters schien irgendwo zwischen dem eines Zen-Meisters zu liegen (»Dabei fällt mir übrigens ein, dieses gebrochene Bein erlaubt mir, eine neue Art von körperlicher Empfindung zu erleben, und bietet neue Herausforderungen für meine Beweglichkeit!«) und meiner eigenen (»Das *war's*; wenn mein Leben nicht AUF DER STELLE besser wird, werde ich allem vollkommen entsagen und den Rest meines Lebens damit verbringen, daß ich JEDEM MENSCHEN AUF ERDEN zu verstehen gebe, was für ein Dreckloch diese Welt in Wahrheit ist.«). Mein Vater hoffte auf das Beste, doch wenn statt dessen das Schlimmste passierte, kämpfte er nur selten dagegen an. Er starrte den platten Reifen an, den Kostenvoranschlag für die Reparatur oder die bedrohliche Wolke und stand völlig still da, während die Frustration sich zunächst als kleiner Punkt zwischen seinen Augen zeigte und sich dann ausbreitete wie Ausziehtusche auf Löschpapier und dabei auf keinerlei Widerstand stieß. Er konnte sich nur still verhalten, weil er wußte, daß die Frustration irgendwann so verdünnt sein würde, daß sie sich auflöste, und daß es am besten war, den ganzen Vorfall möglichst schnell hinter sich zu bringen. Wenn man sich zu sehr an die Hoffnung klammerte, den Dingen eine andere Wendung geben zu können, verlängerte man nur das Leiden (und machte alles nur um so schmerzlicher, wenn man schließlich aufgeben mußte) oder, was noch schlimmer war, man wurde trübselig, wie offenkundig schuldige Verbrecher, die selbst dann noch auf ihrer Unschuld beharren, wenn ihnen solche Beteuerungen nichts mehr nützen können.

Damals hatte ich das Gefühl, daß Dads Politik der Widerstandslosigkeit gegenüber dem Schicksal zwar einige Vorzüge besaß, jedoch auch eine wichtige, unannehmbare Schwäche: Wenn sich mal *tatsächlich* eine goldene Gelegenheit bot, sein Leben in etwas zu verwandeln, was seine Träume Wirklichkeit werden ließ, würde er das gar nicht erkennen, weil sich die Möglichkeit ihm ohne Zweifel in Gestalt möglichen Mißgeschicks präsentieren würde. Jeder Teenager weiß, daß große Siege, ob intellektuelle oder sonstige, sich erst nach großen Opfern und Risiken einstellen. Tatsächlich wissen Teenager das besser als jeder Erwachsene; wenn wir zwischen dem Alter von dreizehn und einundzwanzig sind, sind wir biologisch darauf angelegt, uns darüber zu wundern, wie sich überhaupt jemand für den Weg der Mäßigung und Stabilität entscheiden kann mit seiner unvermeidlichen nichtssagenden, reizlosen Szenerie, wenn man sich statt dessen für den zwar riskanten, jedoch unvergleichlich überlegenen Weg

entscheiden kann, die Dinge zu den Extremen zu treiben. Weil wir wissen, welcher Weg überlegen ist – nachzulesen in allen Biographien, die je geschrieben wurden –, können wir uns nicht vorstellen, je zum Opfer von Konsequenzen zu werden, die uns den Versuch bedauern lassen würden, zur anderen Seite durchzubrechen. Auf dem Weg dorthin sind manchen von uns zweifellos böse Dinge widerfahren, doch die könnten immer auch anderen zustoßen, dümmeren und schwächeren Menschen. Das klassische Beispiel ist natürlich, daß jeder Teenager gelegentlich wie ein Verrückter Auto fährt. Er weiß zwar, daß seine Aussichten, in einen Unfall verwickelt zu werden, um so größer werden, je schneller er fährt, er vertraut aber unerschütterlich darauf, keinen Unfall zu erleiden, weil er ehrlich daran glaubt, daß die Statistik nur von irgendeinem anderen Jungen gefüttert wird, irgendeinem Idioten mit miserablen Reflexen, einem schlechten Zeitgefühl oder irgendeinem anderen, noch unentdeckten inneren Webfehler.
Wenn man älter wird, verändert sich die Perspektive. Das soll nicht heißen, daß man Risiken überhaupt zu vermeiden versucht; es ist vielmehr so, daß das Gefühl, mit anderen Menschen und sogar Gegenständen verbunden zu sein, sich im Lauf der Jahre erweitert, so daß man das Gefühl hat, mehr verlieren zu können; die Risiken erscheinen einem nur riskanter, während die möglichen Gewinne kaum mehr große Verbesserungen gegenüber dem darzustellen scheinen, was man schon hat. Bis man jedoch *tatsächlich* älter wird, verlangt man nach dramatischen Ereignissen, und der Stoffwechsel bietet praktisch eine Garantie dafür, daß man sich etwas davon verschafft. Als mein Vater mir sagte, ich solle mich lieber an bestimmte Dinge gewöhnen, etwa an die Unfähigkeit, »mit Anstand zu sterben«, konnte ich nur an folgendes denken: Wenn er beim Anblick dieser Wolke nicht ins Zelt gegangen, sondern in den Wagen gesprungen wäre, um mit neunzig Meilen pro Stunde an der Küste entlangzurasen, statt

seinen permanenten fünfundfünfzig, hätte er vielleicht ein Stück klaren Himmel gefunden und diese Sonnenfinsternis gesehen. Wie anders wäre sein Leben heute! Warum konnte er das nicht erkennen?

Ich hatte mich um Erleuchtung bemüht, sie jedoch nicht erreicht, und wußte irgendwie, daß meine Tage in der Lotos-Stellung jetzt hinter mir lagen, doch das bedeutete nicht, daß ich mein Streben nach vollkommenem Glück aufgeben mußte. Ich mußte es einfach nur mit einem neuen Ansatz versuchen. Als ich gerade in die neunte Klasse gekommen war, gewann ich einen neuen Freund, und der lieferte mir diesen neuen Ansatz.

5

Da ich im Keller für meine Kung-Fu-Übungen keinen Platz mehr hatte und mehr Ungestörtheit wollte, als der Vorgarten mir bieten konnte, zog ich auf eine Waldlichtung um, die eine Meile von unserem Haus entfernt war. Sie war perfekt: ein Stück harten, ebenen Bodens an einem kleinen See ohne Straßenzugang, so daß ich den Platz fast immer für mich hatte. Als ich eines Nachmittags gerade die Drei Tiger-Techniken übte – Schattenboxübungen, zu denen ein bestimmter Stoß namens Tigerkralle gehört, ein Schlag mit der offenen Handfläche, worauf man die Hand zu einer Kralle formt und nach unten reißt –, trat ein Junge in meinem Alter aus dem Wald und marschierte auf mich zu, als ob er etwas Böses im Schilde führte. Als er näher kam, sah ich, daß es Michael Dempsey war, der gefürchtetste Junge unserer Schule. Sein Vater war gestorben, als er noch sehr klein war, und seine vier älteren Brüder hatten ihn seit frühester Kindheit in der Kunst des Angriffs-Football ohne Helm, im Umgang mit Totschlägern, im Boxen, griechisch-römischen Ringen, im Fechten mit Besenstielen, Bogenschießen und im Darts-Werfen trainiert. Er hatte im Alter von fünf Jahren das Fahren gelernt (auf einem Motorrasenmäher), wußte schon mit sieben Jahren, wie man mit Leuchtkugeln auf Menschen zielt, und hatte mit acht beide Beine gebrochen, als er sich mit Hilfe eines Stabs längs über einen Picknicktisch katapultieren wollte, wobei er ein anderthalb Meter langes Stück Kupferrohr als Stab benutzte. Er hatte einen eindrucksvollen Stammbaum; als er eingeschult wurde, waren seine vier älteren Brüder in unserer Stadt schon so etwas wie Mythen geworden. Jeder hatte sich durch irgendwelche waghalsige sowie infame Taten hervorgetan, daß er wagemutig, einfallsreich und so gut wie unbesiegbar war. Insgesamt nannte man die Brüder abwechselnd die Unsterblichen, die Goldene Horde (der Name der Mongolenarmee auf dem Höhepunkt ihrer

Macht) und, wie ich mal in einem Biergarten hörte, die Pfadfinder der Hölle.
Jahrelang glaubte ich, wie viele andere Jungen in unserer Grundschule, daß die Dempsey-Brüder Menschenfleisch aßen, um stärker zu werden, und Benzin tranken, um Ausdauer zu gewinnen. Man hatte mir erzählt, die drei älteren Brüder hätten mal einen kleinen Jungen entführt, der zu ihrer Mutter frech gewesen sei (sie arbeitete in der Cafeteria der Schule, und alle liebten sie). Sie hätten ihn im Kofferraum eines Wagens in den Nachbarstaat gefahren, ihm alle Kleider ausgezogen, den Kopf kahl rasiert und ihn dann nackt zu Fuß nach Haus gehen lassen. Einer anderen Geschichte zufolge kam einmal ein Junge, der die High-School vorzeitig verlassen und keine Eltern hatte, zu einer Bierparty bei den Brüdern, bei der auch harter Football gespielt wurde. Dabei soll er entweder der Nummer zwei oder drei der Dempsey-Brüder absichtlich ein Bein gestellt haben (je nachdem, wer die Geschichte erzählte). Später soll der Junge in den Keller der Brüder eingeladen worden sein, um danach nie mehr gesehen zu werden.
Ich hatte einen großen Teil der Pausen an meiner Grundschule damit zugebracht, entweder vor Michael Dempsey wegzulaufen oder den Versuch zu machen, mich der Mitgliedschaft in seiner Bande als würdig zu erweisen, den Ebers – ein Name, den er sich ausgedacht hatte, und dessen Bedeutung er mir nie erklärte –, statt deren Lieblingsopfer zu sein. In jenem Jahr versuchte einer unserer Lehrer, uns zur Teilnahme an praktischer Demokratie zu ermutigen, indem er uns einen Präsidentschaftskandidaten wählen ließ – Nixon oder Humphrey –, über den wir mehr in Erfahrung bringen mußten, um ihn dann in einer öffentlichen Debatte vor der Klasse zu unterstützen, die für den Morgen vor der Wahl geplant war. Ich hatte mich für Humphrey entschieden und Michael für Nixon. Zufällig ergab es sich, daß wir miteinander debattieren sollten. Ich hielt meine kleine Ansprache als erster, doch als Michael an der Reihe war, wurde er rot im Gesicht und

sagte: »Ich, äh … ich dachte, wir sollten das erst morgen machen«, was den Lehrer dazu brachte, ihn vor der ganzen Klasse zusammenzustauchen, weil er eine so wichtige Sache nicht ernst genommen habe. Ich war am Boden zerstört und schon so gut wie erledigt. Und tatsächlich sicherte Michael sich in der Pause die Unterstützung all der anderen jugendlichen Republikaner, schleifte mich in den Wald hinaus, band mich an einen Baum und wickelte mich von Kopf bis Fuß in Autoaufkleber für Nixon.

In der fünften Klasse durchlief Michael eine Phase, in der er mit Schießpulver experimentierte. Er mahlte riesige Mengen davon mit einem Mörser, den er aus dem Chemie-Experimentierkasten eines seiner Brüder genommen hatte. Immerzu zündete er auf dem Parkplatz der Schule ganze Haufen davon an und zeigte jedem, wie die intensive Hitze Asphalt oder sogar Beton zum Schmelzen bringen konnte. Es war unvermeidlich, daß er irgendwann ein noch ehrgeizigeres Vorhaben präsentieren würde: Er verkündete seine Absicht, eine große Bombe herzustellen. Dazu brauchte er einen geeigneten Träger. In der Hoffnung, mich bei ihm einzuschmeicheln, schenkte ich ihm meine alte Puppe GI Joe. Michael akzeptierte das Geschenk und stopfte die Puppe von Kopf bis Fuß mit seinem selbstgemachten Schießpulver voll. Dann bohrte er Joe ein kleines Loch in den Kopf, steckte eine Lunte hinein und sagte allen, sie sollten sich im Sumpf mit den Teichkolben am Rand des Spielgeländes der Schule treffen.

Michael lehnte die Puppe gegen ein Stück Treibholz und zündete die Lunte an, dann rannte er zu uns anderen herüber. Wir hatten uns vorher hinter einen großen Felsen gekauert. Die Lunte zischte und stotterte; dann verschwand der brennende Teil davon in GI Joes Kopf. Es gab eine Pause, und wir sagten schon alle enttäuscht »Ohhh!«, da wir glaubten, die Bombe sei ein Versager, als über Joes Kopf plötzlich ein Lichtblitz erschien. Im Bruchteil einer Sekunde wurde dieser Blitz zu einer riesigen, mehr als einen Meter hohen Stichflamme; doch statt zu explodieren, wurde GI

Joe so etwas wie eine auf dem Kopf stehende Rakete, und sein Kopf war die Düse. Die intensive Hitze schien bei dem Kunststoff sofort zu wirken, und die stehende Figur schmolz augenblicklich dahin und ließ nichts zurück außer einer riesigen Wolke weißen Rauchs und einem Haufen heftig blubbernden Schwefels auf dem Erdboden. Alle lachten, nur Michael nicht, der vor Wut wieder ganz rot im Gesicht wurde. Das letzte, woran ich mich erinnere, ist, daß er mir die Faust in den Bauch stieß, weil ich seine Bombe ruiniert hatte.

Später in jenem Jahr durchlief Michael eine Phase, in der sein Luftgewehr absoluten Vorrang hatte. Jeder Junge in unserer Schule hatte ein Luftgewehr, und jeder Junge hatte seinen Eltern versprochen, sein Gewehr nie auf ein Lebewesen zu richten, doch natürlich zielte jeder Junge mit seinem Gewehr in Null Komma nichts auf Vögel und Eichhörnchen. Es war jedoch Michael, der den revolutionären Einfall hatte, mit den Waffen auf andere Jungen zu schießen. Es begann mit einem Spiel, das wir »Richtet den Gefangenen hin« nannten. Ich war zusammen mit zwei anderen Jungen gefangen, die auch keine Ebers waren; Michael war immer das Exekutionskommando. Als Gefangener stand man neben dem Vollstrecker, und auf ein Zeichen von einem dritten hin rannte man so schnell wie möglich los. Der Vollstrecker sollte bis fünf zählen, bevor er sein Gewehr hochriß und einen in den Rücken schoß.

Das funktionierte eine Zeitlang zufriedenstellend; die Entfernung, die man rennend zurücklegte, bedeutete, daß es zwar brannte, wenn man von der Kugel getroffen wurde, als wäre man von einer Wespe gestochen worden, und man bekam eine kleine Beule, doch das alles war erträglich. Leider war Michael die Art Mensch, der sich schnell langweilte. Eines Tages spielten wir wieder »Richtet den Gefangenen hin«, und er schaffte es, sein Gewehr schon vorzeitig hochzureißen, ohne daß jemand es bemerkte. Als das Zeichen gegeben wurde und der arme Donald –

zum Glück war ich diesmal nicht an der Reihe – zu laufen begann, senkte Michael augenblicklich das Gewehr und schoß. Er traf Donald in der Rückseite des Schenkels. Michael war über das Ergebnis entzückt, Donald jedoch keineswegs – er spielte nie wieder mit uns –, und so wurde beschlossen, daß das Spiel etwas fairer gestaltet werden mußte, um einen steten Nachschub an Gefangenen sicherzustellen. In dem Moment riß Michael, der alles liebte, was mit Schlachten zu tun hatte, die Augen weit auf und sagte: »Luftgewehrkriege! Warum ist mir das nicht schon früher eingefallen!«

Michael war ein ziemlicher Tunichtgut, war jedoch auch kreativ und dank der Beispiele seiner älteren Brüder ein Störenfried, der genau wußte, was er wollte. Er liebte Regeln und Strategien. Im Lauf der nächsten Woche ersann er Kampfregeln (die er seinen Lieblingsspielen *Die Luftschlacht um England, Dünkirchen* und *Versenkt die Bismarck* entnahm). Dann suchte er ein perfekt geeignetes Schlachtfeld aus, zeichnete davon eine detaillierte Karte und arbeitete einen Schlachtplan aus, wie er mit seinen Alliierten die Feinde umzingeln und vernichten konnte. Als es Zeit war, die Teams auszuwählen, wurde ich zu meiner Bestürzung der Armee der Achsenmächte zugeteilt.

Michael hatte Alliierte und Achsentruppen nicht auf der Grundlage irgendwelcher eventueller Führungsqualitäten, von Geschwindigkeit oder Verschlagenheit ausgewählt, sondern danach, welche Durchschlagskraft unsere Luftgewehre hatten. Die Alliierten hatten die guten Gewehre, die entweder »Pump-action«-Gewehre waren oder in einem Fall ein halbautomatisches Gewehr mit CO_2-Patronen, während die Achsenmächte nur mit primitiven Gewehren mit Spiralfedern des Typs »Mein allererstes Luftgewehr« herumfuchteln konnten – mit anderen Worten, sie hatten nur ein Stück Scheiße in der Hand. Wenn ich Glück hatte, einen der alliierten Soldaten überhaupt zu treffen, prallte mein Geschoß von seiner Nylon-Windjacke ab, ohne auch nur eine Quaddel zu erzeugen. Wenn jedoch einer der Alliierten einen von uns traf, merkte es jeder an dem jämmerlichen Aufschrei des Getroffenen. Wir hielten diese Kriegsspiele an den Wochenenden ab, meist mit sechs Jungen pro Team. Unser schwerstes Mißgeschick ereignete sich, als ein Junge einen gewagten Flankenangriff versuchte, indem er sich auf einem eisbedeckten See hinter die feindlichen Linien schlich. Wir lugten vorsichtig über die Mauer unseres Forts und beobachteten ihn, als er sich in gebückter Haltung staksig über den See bewegte. In einem Augenblick war er noch da, im nächsten hörten wir ein splitterndes Krachen, aufspritzendes Wasser, und er war verschwunden. Er schaffte es zwar, wieder aufs Eis zu kommen, verlor aber sein Gewehr und erfror fast, als seine Gegner darauf bestanden, ihn in einem »Kriegsgefangenenlager« einzusperren – einem verlassenen Chevrolet Nova –, bis die Schlacht vorbei war. Da entdeckte ich zum erstenmal, daß Menschen tatsächlich blau im Gesicht werden, wenn ihnen kalt ist.

Bevor einer von uns ein Auge verlor oder noch Schlimmeres passierte, entwickelte der Oberbefehlshaber der Alliierten zum Glück ein neues Interesse. Einer seiner Brüder hatte eine Pistole des Kalibers .22 mitgebracht, doch da zogen sich die meisten von uns zurück. Während dieser Phase seiner Entwicklung sah ich Michael nur einmal; die Goldene Horde hatte irgendwo einen verlassenen Kombi gefunden und war mit ihm zu einem der Seen hinausgefahren, um dort ein Abenteuer zu erleben. Ich hatte schon vorher in der Schule davon gehört – die meisten Ereignisse, an denen die Dempsey-Brüder beteiligt waren, wurden lange vorher publik gemacht – und kam gerade noch rechtzeitig beim See an, um folgendes zu sehen: Die Brüder fuhren den inzwischen mit Einschußlöchern übersäten Wagen mit Höchstgeschwindigkeit über Gräben hinweg oder jagten ihn gegen Findlinge. In einem seltenen Anfall von Sicherheitsbewußtsein trugen sie alle Football-Helme. Das Finale kam, als sie ausstiegen, das Auto Rich-

tung See stellten, das Gaspedal mit einem Ziegelstein festklemmten und den ersten Gang einlegten. Bis heute bleiben Angler mit ihren Haken an der untergegangenen Karosse hängen.
Zu meinen nächsten Begegnungen mit Michael kam es in der sechsten Klasse. Dort hörte ich, er und seine Brüder bauten benzingetriebene Modellflugzeuge sowie feststoffbetriebene Modellraketen, die sie von ihrer Hinterveranda in den Weltraum schickten. Da ich wieder mal hoffte, mich mit Michael anzufreunden, brachte ich ein Opfer: Ich überredete meine Eltern, mir eine kleine Modellrakete zu kaufen, an der ich mehrere Tage arbeitete. Als die letzte Steuerflosse angeklebt und die letzte Aufschrift getrocknet war, ging ich mit der Rakete zum Hauptquartier der Dempseys hinüber, und tatsächlich lagen drei seiner Brüder und ein ganzer Haufen älterer Jungen auf dem Rasen in Liegestühlen, tranken Bier aus einem Faß und schickten die Raketen von einer elektrischen Abschußrampe in den Himmel. Ich überreichte Michael meine Rakete, und er lachte. »Dieses mickrige Ding? Na komm, wir wollen es Frank geben Er wird schon was draus machen.« Er schlug gegen die Garagentür, und als sie aufging, stand Frank da, der vierte Dempsey-Bruder, der langes schwarzes Haar hatte und einen Schnurrbart wie Emiliano Zapata. Wir wußten, daß er dreihundert Pfund schwere Gewichte stemmen konnte. Er mußte damals sechzehn gewesen sein. Frank war der Bruder, der einem aus dem Gedächtnis so gut wie alles über jede größere europäische Schlacht der letzten tausend Jahre erzählen konnte. Michael reichte ihm die Rakete, und mir schwoll vor Stolz die Brust. Es war meine erste persönliche Audienz bei einem der Unsterblichen; ich fühlte mich wie ein Wehrpflichtiger, dessen Gewehr von General Patton persönlich inspiziert wird. Frank betrachtete meine Rakete mit ernster Miene, zwirbelte sich mit den Fingern den Schnurrbart und sagte schließlich: »Die wird nie Berlin erreichen, meine Herren. Die freie Welt steht auf dem Spiel – wir müssen sofort handeln.«

Er führte uns durch die Garage in eine Dunkelkammer, das sogenannte Labor, in der er seine Gewichtheberausrüstung aufbewahrte sowie Sprengstoffe. Er stellte meine Rakete auf die Werkbank und zog den Feststoffantrieb aus der Röhre. »So etwas verwendet Herr von Braun nicht, da könnt ihr sicher sein«, sagte er und warf das winzige Triebwerk in einen Papierkorb. Der Mann im Hobby-Shop, der es mir verkauft hatte, hatte gesagt, es sei das stärkste Triebwerk, das für eine Rakete dieses Maßstabs entwickelt worden sei. Frank öffnete einen hölzernen Schrank voller Raketenantriebe, gasgetriebener Modellmotoren, Feuerwerkskörper, M 80er (Dynamitstäbe in einem Viertel der normalen Größe) sowie einige undefinierbare Geräte, die mit Unterwasserlunten ausgerüstet waren. Er zog ein riesiges Raketentriebwerk heraus, das er die Dicke Bertha nannte, und versuchte, es in meine Rakete hineinzuschieben, doch ohne Erfolg. »Das wird ein paar kleinere technische Korrekturen erfordern«, sagte er und grinste. Er klemmte meine Rakete an der Werkbank fest und schlitzte den Boden mit einer schweren Metallschere auf. Er schaffte es irgendwie, das riesige Triebwerk hineinzubekommen, wickelte Isolierband um die Rakete, um alles zu befestigen, und nahm sie dann mit in den Garten zur Abschußrampe.
Der Rest der Goldenen Horde und ihrer Fußsoldaten saßen ohne Hemden um das Bierfaß herum und hatten alle Plastikbecher mit dem Gebräu ins Gras gestellt. »Was jetzt kommt, ist ein reines Experiment«, verkündete Frank. »Alles hinter die Brustwehr.« Damit meinte er einen Haufen alter Autoreifen und Mülltonnen in der Nähe der Veranda. Sobald alle ausreichend Deckung gefunden hatten, reichte mir Frank den Elektroschalter, der meine Rakete zünden würde. »Der junge Lieutenant wird die Ehre haben, seine Rakete in den Weltraum zu schicken«, sagte er mit würdevollem Ernst. Die Dempsey-Brüder hatten etwas an sich, was man unwillkürlich bewundern mußte, nämlich ein großartiges Gefühl für Zeremonien.

»Du meinst, er soll das Ding in die Luft jagen«, schrie jemand hinter der Brustwehr, doch Frank zeigte nicht mal die Andeutung eines Lächelns.

»Geben Sie uns ein Countdown, Lieutenant«, befahl er mir, um dann hinter einem Wagen Deckung zu suchen.

Ich zählte und drückte auf den Knopf. Eine riesige Stichflamme schoß aus der Rakete hervor – es war dem nicht unähnlich, was vor einem Jahr mit GI Joe passiert war –, worauf die Rakete von der Abschußrampe losschoß, um dann in einem Rauch- und Feuerkringel von etwa drei Metern Durchmesser wegzukippen, sich in den Erdboden zu bohren und zu explodieren.

»Jaaaaaahhh!« brüllten die Brüder D. und ihre Freunde. Sie stießen ihre Bierbecher zu einem förmlichen Toast aneinander und begaben sich wieder zu ihren Liegestühlen. Ich ging zu dem rauchenden Loch im Erdboden hinüber, das noch vor wenigen Augenblicken eine sorgfältig bemalte Rakete gewesen war, als Michael herbeigerannt kam, mir auf den Rücken schlug und sagte: »Es ist wirklich schlimm, doch es war ein Tod in allen Ehren! Die Ehre wird aufrechterhalten, selbst um den Preis des höchsten Opfers!« Da ich froh war, daß er mir zu Abwechslung mal den Rücken tätschelte, statt mir mit der Faust in den Bauch zu schlagen, kam ich zu dem Schluß, daß der Verlust der Rakete sich gelohnt hatte.

Wenigstens hatte ich Michaels Anerkennung gewonnen, die ich jedoch nicht lange genießen konnte. Zwei Tage nachdem ich meine Rakete geopfert hatte, fuhr ich mit dem Rad zu seinem Haus und saß mit ihm auf der Hinterveranda, während er einen Modellpanzer in die Luft jagte, der in einem aufblasbaren Schwimmbecken untergetaucht war. Also dafür waren die Unterwasserlunten gedacht. Ein älterer Junge mit dichtem weißen Haar und Sommersprossen, den ich noch nie gesehen hatte, bestieg plötzlich ohne ein Wort mein Fahrrad und fing an, grob mit der Gangschaltung zu spielen. »Er ruiniert dein Rad«, sagte Michael.

Mir ging auf, daß ich handeln mußte, denn sonst hätte ich meinen neuen Status als jemand, der sich Michaels Gesellschaft als würdig erwiesen hatte, sofort verloren. So rief ich dem älteren Jungen zu: »Heda, nimm deine dreckigen Pfoten weg!«
Der Junge hörte auf, mit der Gangschaltung herumzuspielen, musterte mich von oben bis unten und lachte laut auf. »Große Worte, kleiner Mann«, sagte er. Als wollte er mir zeigen, wie unbeeindruckt er war, zerrte und riß er noch härter an der Gangschaltung als zuvor. Wider besseres Wissen, jedoch durch meine neue Allianz mit dem jüngsten Mitglied der Unsterblichen kühn geworden, rief ich hinter ihm her: »Großer Mann, kleine Worte!«
Ich drehte mich um und lächelte Michael nervös zu, weil ich hoffte, das hätte ihm gefallen, doch er zeigte hinter mich. Bevor ich mich umdrehen konnte, spürte ich, wie ich am Kragen hochgehoben und herumgewirbelt wurde. Der ältere Junge hielt mich ein paar Sekunden lang in der Luft, doch sein Gesicht war ganz dicht vor meinem, und er sagte: »Das war ein großer Fehler, du kleiner Scheißer.« Dann warf er mich von der Veranda.
Ich landete mit einem lauten Knacken auf dem Arm. Der Junge sprang herunter, packte meinen gequetschten Arm und fing an, ihn hin und her zu drehen, um sicherzugehen, daß ich die Botschaft verstand. Ich glaube, daß mein Geschrei ihn überrascht haben mußte, denn wenn ich mich recht erinnere, verschwand er ziemlich schnell. Das Ergebnis war, daß ich sechs Wochen lang einen Gipsverband tragen mußte und Michael jedes Interesse an mir verlor, weil ich offenbar irgendein Idiot sein mußte, der nicht die erste Grundregel für Jugendliche in den Vororten kannte: Provoziere niemals Leute, die größer und stärker sind als du.

Angesichts dieser Vorgeschichte dürfte es kaum überraschen, daß ich Michaels Auftauchen an meinem Übungsort am Seeufer für ausgesprochenes Pech hielt. Ich erwartete, daß er mich auf der Stelle zum Kampf herausforderte; ich befand mich in seinem

Revier und übte mich in einer Kampfkunst, was hätte ich also anderes erwarten können? Statt dessen wurden seine Augen zu schmalen Schlitzen, und er fragte: »Kannst du Karate?«

»Oh … äh … Es ist Kung-Fu.«

»Ja? Wo hast du das gelernt?«

»In einem Laden, der sich Chinesisches Box-Institut nennt.«

Michaels Gesicht verriet mit Skepsis gemischtes Interesse. »Du lernst bei Sensei O'Keefe?« fragte er.

»Ja.« Woher wußte er etwas von Sensei O'Keefe? Das Chinesische Box-Institut lag drei Städte weiter.

»Laß mich mal ein paar Fußtritte sehen.«

Ich tat mein Bestes, ihm eine Reihe von frontalen, seitlichen Halbkreisfußtritten nach rückwärts und Halbkreisfußtritten im Sprung vorzuführen, und zu meiner Überraschung und Freude sah Michael beeindruckt aus.

»Einer meiner Brüder hat bei dem Typ ein paar Monate lang Unterricht genommen«, sagte Michael, der mich immer noch mißtrauisch beäugte. »Er hat allerdings aufgehört. Er sagte, ihm sei nicht danach zumute, umgebracht zu werden. O'Keefe hat im Kampf mal einen Mann getötet, mußt du wissen. Er hat deswegen sogar gesessen.«

Ich konnte es kaum glauben: *Ich lernte Kung-Fu bei einem Mann, der einen der Dempsey-Brüder ins Bockshorn gejagt hatte!* Statt mich zu schockieren oder mir angst zu machen, wurde mein Gefühl, plötzlich sehr mächtig geworden zu sein, durch die Nachricht nur noch stärker, daß Sensei vielleicht tatsächlich jemanden getötet hatte. Das war aufregender, als ich mir in meinen wildesten Träumen hätte ausmalen können.

Michael bat mich, ihm einige der Techniken zu zeigen. Als ich sie ihm nach und nach vorführte, ging mir auf, daß ich nicht nervös war, als er mir zusah, sondern mich fühlte, als wären mir soeben Tausende von Watt durch die Fußsohlen in den Körper geströmt. Ich hatte die Übungen noch nie so gut absolviert.

Michael, dessen Unterkiefer wilde Entschlossenheit verriet, verkündete, daß er auch sofort mit dem Unterricht beginnen werde.

Zwei Tage später begleitete mich Michael zu seiner ersten Unterrichtsstunde in der Boxschule. Nachdem er die nötigen Formulare ausgefüllt hatte, führte ich ihn ins Büro, um ihn Sensei O'Keefe vorzustellen. Der Meister blickte mit einem gelangweilten Gesichtsausdruck über seine Papiere hinweg und gab Michael eine Quittung für dessen Scheck. Als wir uns gerade umdrehten, um zu gehen, fragte er: »Und wie geht es deinem Bruder?«

»Gut«, erwiderte Michael und erstarrte sichtlich. Es war schwer für ihn, der kleinste Unsterbliche zu sein; wohin er auch ging, sah er sich im Schatten von Giganten.

»Guter Kämpfer. Grüß ihn von mir«, sagte der Meister, und damit hatte es sich. Michael sah verärgert aus, doch sein Beginn sah weit vielversprechender aus als meiner.

Im Umkleideraum zog Michael den übergroßen Karate-Kampfanzug seines Bruders in verblichenem Schwarz an und band sich ein rotes Tuch um den Kopf, damit ihm das Haar nicht in die Augen fiel. Einer der Männer, die sich vor ein paar Monaten über mein auberginenfarbenes Kostüm lustig gemacht hatten, musterte Michaels zerlumpte Erscheinung und sagte: »Sieh sich das einer an – das ist doch Long John Silver! Wo ist die Augenklappe, Pirat?«

Michael sagte nichts, doch ich bemerkte so etwas wie ein gefährliches Glitzern in seinen Augen. Es ließ den Blick leer erscheinen wie bei einem Hai. Er konnte Neckereien nicht so gut einstecken wie ich.

Nachdem wir unsere Handstellungen und Fußtritte geübt hatten, begaben wir uns direkt in den Kampfkreis. Ich hatte mehrere Wochen warten müssen, bis ich zum erstenmal sparren durfte, doch Sensei, der einen Charakter sehr gut beurteilen konnte, spürte, daß Michael für den Kampf reif war. Nach einigen glanzlosen Kämpfen, darunter meiner, bei dem ich wie üblich mindestens dreimal aus dem Kampfkreis geschlagen wurde, wurde Michael aufgerufen. Der ihm zugewiesene Gegner war der Mann, der ihn wegen seines Kopftuchs verspottet hatte; Sensei O'Keefe, von dem ich hätte schwören können, daß er unter seinem Schnurrbart grinste, schien wirklich alles zu wissen.

Michael tat zunächst kaum etwas, sondern blockte nur ab; er schien unsicher zu sein, wie er vorgehen sollte. Dies war sein erster Tag in der Schule, und man würde ihn unfehlbar wieder mit einem seiner Brüder vergleichen, obendrein sah er sich jetzt einem erwachsenen Mann gegenüber, der schon seit mehreren Jahren Kung-Fu lernte.

Sensei O'Keefe wurde schnell ungeduldig: »Na los doch, Dempsey, alber nicht so herum. Diese Demutsübungen brauchen wir nicht. *Kämpfe*, um Himmels willen.«

Magische Worte. *Du wirst dich an dieses Kopftuch noch erinnern*, schien Michael zu denken, als er sich auf den überraschten älteren Mann stürzte. Ich hatte das Gefühl, als würde ein Mungo einen Bären attackieren, als hätte der Mungo anscheinend keine Ahnung davon oder als wäre ihm egal, daß er keinerlei Chance hatte. Er hieb und trat mit heroischer Wildheit auf den Mann ein und hätte ihn fast aus dem Kampfkreis gedrängt, doch sein Gegner überwand seine Überraschung noch rechtzeitig, um wieder zu sich zu kommen und sehr ärgerlich zu werden. Alle Vorsätze, den Jungen zu schonen, waren wie weggeblasen, und er verdrosch Michael fürchterlich; doch ein Dempsey gibt nie auf. Immer wieder rannte er gegen den Mann an, nur um in die Rippen getreten, ins Gesicht geschlagen oder nach rückwärts geschubst zu werden. Zum Schluß zeigte der Mann ein Fegen mit gestrecktem Bein, das Michael durch die Luft fliegen und hart auf dem Ellbogen landen ließ. Jetzt lag er auf einer dünnen Matte auf einem Betonfußboden. Als er aufstand, hielt er den Ellbogen umklammert und verzog das Gesicht.

»Weiterkämpfen!« brüllte O'Keefe. Er hatte einen intensiven Blick, der Stahl hätte schmelzen lassen können.
»Ich kann den Arm nicht bewegen«, sagte Michael.
»Dann benutz den anderen!« gab O'Keefe zurück, und Michael gehorchte augenblicklich. Völlig außer Atem und mit den Augen voller Tränen, die ihm über die Wangen strömten, brüllte er weiter und griff den Mann immer wieder an, nur um mit einem Hagel von Schlägen abgewehrt zu werden. Sein Ellbogen war inzwischen so geschwollen, daß es aussah, als hätte man ihm einen Tennisball unter die Haut genäht. Schließlich ließ sich Sensei dröhnend vernehmen: »Das genügt! Verbeugt euch vor mir! Verbeugt euch voreinander!« Nachdem dieses Ritual erledigt war, befahl er Michael, sich zu waschen und etwas Eis aus dem Gefrierschrank zu holen, das er sich auf den Ellbogen legen sollte. Als Michael außer Hörweite war, grinste Sensei dessen überraschten Gegner an, der sichtlich erleichtert war, daß der Mungo zurückgepfiffen worden war. »Harter kleiner Mutterficker, was?« fragte O'Keefe lachend. Dann wurde er ernst, deutete auf den Umkleideraum und zeigte uns anderen ein grimmiges Gesicht. »Merkt euch meine Worte, dieser Junge wird eines Tages den Schwarzen Gürtel tragen. Jeder Mann in diesem Raum könnte noch von diesem Kerlchen lernen.«
Bill, der Mann mit dem steinernen Gesicht, der mein persönlicher Retter gewesen war, als ich zu meiner ersten Unterrichtsstunde hier war, hob die Augenbrauen und riß die Augen ganz auf. Es war die dramatischste Ausdrucksveränderung, die ich je an ihm gesehen hatte. »Das ist dein Freund?« fragte er mich.
»Ja«, erwiderte ich stolz.
»Tatsächlich? Nun, dein Freund hat Mumm und so große Eier«, sagte er und streckte die Arme nach beiden Seiten kerzengerade aus.
Am Ende dieser Stunde hielt Sensei uns allen einen Vortrag darüber, wie schwer der Weg zur Meisterschaft sei, und daß man

bereit sein müsse, alles aufzugeben, wenn man aufrichtig wünsche, den Schwarzen Gürtel zu tragen. Er erzählte uns, er habe mehrmals pro Woche von Connecticut nach Washington, D. C., fahren müssen, um bei *seinem* Meister Unterricht zu nehmen. Manchmal habe er die ganze Nacht fahren müssen, um rechtzeitig zu seinem Tagesjob wieder dazusein. Er könne inzwischen nicht mehr zählen, wie viele Knochen er sich im Lauf der Jahre gebrochen habe, sagte er und erzählte uns dann folgende Geschichte: Sein erster Lehrer, ein Amerikaner, habe Selbstmord begangen, indem er sich erst den Bauch mit einem Samuraischwert aufgeschlitzt habe. Dann sei er eine Treppe hinaufgekrochen, wobei seine Eingeweide hinter ihm herschleiften, bis zu der Stelle, wo er seine Pistole aufbewahrte. Schließlich habe er sich in den Kopf geschossen. »Das nenne ich einen gottverdammt ehrenhaften Tod«, kommentierte Sensei am Ende seiner Geschichte und nickte nachdenklich.
Dann bot uns O'Keefe ein seltenes Schauspiel. Er sagte: »Hört mal zu. Wenn ihr Typen die Techniken übt, seht ihr aus wie ein Haufen alter Damen und wundert euch noch, warum ihr diese Techniken im Kampf nie benutzt! Ich werde euch den Grund sagen. Wenn ihr sie anwendet, sollt ihr es tun, als hinge euer Leben davon ab!« Dann zeigte er uns, was er meinte. Er führte uns eine derart kunstvolle und geheime Technik vor, von der wir nicht mal ihren Namen kannten. Er bewegte sich mit blitzartiger Geschwindigkeit, und bei jedem Stoß und Fußtritt knallte der Stoff seines Kampfanzugs wie eine Peitsche. Als er fertig war, ging er steifbeinig zu dem schweren Sandsack hinüber, der an der Decke hing, und sagte: »Das gleiche gilt, wenn ihr den Sandsack bearbeitet! Ihr sollt ihn nicht tätscheln! Wenn ihr nette kleine Lockerungsübungen braucht, solltet ihr Badmintonstunden nehmen. Das hier ist Kung-Fu, verdammt! Wenn ihr auf den Sandsack einschlagt, müßt ihr mit allem schlagen, was ihr habt!« Inzwischen war er wirklich in Rage. Er trommelte in zehn Sekun-

den etwa fünfzigmal auf den Sandsack ein, wobei jeder Schlag mit einem Geräusch landete, bei dem sich mir der Magen zusammenzog. Dann ließ er einen durchdringenden Schrei hören, sprang in die Luft, wirbelte herum und traf den Sandsack mit einem Halbkreisfußtritt rückwärts, bei dessen Aufprall dieser zusammenknickte. Zum Finale legte er ein altes Handtuch auf den Fußboden, stapelte darauf acht graue Ziegelsteine auf und spritzte etwas Feuerzeugbenzin auf die Steine. Er ließ Bill den Stapel anzünden, trat zurück, fixierte ihn für einen Augenblick an und ließ dabei ein Zischen hören, das tief aus seinen Lungen kam und sich anhörte, als würde ein Mann bei lebendigem Leibe verbrüht. Plötzlich zerrten seine Füße so heftig an dem Teppich, daß er sich zwischen seinen Beinen zusammenknüllte, sein Gesicht verwandelte sich in ein Porträt obszöner Entschlossenheit, und dann hieb er blitzschnell auf die Ziegelsteine mit der Handkante ein, daß sie genausogut gleich durch den Fußboden hätten weitersausen und die Gasleitung durchtrennen können. Am Ende dieser Demonstration war ich überzeugt davon, daß kein Mann auf der Erde einen Kampf mit Timothy Sensei O'Keefe lebend überstehen konnte.

Ich glaubte, diesen Mann mehr zu fürchten und zu bewundern als sonst jemanden auf dieser Welt, doch als ich zu Michael hinübersah, erkannte ich, daß das ein Irrtum war. Der Unterkiefer meines Freundes war heruntergeklappt, die Augen traten ihm fast aus dem Kopf, und der Eisbeutel, den er sich an den Ellbogen gedrückt hatte, war zu Boden gefallen. Moses hätte nicht beeindruckender aussehen können, als ihm auf dem Berg Horeb in der feurigen Flamme aus dem Dornbusch der Engel des Herrn erschien. Michael war auf dem ganzen Heimweg sprachlos, und als ich ihn am nächsten Tag in der Schule wiedersah, konnte er immer noch kaum ein Wort hervorbringen. »Laß uns heute nachmittag trainieren« war alles, was er sagte.

6

Auch wenn es mich tief kränkte, in Senseis Augen von Michael so schnell in den Schatten gestellt worden zu sein, war ich doch überglücklich, endlich jemanden gefunden zu haben, mit dem ich mich anfreunden konnte, wie es bei zwei Jungen üblich ist. Die ruhigen Diskussionen am Teleskop mit meinem Vater waren zwar anregend, konnten jedoch einfach keinen Ersatz für die Zuneigung bieten, die sich als Aggressivität tarnt, wie sie jeder gesunde Junge verlangt. Eine nützliche Analogie läßt sich bei Vegetariern finden, die den Kreislauf der Gewalt durchbrechen wollen, wo immer sich eine Gelegenheit dazu bietet, und Soja-Produkte an ihre Katzen verfüttern, nur um dann zu sehen, wie sie ihr Haar verlieren und in Depressionen verfallen. Katzen sind Fleischfresser, ob es einem gefällt oder nicht, so wie junge Männer Waffen auf Beinen sind. Am Ende jener Woche schlugen Michael und ich jeden Tag stundenlang aufeinander ein.

Kurze Zeit später begannen wir damit, jeweils beim anderen zu übernachten, damit wir schon Kung-Fu üben konnten, sobald wir aufwachten. Nach der Schule machten wir mit den Übungen weiter und hörten erst dann auf, wenn wir die Augen abends nicht mehr offenhalten konnten. Waren wir beide vom Training unversehrt geblieben, hatten wir verabredet, daß wir bei uns übernachteten, während wir zu ihm gingen, falls einer ein blaues Auge, eine aufgesprungene Lippe oder einen verstauchten Finger hatte. Seine Mutter, die früher mal Turnlehrerin gewesen und immerhin die Mutter der Goldenen Horde war, war daran gewöhnt, Jungen in verschiedenen Stadien der Beschädigung zu sehen, und flickte uns ohne großes Getue zusammen. Meine Mutter dagegen hätte jedesmal einen Anfall bekommen, wenn sie gewußt hätte, wie oft ich mir die Finger quetschte; was wäre, wenn ich wieder Cello spielen wollte, sobald ich erst mal »diese Kung-Fu-Sache« überwunden hatte? Ich segnete sie dafür, daß sie meine bizarren

Interessen tolerierte, doch sie zog schon die Grenzlinie bei nackten Füßen im Winter sowie Knochenbrüchen (von denen ich später etliche erlitt).

Michael und ich waren perfekt für einen optimalen Wettbewerb geeignet. Ich bewegte mich eleganter und war biegsamer als er, so daß ich bei den verschiedenen Grundstellungen und einzelnen Techniken eine bessere Figur machte. Michael wiederum war mir beim Sparring immer überlegen, weil er stärker war und ausgeprägte Kämpferinstinkte hatte, Erfahrungen aus seinen früheren Kämpfen mitbrachte und die Begabung eines Alchimisten hatte, Frustration in pure Aggression umzuwandeln. Fast jede Sparring-Stunde nahm den gleichen Verlauf: Es war ein aufregender, ausgeglichener Schlagabtausch bis zum Endkampf, bei dem er mich wie wild mit nachlässig ausgeführten Fußtritten und Stößen attackierte, an einer Wand festnagelte und mich erledigte, indem er mich in den Schwitzkasten nahm, mir auf die Ohren boxte, dann vor Begeisterung gackerte und ausrief: »Der zartgliedrige römische Legionär stellt also wieder mal fest, daß seine schimmernde Rüstung, seine bronzenen Waffen und Platon-Bände nichts gegen den furchtlosen Hunnen und seinen einfachen Speer ausrichten können! Mehr Glück beim nächsten Mal, Verliererus Maximus!«

Wir gaben uns die größte Mühe, einander auf jede nur erdenkliche Weise zu überlisten, auszutricksen und uns länger auf den Beinen zu halten als der andere, und trachteten danach, unsere Übungsstunden so einfallsreich wie möglich zu gestalten. Eine unserer »Reflex«-Übungen bestand darin, daß wir bei ihm in den Keller gingen, uns je einen von den mexikanischen Hüten seines Bruders Larry aufsetzten und Ponchos überstreiften (Larrys besonderes Forschungsgebiet waren *los bandidos de la revolución*, und die Wände seines Zimmers waren mit grellbunten Postern von Zapata, Guevara und Castro bedeckt). Anschließend zündeten wir uns ein paar billige Zigarren an und bauten uns wie Revolverhelden voreinander auf. Michael hatte dort unten einen Plattenspieler installiert, und für unsere Übung legte er immer die Erkennungsmelodie aus dem Clint-Eastwood-Film *Der Gute, der Böse und der Häßliche* auf. Als die Musik dem Höhepunkt entgegenging, gingen wir mit langsamen Schritten aufeinander zu. Wenn wir nur noch Zentimeter voneinander entfernt waren, bliesen wir einander Rauch ins Gesicht, also eine grobe Herausforderung. Dann warfen wir die Zigarren zu Boden, schleuderten den Poncho über eine Schulter und warteten ab, wobei wir uns verhöhnten und blinzelten wie Eastwood.

Wenn die Spannung unerträglich wurde, sagte einer von uns schließlich »Zieh« und handelte – jedoch nicht, indem er einen Revolver zog, sondern damit, daß er dem anderen einen Fußtritt ins Gesicht oder gegen die Brust zu verpassen versuchte (je höher der Fußtritt angesetzt war, um so geringer die Erfolgsaussichten, doch um so größer der Triumph, wenn es einem gelang), bevor er selbst getreten werden konnte. Bei dieser Übung schnitten wir etwa gleich gut ab, denn obwohl Michael ein wenig langsamer war, war ich nervöser und legte fast jedes zweite Mal zu spät los. Wir nannten dieses Spiel *Der Schläger, der Säufer und die Hühnerscheiße.*

Irgendwann sah Michael in der Zeitung, daß in einem Drive-in-Kino in Danbury die *Zwölf Proben von Shaolin* lief, ein Kung-Fu-Streifen über die unbarmherzigen Trainingsgewohnheiten der frühen Tempelmönche von Shaolin. Da mußten wir hin, das war keine Frage. Wir legten unser Geld zusammen, entdeckten aber, daß es nur für eine Eintrittskarte reichte. Folglich überredeten wir seinen Bruder Frank, den ehemaligen Raketenforscher, uns zu fahren, während wir uns im Kofferraum versteckten. Sobald es dunkel war, krochen wir hinaus, doch unglücklicherweise sah uns der picklige Junge im Kassenhäuschen. Er wartete, bis der Film anfing, kam dann zu unserem Wagen herüber und bat uns um die Eintrittskarten. Als wir sie nicht vorzeigen konnten, sagte er:

»Dann werde ich es dem Geschäftsführer melden müssen«, und marschierte in das Büro neben dem Erfrischungsstand.
Frank schien die Situation nicht im mindesten zu erschüttern; er nahm den Blick keine Sekunde von der Leinwand. Michael schlug vor, wir sollten behaupten, wir könnten die Karten einfach nicht wiederfinden, doch ich sagte, am besten wäre es, dem Geschäftsführer gegenüber aufrichtig zu sein und zu gestehen, damit er nicht die Polizei rief – oder, noch schlimmer, unsere Eltern verständigte.
»Bist du *verrückt*?« fragte Michael und sah mich an, als wäre ich ein Vollidiot. Ich sagte, ich würde notfalls allein gehen, wenn es nötig wäre, doch müßten wir es möglichst bald tun, weil man uns schon erwischt hätte. Als ich aus dem Wagen ausstieg und auf das Büro zuging, kam Michael jedoch hinter mir her. »Du bist nicht ganz bei Trost«, sagte er immer wieder.
Wir spazierten ins Büro und sahen uns einem dicken, müde aussehenden Mann mit kurzgeschnittenem Haar und einer Zigarre im Mund gegenüber, der hinter einem großen Schreibtisch saß. Ich machte unser Geständnis und erklärte, wir seien arme Kung-Fu-Schüler, die sich den Film verzweifelt gern ansehen würden, weil wir daraus lernen könnten. Ich sagte, wir könnten leicht beweisen, daß es uns ernst sei, nämlich durch eine Vorführung in seinem Büro. Er lehnte das Angebot ab, sah uns mit finsterer Miene drohend an, wedelte mit einer fleischigen Hand in Richtung Tür und sagte: »Na los, haut ab. Ihr habt was Unrechtes getan, Jungs, aber diesmal werde ich euch laufen lassen. Geht, seht euch den Film an, aber beim nächstenmal gibt es keine Gnade.«
Auf dem Rückweg zum Wagen sah Michael mich an, als hätte ich soeben Wasser in Wein verwandelt. Als wir uns hinsetzten, um uns den Rest des Films anzusehen, schüttelte er mir die Hand und sagte: »Mann, in all diesen Jahren hat man mich immer wieder erwischt, wenn ich irgendwas angestellt hatte, doch so was ist mir noch nie eingefallen! Gott*verdammt* noch mal, du bist

schlau!« Ich beließ es dabei, und von diesem Zeitpunkt an war Michael überzeugt davon, daß meine furchtsame Persönlichkeit in Wahrheit eine hochwirksame Tarnung war. »Du kannst alles kriegen, was du willst, wenn du so den Unschuldigen spielst«, sagte er oft, und ich reagierte immer nur mit einem doppeldeutigen Lächeln.

Wie sich herausstellte, war es ein großartiger Film. Alle Mönche, die im Tempel die Abschlußprüfung ablegen wollten, mußten zwölf Räume passieren, von denen jeder eine Herausforderung enthielt. In einem Raum war eine Reihe von Armbrüsten zu sehen, die von unsichtbaren, quer über den Fußboden des Raums gespannten Drähten ausgelöst wurden. Geübte Mönche wichen den Pfeilen aus oder gaben ihnen eine andere Richtung; Mönche, die ihr Training vernachlässigt hatten, zahlten dafür einen hohen Preis. Zu anderen Herausforderungen gehörte es, die Hände in einen Zuber voller glühendheißer Metallspäne zu stoßen, bis man die winzige Perle auf dem Boden entdeckte, Sparringskämpfe auf hohen Pfählen über einem Gelände zu bewältigen, auf dem tödliche Nägel dicht an dicht standen; anschließend mußte man in ein Loch in der Wand langen, um eine eingefettete Eisenkugel zu ergreifen, ohne sich dabei die Hand am Handgelenk abschneiden zu lassen, denn in der Öffnung steckte die Klinge einer Guillotine, die blitzschnell heruntersauste, sobald die Kugel von ihrem Sockel genommen wurde.

Obwohl wir in Michaels Keller weder Armbrüste noch Guillotinen finden konnten, schafften wir es, einen Hibachi-Grill mit Sand zu füllen. Dann versteckten wir einen Ohrring seiner Mutter im Sand, zündeten den Grill an und stocherten eine Zeitlang mit den Händen darin herum. Diese Übung brachte uns jedoch nichts weiter ein als Brandblasen. Wir versuchten es auch mit Sparringskämpfen, während wir auf einem zwei mal vier Zoll großen Stück Holz balancierten, das wir auf zwei Gartenbänke gelegt hatten; als das langweilig wurde, versuchten wir es mit verbundenen

Augen, und am Ende kämpften wir mit langen Stöcken à la Robin Hood, während wir auf einem umgestürzten Baum balancierten, der in den See hinausragte. Ein weiteres Lieblingsspiel: Manchmal schlichen wir uns nachts aus den Häusern, wenn es schneite, nahmen wir unsere Schlafsäcke zum Fundament einer abgebrannten Scheune mit und versuchten dort zu schlafen, während wir allmählich unter dem Schnee verschwanden. Wer als erster vorschlug, wir sollten nach Hause gehen, hatte verloren. Wenn wir wieder bei ihm im Haus waren, mußte der Verlierer dem Sieger heißen Kakao machen und ihm eine Fußmassage geben. Es war alles sehr griechisch-römisch.

Begierig, in die Fußstapfen der alten Meister zu treten, stellten wir Überlegungen an, wie viele der Kampfsport-Schulen von Leuten gegründet worden waren, welche die Angriffs- und Verteidigungsbewegungen von Tieren imitierten wie etwa Tigern, Kranichen, Schlangen, Adlern und sogar Insekten. Michaels Haus beherbergte zu jeder Zeit etwa zwischen zwei und sieben Katzen, Kätzchen nicht mitgezählt, und so begannen wir damit, sie zu studieren. Ich wurde zum Verteidigungsminister ernannt, was bedeutete, daß es mein Job war, das Verhalten der Tiere in kleinen Notizbüchern festzuhalten, in denen Diagramme und Beschreibungen die Beobachtungen wiedergaben. Da das Verhalten von Katzen überwiegend mit Fressen und Schlafen zu tun hat, fanden wir somit nur wenig, was uns inspirieren konnte. Michael fiel jedoch auf, daß man die Kätzchen provozieren konnte. Man brauchte nur einen Faden vor einem baumeln zu lassen, dann schnappte es sich ihn schon und schleifte ihn direkt über eine der schlafenden erwachsenen Katzen, worauf Kätzchen wie Katze alsbald das aggressive Verhalten an den Tag legten, das wir erreichen wollten. Sobald wir etwas Interessantes sahen, schrieb ich es auf; dann rannten wir in den Garten und probierten es aneinander aus. Wir wurden ziemlich gut darin, uns gegenseitig zu kratzen, und Michael experimentierte sogar mit einer

Technik, mit der er mich ringend zu Boden zwang, meine Schultern mit den Händen festhielt und mir mit den Füßen in den Bauch trat.

Als Michael eines Tages beim Zeitungsaustragen eine Abkürzung über ein Feld nahm, stieß er zufällig auf eine Gottesanbeterin, die eine der gefürchtetsten und geachtetsten aller Kung-Fu-Schulen inspiriert hatte. Er rannte mit ihr nach Haus, gab mir telefonisch die Anweisung, mit meinem Notizbuch schnell zu ihm zu kommen, und begann dann, sie mit einem kleinen Zweig zu pieken, um zu sehen, ob sie gut parieren konnte. Als diese Strategie keine Früchte trug – die Gottesanbeterin schien gar nichts dagegen zu haben, von dem Zweig berührt zu werden –, versuchten wir es mit etwas anderem: Wir legten ihr Ameisen und Käfer hin. Unser Exemplar war entweder nicht ganz auf der Höhe oder sehr wohlgenährt, denn es bewegte sich so gut wie gar nicht. »Vielleicht braucht sie einen Kampf«, sagte Michael, nahm sie aus dem Schuhkarton und setzte sie in der Hoffnung, etwas in Bewegung zu setzen, einem der Kätzchen auf die Nase. Das Kätzchen ignorierte sie. Als Michael die Gottesanbeterin Rasputin auf die Nase setzte (Rasputin war ein alter Kater mit ausgefransten Ohren, einem Auge und einem um fünfundvierzig Grad abgeknickten Schwanz), schielte der einst so stolze Kater das Insekt eine Sekunde lang an, schlug es mit der Pfote zu Boden und verschluckte es.

Letztlich lernten wir durch wildlebende Tiere keine wirklich wirksamen Techniken, obwohl Michael eine Zeitlang mit einer blindwütigen Technik begrenzten Erfolg hatte, die er die Angriffssequenz der Piranhas nannte. Kaum hatte ich gelernt, diese Technik mit Netz über den Amazonas zu parieren, strich er sie aus seinem Arsenal, und von da an hielten wir uns an das, was Sensei uns beibrachte.

Das zweite Ergebnis des *Shaolin*-Films war, daß wir uns entschlossen, die ungeheuer komplizierten und spektakulären

Kampfszenen zu imitieren, die man in den meisten Kung-Fu-Filmen aus Hongkong findet. Unsere ernsthaften Übungen beendeten wir immer mit einer getürkten Kampfszene, bis wir eine ganze Reihe von Angriffseröffnungen und Reaktionen erarbeitet hatten. Eine Lieblingssequenz begann so, daß Michael mich mit einem Fegen zu Boden streckte und dann versuchte, mit den Füßen auf mir herumzutrampeln, worauf ich seinen Fuß ergriff und ihn zurückstieß, um dann aufzustehen und den Versuch zu machen, auf ihn loszustürmen. Er sprang jedoch in letzter Sekunde auf, hielt sich an dem tiefhängenden Ast eines Baums fest, wickelte mir die Beine um den Hals und strangulierte mich. Das Finale kam, wenn er den Ast losließ und wir beide zu Boden krachten – wobei mir auffiel, daß ich immer unten landete.

Ein paar Monate nach Michaels Eintritt in die Kung-Fu-Schule verkündete Sensei O'Keefe, daß wir jetzt für die ersten Prüfungen zum Weißen Gürtel reif seien. An unserer Schule sah die Rangfolge so aus: Weißer Gürtel, Gelber, Blauer, Grüner, Brauner und schließlich Schwarzer. Jenseits davon gab es noch weitere fünf Grade von Schwarz; Sensei zum Beispiel war ein Träger des Schwarzen Gürtels fünften Grades.

Keiner von uns beiden konnte in der Nacht vor dem Test schlafen. Am nächsten Tag schwänzten wir die Schule, um unserer Technik und unseren Stellungen noch den letzten Feinschliff zu geben und Bretter zu zerbrechen. Keiner von uns hatte Appetit auf Lunch oder Dinner. Wir ließen uns eine Stunde zu früh von meiner Mutter an der Schule absetzen, damit wir dort ein paar Aufwärmübungen machen konnten; wir verbrachten die meiste Zeit auf dem Parkplatz, wo wir viele Liegestütze machten und uns gegenseitig anfeuerten. Kurz bevor Sensei ankam, zog Michael eins der ihm so wertvollen roten Kopftücher aus der Tasche und überreichte es mir. »Viel Glück«, sagte er, und ich spürte, wie mir vor Stolz die Brust schwoll, als ich es mir um den Kopf band.

Das Ganze schien so schnell abzulaufen, daß ich mich an die

eigentliche Prüfung kaum noch erinnere. Rückblickend scheint es mir seltsam, daß wir so nervös waren, denn wir hatten so intensiv trainiert, daß kaum jemand bezweifeln konnte, daß wir unsere Weißen Gürtel verdienten. Sensei O'Keefe war jedoch berüchtigt für seine strenge Einschätzung der Ränge und verdammte immer wieder die Karateschulen in den Einkaufszentren, die ihre Gürtel danach verteilten, wie viele Stunden man genommen oder wieviel man bezahlt hatte. Wenn er über diese Schulen sprach, wurde er so zornig, daß ich manchmal befürchtete, ihm könnte eine Arterie platzen.

Michael und ich führten unsere Techniken vor, unsere Positionen und zerbrachen dann etliche Bretter. Dann sagte man uns, wir sollten für den Rest der Prüfung sparren. Das hatten wir schon erwartet und uns gedacht, gegen die anderen Schüler kämpfen zu müssen, die ebenfalls den Weißen Gürtel wollten, und von denen wir wußten, daß wir ihnen einen guten Schaukampf liefern konnten. »Ich rate euch dringend, euch Mühe zu geben«, beschwor uns Sensei O'Keefe und setzte sich dann neben zwei furchterregend aussehende schwarze Männer. Beide trugen Kampfanzüge und Schwarze Gürtel und hatten während der gesamten Prüfung bisher nur dagesessen, ohne einen Laut von sich zu geben. Es waren Senseis »Ehrengäste«, Männer, die er unterrichtet und denen er vor zwei Jahren den Schwarzen Gürtel verliehen hatte. Jetzt waren sie selbst geachtete und gefürchtete Lehrer, die in Norwalk und Bridgeport eigene Kung-Fu-Schulen betrieben – in Städten, die für ihre üblen Stadtviertel bekannt waren.

Michael und ich blickten uns an und wußten im selben Moment, daß wir uns etwas einfallen lassen mußten. Wir fingen an zu kämpfen, und wie erwartet brüllte Sensei O'Keefe uns an, wir sähen aus wie Waschlappen. Michael reagierte als erster. Er gab mir das Zeichen, das wir bei unseren choreographierten »Kung-Fu-Film«-Übungen verwendeten, und attackierte mich dann mit einem Halbkreisfußtritt im Sprung. Ich spielte meinen Part, der

darin bestand, mich unter ihn zu rollen und mit einem Seitentritt aufzuspringen, der ihn zwischen den Schulterblättern traf, ihn gegen die Wand fliegen und dann zu Boden gehen ließ. Als wir das zustimmende Murmeln des Publikums hörten, machten wir weiter. Ich sprang in die Luft, als wollte ich Michael mit dem ganzen Körper plattmachen, doch er drehte sich im Bruchteil einer Sekunde zur Seite, machte einen Purzelbaum und nahm mich in den Schwitzkasten. Ich biß ihm ins Bein, worauf er losließ, und dann kam das Finale. Ich stürmte auf ihn los, als wollte ich ihn erwürgen, worauf er mich an den Unterarmen packte, sich zurückrollen ließ und mir den Fuß auf den Bauch setzte, um dann einen dieser John-Wayne-Schwünge zu machen, die man in Westernfilmen sieht. Unsere Hongkong-Abart bestand darin, daß ich seine Arme als Sprungstäbe benutzte und, statt flach auf dem Rücken zu landen, hinter ihm auf den Füßen aufsetzte. Wir drehten uns zu Sensei um und sahen, daß er und seine Freunde sich den Bauch hielten und so lachten, daß kein Ton zu hören war.
»Das sind wohl die beiden Unzertrennlichen mit dem Kopftuch!« sagte einer der Männer schließlich.
»Nein, nein, das sind diese gottverdammten *Judo-Jitsi*-Brüder!« beharrte der zweite Gast, der sich aus einem der alten *Bowery-Boys*-Filme an diesen Begriff erinnerte. Da man uns jetzt einen Namen gegeben hatte, war unser Ruf als unzertrennliches Paar etabliert.
Sensei wurde urplötzlich sehr ernst, ließ uns vor seinen Gästen und all den älteren Schülern niederknien und fragte mit seiner dröhnenden Stimme: »Hat einer der Anwesenden etwas dagegen, daß diese Schüler ihre Weißen Gürtel erhalten? Wenn ja, sollte er jetzt sprechen oder sonst auf ewig Ruhe geben.«
»Nein!« riefen alle, und Bill der Riese reckte hinter Senseis Rücken den Daumen in die Höhe.
»Also gut«, sagte Sensei und ließ alle in einer Reihe niederknien. Er stellte jedem ein Glas hin und goß uns einen doppelten Tequila

ein, gab jedem eine Zitronenscheibe und schüttete ihm etwas Salz auf die Hand. Nun bediente er sich, wobei er sein Glas eher mit einem dreifachen Tequila füllte, kniete sich dann vor uns hin und sagte: »Mögen die alten Meister uns anlächeln und unseren Weg beschleunigen.« Er leckte das Salz auf, biß in die Zitronenscheibe und leerte das Glas mit einem Zug. Wir taten es ihm nach. Es war das erstemal, daß ich überhaupt Alkohol probierte, und in der Sekunde, in der ich ihn hinunterschluckte, fragte ich mich, warum sich Schnaps so großer Beliebtheit erfreute.
Wir rannten alle auf den Parkplatz, praktizierten Fußtritte, machten Liegestütze und alberten herum wie Fünfjährige. Innerhalb weniger Minuten machte sich der Alkohol bemerkbar, und damit kannte ich die Antwort auf meine obenerwähnte Frage. Wir waren beide reichlich angeheitert, rangelten uns während der ganzen Heimfahrt auf dem Rücksitz des Wagens meiner Mutter und rannten dann barfuß zu einem Mitternachtsrennen um den See los, um unser Wochenende des Feierns richtig zu beginnen.

Ich hatte Michael seit Wochen beim Zeitungsaustragen geholfen. Inzwischen hatten wir genug Geld für etwas Besonderes gespart: eine Peking-Ente für zwei im Dragon Inn, dem einzigen chinesischen Restaurant, das es in Ridgefield noch gab, nachdem das Rickshaw Inn draußen an der Landstraße 7 zugemacht hatte. Wir bestellten unser Essen am Morgen nach der Prüfung für den Weißen Gürtel, und abends fuhren wir mit dem Fahrrad hin. Wir trugen unsere Kung-Fu-Kampfanzüge, neue Weiße Gürtel und rote Kopftücher und kündigten einem mißtrauischen Geschäftsführer unsere Ankunft an (wie würden Sie sich fühlen, wenn zwei fünfzehnjährige Jungen in Kung-Fu-Anzügen und Kopftüchern in Ihr Restaurant spazieren und eine Peking-Ente für zwei Personen bestellen?) und genossen unser Festessen.
Wir stopften in uns hinein, bis wir nicht mehr konnten, und fuhren dann zu der Eisbahn hinüber, wo das alljährliche bayerische

Bierfest gerade in vollem Gang war. Eine Blaskapelle spielte, alte Pärchen tanzten Polka, und das Bier wurde in riesigen Krügen von molligen Frauen serviert, die sich als bayerische Kellnerinnen ausstaffiert hatten. Wir schafften es hineinzukommen, indem wir einen Mann in den Fünfzigern dazu überredeten, uns als seine Kinder auszugeben. Als wir das hinter uns hatten, fragten wir uns, wie wir an einen dieser Bierkrüge herankommen konnten. Uns war klar, daß man uns die Minderjährigkeit ansah. Außerdem hatten wir kein Geld. Plötzlich rief jemand unsere Namen. Es waren Larry und Don, Michaels Brüder Nummer zwei und drei, sowie mindestens dreißig ihrer Freunde. Da wußten wir, daß alles nach Wunsch laufen würde.

Eine herrliche Stunde lang war ich einer der Unsterblichen, trank Bier, johlte herum, spielte Karten, schwor Treueide und starrte in trunkener Verblüffung jeder Frau nach. Nachdem Michael und ich je einen Krug Bier oder so geleert hatten (es war das *zweite Mal*, daß ich Alkohol probiert hatte), beschlossen wir beide, da wir keine Tanzpartnerinnen hatten und von Michaels Brüdern reichlich ermuntert wurden, unsere Judo-Jitsi-Vorführung vom letzten Abend zu wiederholen. Sie wurde von unserer Gruppe mit ungeheurem Applaus bedacht, doch anschließend warf man uns hinaus. Es war uns gleichgültig. Wir radelten die fünf Meilen nach Hause und stießen und traten während des gesamten Heimwegs nacheinander.

Als wir bei mir zu Hause ankamen, fühlten wir uns beide seltsam benommen und trafen die kluge Entscheidung, zu seinem Haus weiterzufahren. Das war auch gut so, denn wir verbrachten die ganze Nacht vor der Badewanne hockend, ließen den Kopf über den Rand hängen und kotzten Bier, Porree, chinesische Pfannkuchen und Entenhautstücke aus. Am nächsten Morgen um Punkt sechs Uhr marschierte Mrs. Dempsey ins Badezimmer und sagte: »Sieh mal einer an. Was für ein hübscher Anblick. Da ihr groß genug seid, genauso wie erwachsene Männer auszugehen und zuviel zu trinken, seid ihr auch groß genug, rechtzeitig aufzustehen und zu arbeiten, wie es erwachsene Männer müssen. Michael, es ist Sonntag morgen, die Zeitungen sind schon da, und die Leute warten. Ich wünsche, daß du in fünf Minuten unterwegs bist, und keine Widerrede, wenn ich bitten darf. Mark, ich habe kein Recht, dir zu sagen, was du zu tun hast, aber ich weiß, daß du nicht der Junge bist, der bequem mit dem Kopf in der Toilette bleibt, wenn sein bester Freund Zeitungen austrägt. Unten gibt's Kaffee, wenn ihr welchen wollt.«

Ich hätte mir nie träumen lassen, daß es so endlos lange dauern kann, Zeitungen auszutragen. Wir brauchten mehr als doppelt so lange wie gewöhnlich; wir mußten langsam gehen, um unsere heftig pochenden Köpfe zu halten, legten oft Pausen am Straßenrand ein, um wieder zu Atem zu kommen, und verbrauchten auch noch reichlich Zeit damit, uns im Wald zu übergeben. Als wir schließlich wieder bei Michael zu Hause waren, trotteten wir zu seinem Zimmer hinauf, krochen in unsere Schlafsäcke und gelobten, mit klarer Suppe, Toast und Ingwerbier zu feiern, wenn wir unsere Gelben Gürten bekamen, und uns um jeden Preis von seinen Brüdern fernzuhalten.

7

Nachdem wir unsere Weißen Gürtel erhalten hatten, waren Michael und ich trunken vor Selbstbewußtsein und Ehrgeiz. Wir steigerten unsere Anstrengungen und machten im Lauf des nächsten Jahres gute Fortschritte. Wir übten jeden Morgen vor der Schule, jeden Nachmittag nach der Schule und schwatzten unserem Turnlehrer sogar die Erlaubnis ab, während der Schulzeit in einer Ecke des Basketballfelds zu üben. Wir nahmen an jedem Karate-Turnier teil, für das wir uns melden konnten, abonnierten alle verfügbaren Kampfkunst-Zeitschriften, sahen jeden Bruce-Lee-Film mindestens sechsmal, und an den Wochenenden halfen wir Sensei bei Kung-Fu-Vorführungen in Parks, Kirchenkellern und bei Sportveranstaltungen. Er verlor jeden Monat allein durch die Miete für unser Unterrichtsgebäude Geld; das ursprünglich große Interesse für Kung-Fu, das durch die Bruce-Lee-Filme und die Fernsehserie mit David Carradine geweckt worden war, ebbte schon allmählich ab, und immer mehr Schüler des Chinesischen Box-Instituts sprangen ab. Als ich dort eintrat, gab es fast fünfundzwanzig Schüler, doch am Ende des Jahres waren nur noch drei Unentwegte dabei – Bill, Michael und ich – sowie rund sechs Schüler, die sporadisch erschienen. Die Vorführungen begannen meist damit, daß wir unsere Positionen zeigten. Anschließend bildeten wir Paare und machten Schaukämpfe. Da diese Veranstaltungen als Werbung gedacht waren, verzichteten Michael und ich auf den Einsatz unserer eher umstrittenen Judo-Jitsi-Techniken. So bissen wir einander nicht ins Bein, zerrten nicht an den Haaren und stießen nicht in die Augen. Am Ende ließ Sensei uns in einer Reihe Aufstellung nehmen, verbeugte sich erst vor uns, dann vor den Zuschauern und überreichte dann die Preise. Doch kein Mensch besucht eine Kampfkunst-Veranstaltung, um zu sehen, wie ein Haufen Schüler ihr bißchen Wissen aneinander ausprobiert.

Sensei begann meist mit einer choreographierten Kampfszene, entweder mit Bill oder Michael oder, bei den größeren Veranstaltungen, mit einem seiner Schwarzen Gürtel aus Norwalk oder Bridgeport. Mich setzte er in diesem Teil der Show nie ein, weil ich so winzig war. Es hätte kaum jemanden beeindruckt zu sehen, wie er mich außer Gefecht setzte. Gelegentlich geriet er bei diesen Darbietungen etwas zu sehr in Fahrt, besonders, wenn er vor der Show einen, zwei oder drei Drinks genommen hatte; einmal sprang er in die Luft, wirbelte herum und trat Michael mit dem Absatz so hart gegen das Auge, daß dieser halb bewußtlos wurde und das häßlichste blaue Auge bekam, das ich je gesehen habe. Die Zuschauer nahmen an, daß es zur Darbietung gehörte, und bedachten Sensei und Michael mit einer stehenden Ovation.

Als nächstes kam eine Demonstration der Selbstbeherrschung. Dazu gehörte, daß zwei von uns sich auf Händen und Knien niederließen, während ein dritter, der kein Hemd anhatte, sich mit dem Rücken auf uns legte und dabei eine Wassermelone auf dem Bauch balancierte. Währenddessen verband Sensei sich die Augen, machte ein paar laute Atemübungen und spaltete dann die Wassermelone mit einem Samuraischwert. Das wurde in unseren Augen ein besonders dramatisches Bravourstück, wenn wir bei seinen Atemübungen Alkohol riechen konnten.

Danach befahl Sensei uns, ein paar Flaschen zu zerbrechen und die gezackten Glasstücke auf einer Decke zu verteilen. Er zog das Oberteil seines Kampfanzugs aus und legte sich auf das zerbrochene Glas, wobei er diesmal noch lauter atmete. Michael und ich legten ihm vier oder fünf schwere Betonplatten auf die Brust und traten dann ein paar Schritte zurück, worauf Bill sich die Ärmel aufkrempelte und einen Vorschlaghammer hob. Bill ließ die Muskeln seiner bärenstarken Arme eindrucksvoll spielen, als er zum Aufwärmen ein paarmal den Hammer hob, um Spannung aufzubauen. Nach einer letzten dramatischen Pause zerbrach er

dann die Platten auf Senseis Brust mit einem weit ausholenden Schwung.
Der Höhepunkt der Veranstaltung war immer der Stapel brennender Ziegelsteine. Ich konnte mich nie an den Anblick von Sensei O'Keefes Gesicht oder an das Geräusch seines heftigen Atems gewöhnen, wenn er sich bereit machte, sie mit der Handkante zu zerbrechen. Ich stellte mir immer vor, daß ein wahrhaft wilder Mann, nämlich in dem Sinn, daß er ohne jede menschliche gesellschaftliche oder kulturelle Erziehung aufgewachsen war, vermutlich so aussehen und sich so anhören würde, wenn er in einer Höhle von einem Leoparden in die Enge getrieben wurde. Mit jeder dieser Vorführungen nahm meine Bewunderung für Sensei zu, allerdings auch der Verdacht, nie so sein zu können wie er. Obwohl ich ihn anhimmelte, fühlte ich mich hinterher befriedigt und leer zugleich.
Eines Abends verkündete Sensei, er werde oben in den Bergen über ein Wochenende ein Kung-Fu-Camp veranstalten. Michael und ich gerieten in Panik, als er die Höhe der Teilnahmegebühr nannte, doch im Lauf der nächsten zwei Wochen schafften wir es, genügend Nachbarn zu finden, die ihren Rasen gemäht haben wollten. Es gelang uns gerade noch rechtzeitig, genügend Geld zusammenzukratzen. Bill wollte ebenfalls mitkommen und ein Zelt mitbringen, das für uns drei groß genug war.
Am frühen Morgen des Tages, an dem das Camp beginnen sollte, trafen wir uns alle auf dem Parkplatz der Boxschule. Bis jetzt waren wir nur zu viert, nämlich Sensei, Bill, Michael und ich, doch am Standort des Lagers sollte eine weitere Gruppe aus Bridgeport zu uns stoßen. Michael und ich verstauten unsere Schlafsäcke, Regenmäntel, Badehosen und die zusätzliche Kleidung in Bills blauem Lieferwagen, an dessen Rückfenster ich einen großen Aufkleber bemerkte mit einem Typ, der ein Barett aufhatte und einen Joint rauchte. Es war das gleiche zickzackförmige Muster wie die Tätowierung auf seinem Arm. Bill ließ uns

seine Box mit achtspurigen Kassetten durchwühlen und stellte für die Fahrt in die Berge ein Musikprogramm zusammen. Michael und ich stritten uns, ob wir mit Black Sabbath oder Creedence Clearwater Revival anfangen sollten, als Sensei herübergeschlendert kam und fragte: »Will einer von euch Jungs mit mir fahren?« Wir waren sprachlos. Eine Einladung, mehrere Stunden mit Sensei in seinem schnittigen Mercury Cougar mitzufahren, der das Privatkennzeichen KUNGFU trug, war wie ein plötzlich wahr gewordener Traum. Es gab so viel, was wir ihn fragen wollten, was wir aber nie gewagt hatten; weil er sich immer den Anschein gegeben hatte, reserviert und irgendwie zornig zu sein, unterband er wirksam die meisten Versuche zu freundlicher Konversation. Eines Abends platzte während einer Unterrichtsstunde ein »alter Kumpel« von ihm in die Boxschule, nahm die Parodie einer Karate-Grundstellung ein und schrie mit einem breiten Grinsen: »He, Timmy! Sieh mal, wer nach all diesen Jahren wieder in der Stadt ist!« Ohne einen Moment zu zögern oder auch nur ein warnendes Wort zu sagen, stürmte Sensei über die kleine Holzbrücke, packte den Mann, schleuderte ihn durch die Tür auf die Straße und jagte ihn, bis er außer Sichtweite war. »*Keiner* von euch sollte je den Fehler machen, den dieser Mann gerade gemacht hat!« brüllte er, als er zurückkam. Seine Augen waren schwarz vor Zorn.

Als Sensei also fragte, ob Michael oder ich mit ihm fahren wollte, deutete Bill die Situation perfekt und sagte: »He, warum steigt ihr nicht beide bei ihm ein, denn ich muß ohnehin noch ein paarmal anhalten, um Lebensmittel und Feuerzeugbenzin und all dies andere Zeug einzukaufen. Ich treffe euch in ein paar Stunden da oben.« Wieder einmal hatte Bill die Situation gerettet.

Michael und ich waren so aufgeregt, daß wir kaum sprechen konnten, als wir in den Cougar einstiegen. Sensei setzte seinen Lederhut und die Fliegerbrille auf und fuhr mit aufheulendem Motor und quietschenden Reifen vom Parkplatz, so daß er Dop-

pelspuren von Gummiabrieb auf der Straße zurückließ, bis wir fast die Auffahrt zum Highway erreichten. Er fuhr genau so, wie wir es uns vorgestellt hatten.
Nach einiger Zeit, die uns als höflich erschien – wir wollten keinen verängstigten Eindruck machen –, konnten Michael und ich es nicht mehr aushalten und bombardierten Sensei mit Fragen. Wie er in unserem Alter gewesen sei, wodurch sein Interesse an der Kampfkunst geweckt worden war, und ob er uns irgendwelche Geschichten über seinen Meister erzählen könne, einen auf Hawaii geborenen Chinesen, der während des Koreakriegs angeblich Dutzende nordkoreanischer Soldaten mit bloßen Händen getötet hatte? Michael und ich hatten diesen gewaltigen Mann nur einmal gesehen, nämlich bei einem Kampfkunst-Kongreß, bei dem er allen anderen die Show stahl, indem er einen 1,8 Meter hohen Stapel von Eisblöcken mit der Handfläche zertrümmerte; dazu hatte er sich auf einen Klappstuhl stellen müssen, der ihm unter den Füßen weggerissen wurde, als die riesigen Brocken zu Boden stürzten.
Sensei beantwortete die meisten unserer Fragen, indem er entweder »Ja« oder »Nee« sagte oder mit den Schultern zuckte. Nachdem das ein paar Minuten so hin und her gegangen war, runzelte er die Stirn und stellte das Autoradio an, womit er das Interview für beendet erklärte. Während des Rests der Fahrt fühlten wir uns schrecklich, denn wir waren überzeugt davon, die einzige Gelegenheit, dem Meister näherzukommen, durch eigene Schuld verpatzt zu haben.
Als wir beim Lager ankamen, baute Sensei sein Zelt auf und aß etwas, was er für sich eingepackt hatte. Unsere Lebensmittel befanden sich in Bills Wagen. Ein paar Stunden später kreuzte die Gruppe aus Bridgeport auf, und wir fingen an, Lockerungsübungen zu machen. Darüber verging viel Zeit, und von Bill war noch immer nirgends etwas zu sehen. Als die Nacht anbrach, fingen Michael und ich an, uns Sorgen zu machen, ganz davon

zu schweigen, daß uns kalt war und wir Hunger hatten. Wir hatten während der Fahrt unsere Kampfanzüge getragen einschließlich unserer dünnen »Bruce Lee«-Stoffschuhe, die beim Üben auf den mit Tau bedeckten Feldern klatschnaß geworden waren.
Um zehn Uhr abends standen alle vom Lagerfeuer auf und gingen zu ihren Zelten – nur Michael und ich nicht. Wir hatten seit dem Frühstück nichts mehr gegessen, und uns war erbärmlich kalt. Der einzige Lichtblick, den wir erkennen konnten, war die Aussicht, daß Sensei uns wahrscheinlich in seinem großen Zelt würde schlafen lassen müssen, was uns eine Chance gab, uns irgendwie für das armselige Verhalten während der Herfahrt zu entschuldigen und von einer besseren Seite zu zeigen. Plötzlich tauchte auf der Schotterstraße zu unserem Lagerplatz Scheinwerferlicht auf. Michael und ich machten vor Freude Luftsprünge, weil wir glaubten, es sei Bill, doch als die Scheinwerfer näherkamen, sahen wir, daß es ein von einer Frau gefahrener Kleinwagen war. Es war eine von Senseis Freundinnen. Kaum war sie ausgestiegen, verschwand sie mit Sensei in dessen Zelt, und da wußten Michael und ich, daß wir ohne Dach über dem Kopf würden schlafen müssen. Dann fing es an zu regnen. Wir überlegten, ob wir unter Senseis Cougar auf der Erde schlafen sollten, sahen aber, daß er auf einem Hügel geparkt war und daß sich zwischen den Rädern schon ein kleiner Bach gebildet hatte. Wir zogen nicht einmal in Betracht, die Gruppe aus Bridgeport zu fragen, ob wir uns vielleicht in ihr Zelt quetschen konnten; es waren Schwarze aus der Innenstadt – für uns äußerst mysteriöse und daher furchterregende Menschen –, denen nicht einmal Michael offen in die Augen zu blicken wagte. Als wir mit ihnen sparrten, starrten wir immer ihre Hände an, um vor Angst nicht gelähmt zu werden. Vor ihrem Zelt hatten sie einen kleinen Kunststoffeimer mit einem aufgeklebten Schild aufgestellt, auf dem es hieß SPENDEN ERBETEN, DAMIT »TINY« DIE KAUTION AUFBRINGEN KANN. Wir wollten schon verzweifeln, als Sensei den Kopf

aus dem Zelt steckte und uns seine Autoschlüssel zuwarf. Wir verbrachten die Nacht in den Schalensitzen und versuchten vergeblich, zu schlafen. Das Trommeln des Regens an der Windschutzscheibe erinnerte uns ständig daran, daß wir völlig durchnäßt und durchgefroren waren. Einmal sagte Michael, wenn er sein Leben noch mal von vorn beginnen könnte, würde er eins definitiv ändern, nämlich seine Entscheidung vor drei Jahren während unseres Luftgewehrkriegs, diesen Jungen, der im Eis eingebrochen war, in dem verlassenen Chevy gefangenzuhalten. »Kein Wunder, daß der arme Kerl so wütend auf uns war«, sagte er immer wieder, wobei seine Zähne ständig klapperten.

Wir waren uns darin einig, daß das rötliche Glühen am östlichen Horizont am nächsten Morgen der willkommenste Anblick unseres Lebens war. Der Regen wurde zu einem Nieseln, und um acht Uhr begann Sensei mit unserem Training. Die Übungen wärmten uns auf, nur die Füße nicht, weil die durchnäßten Schuhe ein Aufwärmen verhinderten. Um die Mittagszeit, als wir eine Pause machten, um zu essen, machten Michael und ich ein Feuer und bauten aus ein paar Zweigen eine Art Gestell, das wir über die Flammen stellten. Wir hängten unsere Schuhe auf, weil wir hofften, die Hitze würde sie trocknen, und ließen sie vorübergehend aus den Augen, als Sensei, der endlich Mitleid mit uns bekam, uns etwas von seinem Essen anbot. Plötzlich hörten wir brüllendes Gelächter der Gruppe aus Bridgeport und rannten zu unserem Feuer, wo wir entdeckten, daß unsere Schuhe geschmolzen waren. Sie hatten billige Kunststoffsohlen gehabt und hingen wie Kaugummistreifen herunter, während der Stoff langsam verbrannte. Wir mußten des Rest des Tages und die folgende Nacht barfuß verbringen.

Am dritten und letzten Tag des Camps kreuzte Bill schließlich auf. Als er sah, wie bleich, hungrig und zitternd Michael und ich in unseren nassen Kleidern auf dem Boden hockten und daß wir keine Schuhe anhatten, entschuldigte er sich wortreich, doch er war an seinem Nichterscheinen unschuldig. Auf einem einsamen Abschnitt des Highway habe sein Getriebe den Geist aufgegeben, und er habe nicht genug Bargeld bei sich gehabt, um es in der Nähe in einer Werkstatt reparieren, geschweige sich nach Danbury abschleppen zu lassen. Er habe versucht, per Anhalter zurückzufahren, sei aber in irgendeiner Kleinstadt von der Polizei aufgegriffen worden. Als sie seine Tätowierung sahen, hätten sie ihn festgenommen und eine Nacht eingesperrt.

Michael und ich zogen trockene Kleidung an und verbrachten die nächste Stunde damit, alles zu essen, was sich in Bills Lieferwagen befand. Dann verkündete Sensei, das Camp sei beendet, und diesmal bot er uns nicht an, mit ihm zu fahren.

»Was soll's, jetzt können wir wenigstens Black Sabbath hören«, sagte Michael in einem Versuch, der Situation das Beste abzugewinnen.

»Nein, das können wir nicht«, entgegnete Bill, als wir seinen Mietwagen bestiegen. »Dieser Wagen hat kein Kassettendeck.«

8

In der neunten Klasse gefiel es mir fast genausowenig wie in der siebten und achten, obwohl es durchaus sein Gutes hatte, Michaels Freund zu sein: Ich wurde jetzt in den Fluren wenigstens nicht mehr verprügelt. Warum mußten die Fächer so langweilig sein? Taten die Erwachsenen dies mit Absicht? Sie stellten die Welt so dar, wie sie war, und ließen uns dann die Regeln lernen, damit wir garantiert nichts veränderten! Wenn ich fünf Tage in der Woche ein Fach mit dem Titel durchstehen müßte »Man reißt sich sämtliche Haare aus und ordnet sie in Bündeln aus Primzahlen«, wäre mir das weder besser noch schlimmer erschienen als das, was ich tatsächlich an Unterricht hatte. Ich war immer noch der Ansicht, daß Laotse mit seinem Gedanken recht gehabt hatte, als er sagte, man müsse mit dem Lernen aufhören, um seine Probleme gelöst zu sehen.

Als ich jedoch in die zehnte Klasse kam, begann ich den Unterricht mit anderen Augen zu sehen. Dafür habe ich einem enthusiastischen, beruflich jedoch auf verlorenem Posten stehenden Geschichtslehrer zu danken, der mein Interesse für China erkannte und es förderte. Sein Name war Richard Rowland, doch wir Schüler kannten ihn nur unter dem Spitznamen »Rock der Stock«, ein Tribut sowohl an seine kräftige, eckige Erscheinung und die leicht deutsche Atmosphäre von Disziplin, auf der er im Klassenzimmer bestand.

Am Ende des ersten Unterrichtstages nahm er mich für einen Augenblick beiseite. »Dein Turnlehrer Anderson hat mir gesagt, daß du dich *extrem* für China interessierst«, sagte er. Er hatte streng kurzgeschnittenes Haar, einen vorspringenden Adamsapfel, einen leicht gehetzten Ausdruck in den Augen und die Gewohnheit, bestimmte Schlüsselwörter mit heftigen Bewegungen der rechten Hand zu betonen, in der er zwischen Zeige- und Mittelfinger ständig ein Stück Kreide hielt.

Als ich erklärte, ich interessierte mich tatsächlich für China, fragte er: »Nun, und was *tust* du dafür, Salzman?« – wildes Gestikulieren.
Ich erzählte ihm von der Boxschule, doch das schien ihn nicht zu beeindrucken. »Du kannst eine andere Kultur nicht dadurch erfassen, indem du einfach eine Kunstform lernst, die nicht im richtigen Zusammenhang steht. Zunächst einmal mußt du die Sprache lernen. Du *mußt* Chinesisch lernen, wenn du dich ernsthaft für China interessierst. Ich habe gehört, daß du es *tatsächlich* ernst meinst, aber ich möchte es von dir hören. Wie sehr bist du bereit, tatsächlich zu *arbeiten*, Salzman?«
Jetzt war ich es, der gehetzt aussah. »Können Sie Chinesisch?« fragte ich.
»Das habe ich nicht gesagt, doch darauf kommt es auch gar nicht an. Ich möchte wissen, ob du bereit bist, in diesem Jahr zu arbeiten, denn wenn du das wirklich möchtest, und ich meine arbeiten«, – Handbewegung –, »wäre ich unter Umständen bereit, dir zu helfen. Aber das, was ich meine, würde bedeuten, daß es zusätzliche Arbeit neben dem sonstigen Unterricht bei mir wäre. Ich rede *nicht*« – Handbewegung – »davon, den normalen Unterricht für dich ausfallen zu lassen.«
»Ich verstehe.«
»In Ordnung. Laß mich ein paar Tage darüber nachdenken. Ich muß erst mit einigen Leuten sprechen, und dann werden wir sehen, was wir tun können. Ich möchte aber betonen, daß du *mich nicht hängen lassen darfst*« – Handbewegung, Handbewegung, Handbewegung –, »wenn ich dafür meine Freizeit opfere.«
Am Ende kam bei Mr. Rowland folgendes heraus: Erstens nannte er mir den Titel eines Buchs, *Chinesisch sprechen*, das von der Universität Peking herausgegeben worden war, und sagte mir, ich solle es sofort kaufen. Er kenne jemanden, der dieses Buch benutzt habe, und habe denjenigen überredet, ihm die Leselernkarten und die Kassetten zu leihen, die dazugehörten. Mr. Row-

land lieh mir die Kassetten, während er die Leselernkarten behielt. Er schlug vor, wir sollten uns einmal in der Woche nach Schulschluß im Lehrerzimmer treffen, wo er meine Fortschritte testete, indem er mir die Karten mit den chinesischen Schriftzeichen hinhielt und mir dabei half, die Kapitel durchzuackern. Diese waren in einem vermeintlichen Englisch geschrieben und erklärten die Regeln der chinesischen Grammatik.

Zweitens sagte mir Mr. Rowland, er habe soeben am Trinity College einen weiterführenden Sommerkurs in chinesischer Geschichte abgeschlossen, um sich auf das Magisterexamen vorzubereiten. Er habe sämtliche Bücher und den Lehrplan für den Kurs und würde mir das alles gern leihen und auch die Unterrichtsnotizen zur Verfügung stellen, solange ich bereit sei, ihm einmal pro Woche über meine Fortschritte zu berichten und die zwei Pflichtarbeiten für den Kurs zu schreiben, eine kurze und eine lange.

Am aufregendsten war jedoch der dritte Punkt: Mr. Rowland erzählte mir von einem komplizierten und clever ausgedachten Spiel, das Dr. Robert Oxnam erfunden habe, der Professor am Trinity College, bei dem er studiert habe. Dieses Tsing-Spiel sei eine komplexe Neuschöpfung der Regierungsform der Tsing-Dynastie und erfordere mehr als zwanzig Spielfiguren und dauere eine Woche lang. Mr. Rowland hatte das Spiel vor ein paar Jahren als Höhepunkt seines Geschichtsunterrichts eingesetzt, sich aber immer beklagt, daß der Schüler, der den Kaiser spielen sollte, sich nie genügend vorbereitet habe, um das Spiel wirklich dramatisch zu machen. Er versprach mir, mich den Kaiser spielen zu lassen, wenn ich den Kurs mit Erfolg bestand. Er garantierte mir, daß es das denkwürdigste Erlebnis meiner ganzen Schulzeit sein werde.

Als ich einmal angefangen hatte, Chinesisch zu sprechen, wollte ich es auch lesen können, und kaum hatte ich begonnen, die Schriftzeichen zu studieren, wollte ich sie auch schreiben. Ich schrieb sie auch während des übrigen Unterrichts in meine Notizbücher, kritzelte sie auf den Tisch und sogar auf meine Hosen.

Es lag etwas herrlich Süchtigmachendes darin zu versuchen, sie genau richtig hinzubekommen – ausgewogen und doch frei, korrekt und doch wie selbstverständlich, als wären die Striche aufs Papier gefallen, statt sorgfältig gezogen worden zu sein.
Zum erstenmal in meinem Leben las ich richtige Bücher und nicht nur Schulbücher, wie sie für Heranwachsende gedacht sind. Zunächst schockierte es mich, wieviel ich für den Kurs lesen mußte, und fühlte mich entmutigt, als mir aufging, wie schwerverdaulich die Bücher waren. Zum Glück für mich erlaubte mir Mr. Rowland nicht, allzulange deprimiert zu bleiben. Er war offenbar zu dem Schluß gekommen, daß ich den Kurs selbstverständlich mit Erfolg absolvieren würde. »Was? Glaubst du etwa, andere Leute könnten diese Bücher einfach in die Hand nehmen und sie ohne jede Mühe lesen?« fragte er mich, fuchtelte mit den Armen herum und verdrehte die Augen. »Jeder muß früher oder später mit dieser Art komplexen Denkens fertig werden – *jeder*!« – Handbewegung –, »das heißt, wenn die Leute überhaupt vorhaben, etwas wirklich *zu verstehen*. Natürlich ist das harte Arbeit! Genau dafür sind wir erschaffen, für harte Arbeit! Habe ich dir das nicht schon gesagt? Doch, das muß ich, denn es ist eine Binsenweisheit. Welche Passagen haben dir Mühe gemacht?«
Die Schwierigkeit wurde mehr als ausgeglichen durch die Erregung, die ich bei dem Wissen spürte, daß ich jetzt etwas tat, wovor jeder Erwachsene Achtung haben müsse, und so wurde die Arbeit schon bald zu einer Art Vergnügen. Eines Tages sagte Mr. Rowland, er halte es für eine Schande, daß ich für mein Studium der chinesischen Sprache keine Bescheinigung erhalte. Er stellte mich einer Studienberaterin vor, Miss Rauson, die mir erklärte, ich könne mich ohne weiteres als Gasthörer eintragen lassen. Sie erbot sich, die Verbindung zur Verwaltung zu übernehmen, falls Mr. Rowland und ich einen offiziellen Antrag stellten, und sobald wir dies getan hatten, berief sie eine von ihr geleitete Ausschußsitzung ein, bei der ich mich vorstellte. Später erhielt ich den Schein.

Zufällig war einer der anwesenden Lehrer mein Kunstlehrer. Ihm waren die chinesischen Schriftzeichen und die imitierten chinesischen Landschaftsmalereien in meinen Notizbüchern und an meinen Hosen aufgefallen. Da er jetzt wußte, wie ernst es mir mit dem Thema war, kam er mit einer eigenen Idee. Am nächsten Tag fragte er mich, ob ich gern einen Kurs belegen wolle, um chinesische Kalligraphie zu lernen sowie die chinesische Malerei mit dem Pinsel, statt den regulären Kunstkurs mitzumachen. Es ging also um die richtige Malerei mit Pinsel und Tusche statt nur mit einem Kugelschreiber.

Als ich meinem Vater davon erzählte, war er begeistert; ihm war jeder Beleg dafür willkommen, daß sich mein Interesse etwas anderem zuwandte als dem Zweikampf ohne Waffen. Einmal fragte er mich sogar, ob ich mir vorstellen könne, statt Kung-Fu zu betreiben, mit Ballett zu beginnen. »Sieh dir nur Nurejew an«, sagte er hoffnungsvoll. »Das ist wirklich ein kraftvoller Mann.« Ballett. Mann, man weiß schließlich, daß die Welt nicht ganz leicht zu verstehen ist, wenn man noch ein Junge ist und der eigene Vater den Versuch macht, einen von Selbstverteidigung auf Ballett umsteigen zu lassen.

Mein Dad war von der chinesischen Malerei also recht entzückt. Er half mir, indem er mir aus der Bibliothek Dutzende schwerer Bücher über asiatische Kunst mitbrachte. An mehreren Wochenenden skizzierten wir gemeinsam »einen Kurs«. Wir fingen mit den grundlegenden Pinselstrichen und Schriftzeichen an, gingen dann zu den traditionellen Malmethoden über, wie man Bäume, Felsen, Berge, Wasserfälle und kleine chinesische Fischer darstellt, die am Bug ihrer Sampans stehen. Für das Abschlußexamen des Kurses, so beschlossen wir, mußte es natürlich eine ganze Rolle sein mit einem zum Teil von Nebel verhangenen Wasserfall, mit einem felsigen Berg im Hintergrund und einem Fischer im Vordergrund, der die Szenerie von seinem Sampan aus bewundert. In einer Ecke würde ich ein paar Zeilen Kalligraphie

im Eigenbau komponieren – vorausgesetzt, mein Chinesisch-Lehrbuch ging in seinem Vokabular über Begriffe wie »Arbeiter«, »Bauer«, »Zwölfter Parteitag« oder »Führungskader« hinaus.
Bevor ich dem Kunstlehrer meinen Plan vorlegte, wollte ich ihm jedoch ein paar Beispiele dafür zeigen, was mir vorschwebte. Dazu brauchte ich vor allem das richtige Material. Folglich überredete ich Michael, an einem Sonnabend mit mir mit dem Zug nach New York City zu fahren, wo wir einen Ausflug nach Chinatown machen wollten. Am Ende verbrachten wir den größten Teil der Zeit in einem Laden mit Kung-Fu-Zubehör und bewunderten die Schwerter, Wurfmesser und Kampfanzüge aus schwarzer Seide. Als uns jedoch klar wurde, daß wir uns mit Ausnahme eines der Jackie-Chan-Poster nichts von all dem leisten konnten, zogen wir zu einer Buchhandlung weiter, in der es auch Mal- und Kalligraphie-Utensilien gab. Ich kaufte mir einen Pinsel, ein Stäbchen Trockentusche und einen kleinen Mühlstein. Michael kaufte sich eine Zeitschrift mit dem Titel *Secrets of Internal Kung-Fu*, auf deren Titel das Foto eines knochigen alten Mannes mit einem Ziegenbart zu sehen war, der sich gerade von einem kleinen Lieferwagen überfahren ließ.
Auf dem Rückweg zur U-Bahn fiel Michael ein Gebäude auf, das wie ein Buddhisten- oder Taoistentempel aussah und dessen Türen weit offenstanden. Wir riskierten einen Blick und sahen rund drei Dutzend alter Chinesen an einigen Tischen sitzen, die sich leise unterhielten und Schach spielten.
»He, du willst doch Chinesisch lernen«, sagte Michael. »Warum probierst du es an diesen Typen nicht mal aus? Vielleicht ist einer von ihnen ein Meister. Vielleicht unterhalten sie sich gerade über Kung-Fu.«
Inzwischen hatten einige der Männer uns bemerkt und warfen uns leicht verärgerte Blicke zu. Ich beschloß, ihnen eine angenehme Überraschung zu bieten, und marschierte in den Raum, richtete

mich zu voller Größe auf und rezitierte den Satz, den ich am besten beherrschte: *»Tongzhi! Nimen hao ma?«,* was übersetzt heißt: »Genossen! Wie geht es euch?«
Die Gesichter der Männer wurden knallrot vor Wut, und keiner von ihnen würdigte mich einer Antwort. Sie zeigten einfach auf die Tür und wedelten angewidert mit den Händen. In dem Glauben, etwas falsch ausgesprochen zu haben, zog ich mich peinlich berührt zurück und führte Michael aus dem Gebäude. »Was hast du zu diesen Typen gesagt, du Arschloch?« fragte er und regte sich sichtlich auf, daß ich gerade einen ganzen Raum voller Kung-Fu-Meister beleidigt haben könnte.
»Ich weiß es nicht!« erwiderte ich, doch als ich mir endlich das Gebäude ansah, bevor wir um die Ecke gingen, bekam ich meine Antwort. Hoch über den Holztüren hing ein Schild, auf dem es in englischer Sprache hieß: TREFFEN DES KUOMINTANG-VERBANDS DER ÜBERSEE-CHINESEN.
»Was bedeutet das?« fragte Michael.
»O Mann – Kuomintang ist der Name der alten Regierung, die früher in China herrschte! Das sind die Leute, die Mao nach Taiwan verjagt hat!«
»Na und?«
»Na und? Ich habe sie Genossen genannt! Das ist etwa so … Himmel, das ist etwa so, als würde irgendein Junge in unsere Kung-Fu-Schule reinmarschieren und zu Sensei sagen, ›Im Vergleich mit Karate ist Kung-Fu Scheiße, das weiß doch jeder.‹ Mann, war das dämlich.«
»Du bist mir vielleicht ein Experte. Der geborene Verlierer!«
Ein paar Tage später, als ich einige Blatt Papier mit zittrigen Pinselstrichen gefüllt hatte, begann ich mir Sorgen zu machen, der Kunsterzieher könnte sich von meiner Darstellung immer noch unbeeindruckt zeigen und beschließen, mich mit dem freien Kurs nicht weitermachen zu lassen. Als ich erkannte, daß es Dinge gab, die nur ein ausgebildeter chinesischer Maler mir

beibringen konnte, tat ich den, wie ich meinte, nächsten logischen Schritt: Ich nahm meine Mal-Utensilien, rollte sie zusammen, klemmte sie mir unter den Arm und fuhr mit dem Rad zum Dragon Inn, dem Restaurant, in dem Michael und ich unsere Peking-Ente mit so fatalen Folgen verzehrt hatten. Ich betrat das Restaurant und sah die Köche und Kellner an drei runden Tischen sitzen, wo sie ein spätes Mittagessen einnahmen. Da ich meine frühere Erfahrung mit chinesischen Sprechversuchen nicht wiederholen wollte, blieb ich stumm, bis einer der Kellner aufstand und fragte, ob ich mich an einen Tisch setzen oder etwas zum Mitnehmen bestellen wolle. Ich sagte, ich wolle seinen Kollegen eine Frage wegen chinesischer Malerei stellen.
Er zuckte die Schultern und bat die anderen um Aufmerksamkeit. Als mich alle anstarrten, wurde ich nervös und vergaß den sorgfältig zurechtgelegten Satz, den ich mir während der Herfahrt ausgedacht hatte. Statt dessen sagte ich: »Äh … ist jemand von Ihnen ein chinesischer Landschaftsmaler?«
»Ja, ich male chinesische Landschaften.«
Ein rundlicher, schüchtern aussehender junger Mann stand auf. Er trug eine altmodische schwarze Brille mit Kunststoffbügeln und eine »gußeiserne« Fliege, die schief unter dem Hemdkragen saß. Er hieß Tommy Wing und hatte, wie ich später erfuhr, an der chinesischen Universität von Hongkong Kunst studiert. Nach dem College hatte er seine künstlerische Laufbahn mit Landschaftsmalereien für eine herkömmliche chinesische Grußkartenfirma begonnen, doch als seine Eltern, die in den Staaten lebten, krank wurden, kam er hierher, um mehrere Jahre als Kellner zu arbeiten, um sie unterstützen zu können. Als ich ihm meine Übungen zeigte und fragte, ob er mir irgendwelche Tips geben könne, hielt er sich die Hand vor den Mund und begann unbeherrscht zu kichern. »Ich lache nicht über Sie«, versicherte er mir, als er sich wieder in der Gewalt hatte. »Ich finde nur, also wirklich, dies ist wirklich komisch! Ich meine, ich habe immer

gedacht, daß weiße junge Leute sich nur für chinesisches Kung-Fu interessieren.«
Sein Tonfall hatte etwas schrecklich Vertrautes, als er »Kung-Fu« sagte. Er hörte sich genau wie mein Vater an. Ich beschloß, Tommy vorerst nichts von meinem zweiten asiatischen Interessengebiet zu erzählen, bis wir einander besser kannten. Er holte ein paar Pinsel und Tusche aus seinem Wagen und gab mir gleich im Restaurant die erste Unterrichtsstunde.
Nachdem ich nun das richtige Material und einen studierten Tutor hatte, zeigte ich dem Kunstlehrer eine Präsentationsmappe und erhielt die Erlaubnis, mit dem Vorhaben weiterzumachen. Diese Erfolge mit dem Selbststudium brachten mich zu der Frage: Warum sollte es nicht in jedem Fach so gehen? Ich versuchte, meinen Lehrer in Naturwissenschaften zu überreden, mir Akupunktur im Selbstversuch zu erlauben, statt den Krebs-Zyklus auswendig zu lernen, doch dieser Vorschlag stieß auf weniger Begeisterung als meine Vorschläge, Chinesisch und Pinselmalerei im Ein-Mann-Verfahren zu lernen. Unser Lehrer im Werkunterricht erlaubte es mir nicht, ein Breitschwert zu bauen, und als ich meinen Mathelehrer fragte, ob ich den Unterricht ausfallen lassen könne, um an dem Zen-Rätsel zu arbeiten »Wenn alles zu dem Einen zurückkehrt, wozu kehrt dann das Eine zurück?«, antwortete er mir nur mit der Gegenfrage: »Was, bist du auf Drogen oder so was?«
Die Nachricht von meinem Bemühen, die High-School in eine Art Vorbereitungszeit für die kaiserlichen chinesischen Abschlußprüfungen zu verwandeln, erreichten irgendwann die Schulleitung. Der stellvertretende Schulleiter ließ mich zu sich rufen und erklärte mir die strikten Vorschriften des Bundes und des Staates, was die Lehrpläne in jeder Klasse jeder High-School angehe, Vorschriften, die er anwenden müsse, da habe er keine andere Wahl. Als ich schwach protestierte (ich war nicht der Typ, mit einem stellvertretenden Schulleiter zu streiten) und wieder-

holte, wie sehr ich mich für diese ungeregelten Fächer begeistere und was für einen Spaß es mir mache, sie zu lernen, im Gegensatz zu den vom Staat gebilligten Kursen, seufzte er und sah erschöpft aus.

Er lehnte sich in seinem Stuhl zurück und sagte: »Stell dir die Schule mal als einen riesigen Ozeandampfer vor. Er ist draußen auf dem Meer, ist überfüllt, die Schiffsdiesel sind überanstrengt, doch der Dampfer bewegt sich langsam weiter in die richtige Richtung. Jetzt stell dir vor, daß ein Kind über Bord fällt. Wir können doch nicht einfach den Ozeandampfer nur seinetwegen umkehren lassen. Es tut mir leid, du wirst dich schon mit den vorgeschriebenen Kursen abfinden müssen.«

Mann über Bord! Am Ende würde ich also doch in Algebra, Französisch und Chemie ertrinken müssen.

Erwachsene sagen einem, in der Schule gehe es nicht darum, bestimmte Unterrichtsstoffe zu lernen, sondern darum, das Lernen zu lernen. Wenn es soweit sei, behaupten sie steif und fest, daß ein Fach einem sehr anziehend vorkomme, werde man dankbar sein, die Fähigkeiten entwickelt zu haben, die zur Beherrschung des Fachs nötig seien. »Eines Tages wird das alles einen Sinn ergeben«, sagen sie. Und sie haben recht. Das Problem für uns Teenager ist leider, daß wir uns mit dem Wort der Erwachsenen begnügen müssen, bis wir dieses besondere Fach finden. Es ist reichlich viel verlangt, wenn man davon spricht, etwas über den Kauf Louisianas von Frankreich auswendig zu lernen, über das Atomgewicht von Uran oder die Konjugation von Verben im Plusquamperfekt anderer Sprachen. Was ist mit der Chemie der Photosynthese? O ja – könnte eines Tages nützlich sein. Hat jemand in der letzten Zeit Thomas Hardys *Eine reine Frau – Tess von D'Urbervilles* gelesen? Nun, *das* ist vielleicht ein tolles Buch, wenn man fünfzehn ist, besonders all diese Beschreibungen der Blumen. Wenn ein Segelboot vor dreizehn Stunden gegen einen

5 Knoten stark fließenden Strom und eine Brise von 4 Knoten aus San Francisco ausgelaufen ist und jetzt gerade das 312 Meilen entfernte Santa Barbara erreicht, wie hoch ist dann die Durchschnittsgeschwindigkeit? He, warum fragt ihr nicht einfach die Küstenwache? Das ist doch ihr Job, oder etwa nicht? Es ist ein Wunder, daß überhaupt einer von uns es schafft, das Alter zu erreichen, in dem man Alkohol trinken darf, ohne vorher durchgedreht zu haben.

Selbst mit meinen damals beschränkten Kenntnissen der Physiologie wußte ich, daß Teenager fürs Bumsen, fürs Kämpfen und sonstiges wenig geschaffen sind, doch die moderne Welt verlangt, daß wir all das auf die Zeit nach der High-School verschieben. Statt dessen müssen wir auf unbequemen Holzstühlen herumsitzen und lernen, wie man lernt. Wie ich schon erwähnte, erzählen sie einem, daß es sich eines Tages auszahlen werde, doch wenn man in dem Alter zwischen dreizehn und achtzehn ist, fragt man sich unwillkürlich: Was ist, wenn es sich *nicht* auszahlt? Was ist, wenn sich unsere Eltern und deren Eltern total geirrt haben, was die wirklich wichtigen Dinge betrifft? Wie wird das je zu Ende gehen, wenn niemand es in Frage stellt? Und das sollen die besten Jahre unseres Lebens sein.

9

»Wir ziehen um«, sagte Sensei O'Keefe eines Abends nach dem Unterricht abrupt. Er und Bill zündeten sich auf dem Parkplatz einen Joint an und saßen still da; Michael und ich beschlossen, um der alten Zeiten willen noch ein paarmal auf den alten Sandsack einzudreschen. Die Miete hatte uns schließlich verjagt. Inzwischen hatte Sensei ein anderes Gebäude gefunden, diesmal in der Main Street von Danbury, die damals eine recht heruntergekommene Gegend war. Es war kein idealer Standort für die Schule; der Raum war zwar lang, jedoch nur etwas mehr als drei Meter breit, so daß der Kampfkreis zum Kampfsplitter wurde. Besser als gar nichts, sagte Sensei, und so zogen am Wochenende er, Bill, Michael, drei andere Schüler und ich mit der Ausrüstung in unser neues Haus um. Während des Umzugs bemerkte ich, daß Sensei mehrere Dutzend alter Trophäen weggeworfen hatte sowie gerahmte Karate- und Judo-Diplome und Plaketten. Dabei fiel mir eine hölzerne Plakette auf, in die sein Name eingraviert war; ich zog sie aus dem Müll heraus und legte sie in meine Sporttasche. Ich wollte sie nach Hause mitnehmen und an der Wand aufhängen.

Sensei, der in der damaligen Saison sehr oft deprimiert und betrunken war, sah mich offenbar die Plakette aus der Mülltonne ziehen, doch statt sich geschmeichelt zu fühlen, rief er alle zusammen und brandmarkte mich als Dieb. »Barabbas, der christliche Dieb. Das ist dein neuer Name: Barabbas. Hör zu, Barabbas. Glaub ja nicht, du könntest *jemals* etwas tun, ohne daß ich davon erfahre.« Er stieß mir seinen schwieligen Finger hart gegen die Brust, um seine Worte zu betonen. »Ich bin hier der Meister, und eins solltest du dir genau merken: Ich kann direkt durch dich hindurchsehen – ich weiß, was du denkst und was du tust. *Ich kenne dich besser als du dich selbst.*«

Statt wie bisher immer verwirrt oder beeindruckt zu sein durch das, was Sensei tat, fühlte ich mich zum erstenmal verärgert. Ich stellte seinen Status als Kung-Fu-Meister nicht in Frage, hatte nichts gegen seine ungewöhnlichen Trainingsmethoden einzuwenden, etwa als er einen Mann mit einer Hand an einem Deckenbalken hängen und mit der anderen eine Zielscheibe zwischen die baumelnden Beine halten ließ, so daß Sensei mit dem Bogen darauf schießen konnte. Es machte mir auch nichts aus, wenn er mich ein Zuckerbübchen oder eine Memme nannte, doch selbst ich wußte, daß er nicht Gedanken lesen konnte. Als ich die Plakette wieder in die Mülltonne steckte, kam mir ein unangenehmer Gedanke: Der Kerl kann gut schlagen, er kann gut treten, und er kann mit verbundenen Augen Wassermelonen spalten, aber was ist, wenn hinter alldem nichts weiter steckt als ein dummer Scheißkerl?

Ich äußerte diesen Gedanken jedoch zu niemandem, am allerwenigsten Michael gegenüber. Es hatte den Anschein, als würde Michaels Loyalität gegenüber diesem Mann um so stärker werden, je schlimmer Sensei sich benahm – je feindseliger und beleidigender er wurde. Ich gewann den Eindruck, als wollte Michael ganz allein den Versuch machen, Senseis Leben zu verändern, indem er den perfekten Jünger spielte. An einem unserer ersten Abende in der neuen Schule sah Sensei noch mürrischer aus als gewohnt, als er hereinkam. »Ich habe gerade sieben Glas Fusel getrunken«, sagte er vor sich hin und zog dann seinen Kampfanzug an. Als die Stunde halb vorbei war, verkündete er: »Jetzt werde ich euch Jungs mal zeigen, wie man sich gegen ein gottverdammtes Wagenrad verteidigt. Mark, greif mich mit einem Wagenrad an.« Das Wagenrad als Angriffsmanöver ist fast das Dümmste, was man sich vorstellen kann; es macht einen gegenüber fast jedem Gegenangriff vollständig verwundbar. Selbst wenn man Erfolg damit hat und den Gegner mit den Fußknöcheln trifft, tut es einem selbst mehr weh als dem Gegner. Ich gehorchte Sensei natürlich, und er verteidigte sich mit einem seitlichen Fußtritt im Sprung gegen meinen Schenkel, der so hart war, daß fast das ganze Bein schwarz wurde und ich mehr als eine Woche lang kaum gehen konnte. An jenem Abend war ich so aufgewühlt, daß ich auf dem Nachhauseweg im Wagen weinte (Michael war gerade sechzehn geworden, so daß wir uns nicht mehr von unseren Eltern fahren lassen mußten). »Sei nicht so ein Jammerlappen«, beschimpfte er mich. »Du hast es verdient, weil du seine Plakette stehlen wolltest. Das war eine Lektion für dich, Mann – versuch nicht, Sensei die Schuld zu geben.«

In diesem Studio blieben wir nur ein paar Monate, bis Sensei wieder ohne Geld dastand und die Miete nicht mehr zahlen konnte. Er erzählte uns, er habe einen Bekannten, der uns aushelfen könne; er nannte nie jemanden seinen Freund. »Ich habe keine gottverdammten Freunde«, sagte er gern mit einer Mischung aus Bitterkeit und Stolz in der Stimme, als wäre dies die unangenehme, aber unvermeidliche Bürde, die alle Krieger tragen müßten, »die nicht einfach aufgeben wollen«. Dieser Bekannte besaß eine Bar an einem See und sagte, wir könnten unsere Stunden auf dem Rasen hinter der Bar abhalten. Statt Miete zu zahlen, arbeitete Sensei nach dem Unterricht als Rausschmeißer. Daß wir Kung-Fu jetzt auf dem Rasen hinter einer Bar lernen mußten, nahm unserem Unterricht etwas von seiner Romantik, und der unbeschränkte Zugang zu Fusel und Tequila verursachte ein auffälliges Nachlassen von Senseis Fähigkeiten.

Eines Abends saßen Bill und ich nach einer besonders schlechten Stunde unten am See; entweder hatte Sensei an jenem Abend üble Laune gehabt, oder es waren ihm einfach keine neuen Techniken eingefallen, die er uns beibringen konnte. Wie auch immer: Er hatte uns den größten Teil der Stunde Strafübungen machen lassen, etwa Liegestütze, oder wir hatten mit der Brust nach oben auf allen Vieren krabbeln müssen. Keiner von uns war sonderlich überrascht, als Bill dabei direkt über eine zerbrochene Flasche krabbelte; hinter der Bar war der Boden mit Glasscherben übersät.

Nach der Stunde seufzte Bill, als er sich die Glassplitter aus der Handfläche zog, warf einen Blick auf die Bar und sagte: »Ziemlich runtergekommener Laden.« Daß ausgerechnet Bill so etwas sagte, der sich sonst nie über etwas beklagte, schien tatsächlich ein schlechtes Zeichen zu sein.

»Was wird aus uns, Bill?« fragte ich.

Er gluckste, doch dann fixierte er mich mit diesem starrenden Blick, der einen angreifenden Elefanten zum Stehen gebracht hätte. »Wir werden weiterziehen, und alles wird wieder in Ordnung sein«, sagte er gleichmütig. »Ich kenne Sensei jetzt schon seit sechs oder sieben Jahren. Es ist kein Vergnügen mit anzusehen, wie er sich selbst ins Klo spült, doch das ist sein Problem, nicht deins oder meins. Wenn er uns nicht mehr unterrichten kann, werden wir jemanden finden, der es kann. Mehr ist dazu nicht zu sagen. Dafür mache ich mir aber um deinen Kumpel Sorgen. Mike hat es nämlich noch nicht herausgefunden.«

»Was herausgefunden?«

»Daß Sensei sich seine Probleme selber schafft. Du bist clever; du hast es herausgefunden, aber eins muß ich dir sagen, Mark. Dein Problem ist, daß du es zu erkennen gibst. Aus diesem Grund schikaniert dich Sensei so. Mike hält den Typ aber immer noch für Gott. Das liegt daran, daß er keinen Vater hat, Mann. Man braucht nicht so ein Seelenklempner wie Freud zu sein, um das herauszubekommen.«

Nachdem wir diesen letzten Umzug hinter uns hatten, machten wir auch keine Werbeveranstaltungen mehr für das Chinesische Box-Institut mit. Wir beteiligten uns jedoch immer noch an Turnieren, bei denen Bill, Michael und ich meist gut abschnitten. Michael kam immer mit einer Kampftrophäe nach Hause, ich mit einer für gute Technik und Bill entweder mit Trophäen in beiden Kategorien oder in keiner, weil man ihn wegen »übermäßigen Körperkontakts« disqualifiziert hatte. Das passierte immer dann, wenn Bill besonders hart an einen Gegner heranging, sobald dieser so kräftig und hart zu sein schien wie er selbst. In solchen Fällen ging es im Kampfkreis hoch her. Keiner der beiden Männer protestierte jedoch, so daß die begeisterten Kampfrichter die beiden über die volle Zeit gewähren ließen. Obwohl Bill meist kleiner war als seine Gegner, war er doch härter, und am Ende disqualifizierten ihn die Kampfrichter, weil sie die Unannehmlichkeit auf sich nehmen mußten, den zweiten Mann wiederzubeleben und das Blut vom Fußboden aufzuwischen.

An einem Wochenende reisten wir mal nach Kanada zu einem großen Turnier. Sensei, Michael und ich waren eingeladen, zwei Nächte in der Wohnung eines jungen Kung-Fu-Lehrers zu verbringen, einem der Organisatoren des Turniers. Es war ein freundlicher Mann, der einen ganzen Nachmittag damit verbrachte, Michael und mir einige exotische Kombinationen mit Namen wie ›Affe Klettert Den Baum Rauf Und Spaltet Die Kokosnuß‹ beizubringen. Dabei mußte man direkt auf seinen Gegner zurennen, ihm auf die Schenkel klettern, als klettere man eine Leiter hinauf, um dann mit der geballten Faust auf seinen Kopf einzuschlagen. In der ersten Nacht blieb er mit Michael und mir bis vier Uhr morgens auf, sprach über Kung-Fu und erzählte uns von seinen Erlebnissen als Schüler. Sensei war ausgegangen, um mit einigen seiner alten Kumpel zu trinken, und kehrte erst lange nach Tagesanbruch zurück. An jenem Tag fand das Turnier statt, doch Michael und ich waren nach der durchwachten Nacht so müde, daß wir beide im Turnier frühzeitig rausflogen. Der Mann, bei dem wir wohnten, gewann am Ende die große Meisterschaft. Michael und ich saßen am Ring, schrien uns die Seele aus dem Leib und genossen das Spektakel. Hinterher gingen wir mit einer großen Gruppe in ein Restaurant, um zu feiern, und fuhren dann in die Wohnung des Champions zurück. Ich dachte, um dann ins Bett zu gehen, doch wie sich herausstellte, wollte Sensei sich nur umziehen, bevor es mit dem Feiern richtig losgehen sollte.

»He, Mike, Barabbas, etwas munterer, wenn ich bitten darf. Wie würde es euch Jungs gefallen, mal richtig was zu erleben?« fragte er. »Ich habe heute abend zwei nette Damen kennengelernt, die ein paar Kung-Fu-Schülern liebend gern helfen würden, die Kirschen auf Vordermann bringen zu lassen!«
Michael und ich wurden knallrot und lehnten ab. »Oh, seid doch nicht solche Spielverderber! Na los doch, wollt ihr wissen, wie sie heißen? Auggie Doggie und Doggie Daddy! Sie haben beide falsche Zähne, so daß sie es euch mit dem Zahnfleisch besorgen können, wenn ihr richtig nett seid!« Er amüsierte sich großartig, doch unser Gastgeber konnte sehen, wie elend Michael und mir zumute war, und so überzeugte er Sensei und seine übrigen Freunde davon, daß es besser wäre, uns beide ins Bett gehen zu lassen. »Na schön, aber wir werden euch Auggie Doggie und Doggie Daddy mitbringen«, versprach Sensei. »Wenn ihr etwas Dickes und Warmes und Klebriges in eure Schlafsäcke kriechen fühlt, pißt euch nicht in die Hosen!«
Nachdem alle gegangen waren, gerieten Michael und ich in Panik. Wir waren uns ganz sicher, daß er mit diesen Frauen zurückkommen würde, um uns zu demütigen. Folglich verließen wir die Wohnung in der Absicht, die Nacht in Senseis Wagen zu verbringen, wie wir es schon im Camp getan hatten, doch dann ging uns auf, daß er als erstes im Wagen nach uns suchen würde. Am Ende fanden wir am hinteren Ende des Parkplatzes der Wohnanlage einen Wagen mit einer offenen Tür und ließen uns darin häuslich nieder. Keiner von uns konnte schlafen. Irgendwann in der Nacht sagte Michael: »Wenn du einem meiner Brüder davon erzählst, schneide ich dir die Eier ab.«
»Warum sollte ich das tun, um Himmels willen? Ich hab doch auch einen Rückzieher gemacht.«
»Zum Teufel mit dir! Du hast einen Rückzieher gemacht, ich nicht! Mir ist es egal, ich könnte das, kein Problem. Es ist nur so, daß ich es nicht mit einer häßlichen Frau machen würde.«

»Nee, ich auch nicht.«
Etwa zehn Minuten Schweigen.
»Na schön, Barabbas, du bist der Schlaumeier. Was zum Henker bedeutet es?«
»Was?«
»Daß sie unsere Kirschen auf Vordermann bringen sollen. Was zum Teufel ist die Kirsche?«
»Ich habe keine Ahnung! Warum sitze ich denn hier, was meinst du wohl? Wahrscheinlich ist es irgendwas Abartiges, daß sie uns vielleicht so etwas wie eine Kirsche in den Arsch stecken, die sie dann rausziehen und essen. Ich weiß es nicht.«
Michaels Gesicht verzog sich so heftig, daß er aussah wie ein Shih Tzu. »Den Teufel auch! Ich werde *niemals, niemals* jemandem dabei zusehen, wie er etwas ißt, was mir aus dem Arsch gekommen ist!«
»Ich auch nicht«, beeilte ich mich zu versichern.
»Himmel! Dann wär ja überall *Scheiße* dran! Was ist mit diesen Leuten eigentlich los? Mann, jetzt sieh dir an, was du getan hast – am liebsten würde ich jetzt kotzen! Wozu mußtest du mir das erzählen, du Arschloch?«
»Du hast gefragt, und ich habe geantwortet! Das ist aber nur eine Vermutung, ich weiß es doch nicht.«
Weitere zehn Minuten Schweigen. Dann betrachtete Michael den leeren Parkplatz, schüttelte den Kopf und murmelte: »Ich hoffe, das ist kein Teil der Prüfung für den Schwarzen Gürtel.«

Das Schuljahr verging schnell; ich schaffte es bis zum Ende des ersten Bandes meines Chinesisch-Lehrbuchs, beendete die Lektüre und schrieb die Arbeiten für den chinesischen Geschichtskurs und vollendete nicht nur eine, sondern mehrere Rollen mit Dichtern aus der Zeit der T'ang-Dynastie, die auf Berggipfeln standen und von Nebel verhangene Wasserfälle bewunderten. Ich verkaufte die Bilder sogar für zwanzig oder dreißig Dollar pro

Stück, um so meine Kung-Fu-Stunden zu bezahlen. Ich fand Kunden, indem ich die Bilder bei den lokalen Flohmärkten an Ästen aufhängte, mich darunter setzte und Cello spielte, um die Leute auf mich aufmerksam zu machen. Mein bester Kunde überhaupt war ironischerweise der stellvertretende Schulleiter der High-School. Er konnte diesen Ozeandampfer zwar nicht für mich umkehren lassen, wollte mich aber auch nicht draußen auf See verhungern lassen. Er kaufte jedesmal ein Bild, wenn ich mich auf einem dieser Flohmärkte blicken ließ.

Worauf ich wirklich wartete, war das Tsing-Spiel, das für die vorletzte Schulwoche geplant war. In unserer Geschichtsgruppe hatte kein Mensch eine Ahnung, daß ich die gesamten Vorbereitungen erledigt hatte. Folglich freute ich mich darauf, alle zu überraschen, denn ich wollte das Spiel dadurch besonders lustig machen, indem ich ein verdammt realistischer Kaiser war. Ich wußte, wie Finanz-, Kriegs-, Landwirtschafts- und Außenministerien geführt wurden und hatte mir sorgfältig ausgedacht, was ich im Fall innerer Unruhen, Angriffen von Barbaren, Hungersnot, Überschwemmungen, Heuschreckenplagen oder selbst im Fall meines frühen Hinscheidens infolge von Krankheit oder Ermordung tun wollte. Bei diesem Spiel war es nötig, daß wir fünfundzwanzig Schüler während der ganzen Woche von dem übrigen Unterricht befreit waren. Außerdem mußten wir den ganzen Tag unserer Rolle treu bleiben, während Mr. Rowland, der den himmlischen Willen spielte, uns mit dem Unerwarteten herausforderte. Der attraktivste Aspekt der Übung war, daß ich zum erstenmal eine sozial angesehene Stellung erhalten würde (denn bisher hatte man mich nicht mal für eine Softball-Mannschaft mit sonderlicher Begeisterung ausgewählt), und ich nahm mir vor, die Gelegenheit ausgiebig zu nutzen. Ich würde kein Arschloch von Kaiser sein, kein korrupter, paranoider, gedankenloser Despot wie so viele von den echten; ich hatte die Absicht, ein so weiser, humaner, fähiger und gutmütiger Kaiser zu sein, daß man sich noch lange nach dem Spiel daran erinnern würde, besonders beim Schulfest.

Meine einzige Sorge war, daß ich während unserer allwöchentlichen Sitzungen nach der Schule bemerkt hatte, wie sich Mr. Rowland nach und nach veränderte. Ihm schien etwas auf der Seele zu liegen, als hätte er etwas Interessanteres als Geschichte gefunden, als könnte er sich aber nicht entscheiden, ob er es mir erzählen sollte oder nicht. Einen Monat vor dem Tsing-Spiel vertraute er mir folgendes an: Er habe sich jetzt der Christlichen Wissenschaft verschrieben und erlebe übernatürliche Visionen. Eines Morgens beim Zeitunglesen sei das Wort »Libanon« plötzlich von der Seite gesprungen, habe vor ihm in der Luft geschwebt, sei dann irgendwie explodiert und habe ihn in einen Schauer blendenden Lichts gehüllt. An einem anderen Tag beugte er sich vor und fragte: »Du hast doch gesehen, daß es heute geregnet hat, nicht wahr?«

»Ja.«

»Als ich heute morgen mit dem Rad zur Schule fuhr, teilte sich der Regen für mich.«

»Oh.«

»Das kann kein Zufall sein. Ich überlege, ob ich all meine materiellen Besitztümer aufgeben und in den Libanon gehen soll, um dort zu helfen.«

Ich konnte nur eins denken: Du bist so gut zu mir gewesen. Wenn du alles verschenken und in Lumpen in der Wüste umherwandern willst, werde ich keinem Menschen ein Wort davon sagen, aber bitte bleib hier, bis das Tsing-Spiel vorbei ist.

Zwei Wochen vor dem geplanten Beginn des Spiels machte Mr. Rowland eine Wochenendfahrt mit dem Schülerparlament nach Washington, D. C. An dem Morgen, an dem sie wieder abfahren wollten, frustrierte es ihn, wie langsam das Hotelpersonal das Auschecken erledigte, und so rief er von seinem Hotelzimmer beim Empfang an und drohte mit einer Bombenexplosion. Er war der Meinung, daß dies eine Möglichkeit war, seine Schäfchen schneller in den Charterbus zu bekommen. Es war eine Katastrophe – er wurde auf der Stelle entlassen, und unser Ersatzlehrer, der noch nie von dem Tsing-Spiel gehört hatte, beendete das Schuljahr mit einer Vortragsreihe über die Sowjetunion. Einige Wochen nach dem Zwischenfall im Hotel kreuzte Mr. Rowland an einem Sonnabendmorgen bei mir zu Hause auf. Er sah mager aus, machte aber einen entschlossenen Eindruck. Er hatte mehrere große Kartons auf den Gepäckträger seines Fahrrads gebunden.

»Ich reise morgen in den Libanon. Dies sind alle meine Bücher über China aus meinen früheren Universitätskursen«, sagte er. »Es liegt auf der Hand, daß ich sie nicht mehr brauche, und ich finde, du solltest sie haben.« Die meisten waren gebundene Bücher von Universitätsverlagen; wenn ich sie neu hätte kaufen müssen, hätte die Sammlung mich Tausende von Dollar gekostet.

»Ich weiß nicht, wie ich Ihnen danken soll«, sagte ich.

»Nun, hast du Geld? Es waren ziemlich teure Bücher.«

»Um die Wahrheit zu sagen, nein. Ich habe kein Geld.«

Er grinste. »Schon in Ordnung! Ich dachte nur, frag einfach mal. Übrigens, es tut mir leid wegen des Tsing-Spiels. Du hast wirklich hart dafür gearbeitet. Die Mühe war aber nicht umsonst, das garantiere ich dir. Eines Tages wirst du wissen, was ich meine. Ich nehme an, daß sich nicht alles so entwickelt, wie du es dir wünschst, he?«

Da hatte ich es wieder: die Philosophie meines Vaters, die selbst in fanatischem Christentum durchsickerte. Rock der Stock bestieg sein Fahrrad, winkte mir zum Abschied fröhlich zu und fuhr dann zu seinen Kriegen los. Damit begannen die Sommerferien.

10

Der Sommer 1975 war besonders heiß und schwül, was meine Trainingsstunden am Tag mit Michael und unsere abendlichen Übungen hinter der Bar am See fast unerträglich machte. Wir ersannen ein System von Belohnung und Strafe. Wenn einer von uns gegen den anderen einen Punkt gemacht hatte, durfte er sein Kopftuch in einen Eimer mit frischem, kaltem Wasser tauchen oder unter einem Rasensprenger eines Nachbarn laufen, während der Verlierer in der Sonne Liegestütze machen mußte. Gleich nach den Unterrichtsstunden rannten wir direkt in den schlammigen See und blieben eine halbe Stunde im Wasser. Wenn wir aus dem Wasser kamen, hatte einer von Senseis Freunden, der in der Bar arbeitete, immer eine Flasche Liebfrauenmilch für uns bereitstehen, die in einem Weinkühler mit Eis auf uns wartete.

Nach Bills Bemerkung, meine Einstellung gegenüber Sensei sei allzu deutlich sichtbar, bemühte ich mich, dem Meister gegenüber respektvoll zu sein und mehr Verständnis für seine Situation zu zeigen. Es stimmte, daß ich mir die Vorstellung zurechtgelegt hatte, daß ich seine sämtlichen Fähigkeiten lernen konnte, ohne ihm als Menschen Aufmerksamkeit zu schenken. Ich dachte, daß es genügte, für den Unterricht zu bezahlen. Meine Denkweise war mir bis jetzt gar nicht bewußt geworden. Doch Sensei ließ mich auf die für ihn so typische unausgesprochene Weise spüren, daß ich nichts von ihm lernen konnte, wenn ich ihn nicht akzeptierte, so wie er war. Wenn ich je wie er kämpfen oder so viele Ziegelsteine zerbrechen wollte, wie er es konnte, würde ich mehr wie er denken und schätzen lernen müssen, was ihn dorthin gebracht hatte, wo er stand.

In jenem Sommer gab ich mir Mühe, ihn in einem anderen Licht zu sehen. Ich versuchte mir einzureden, daß sein Verhalten und sein Denken zwar anders waren als bei mir oder meinem Vater, aber doch irgendwie gerechtfertigt waren. Mein Vater war oft deprimiert, und ich respektierte das. Woher nahm ich also das Recht zu sagen, daß Senseis düstere Feindseligkeit schlecht war?

Vermutlich bemerkte Sensei meinen Versuch, meine Einstellung zu ändern, denn in jenem Sommer fing er an, mich besser zu behandeln. Er sprach immer öfter mit mir ohne sarkastischen Unterton in der Stimme und verhielt sich auch nicht mehr, als spräche er mit einem Baby, und wenn er Techniken erklärte, blickte er mir offen in die Augen, ohne mich böse anzufunkeln. Als Sparringspartner wurde ich langsam besser, und sobald ich meine ersten Kämpfe bei Turnieren gewann, gewöhnte er sich an, mit verschränkten Armen dabeizustehen und zuzusehen. Er nickte, wenn ihm etwas gefiel, was ich getan hatte, und gab mir manchmal mit Händen und Augen Zeichen.

Gerade als ich mich in seiner Nähe wieder etwas wohler zu fühlen begann, kam es zu einem Zwischenfall, der mich sofort wieder in einen Zustand moralischer Verwirrung zurückwarf. Ein Brauner Gürtel, der bei einem anderen Lehrer Karateunterricht nahm, Sensei jedoch schon seit vielen Jahren kannte, war eines Abends in der Stadt und trainierte mit uns. Zufällig tauchte am selben Abend einer von Senseis Schwarzen Gürteln aus Norwalk auf, und die beiden beschlossen, nach dem Unterricht ihr Sparring zu verbessern. Beide besaßen Kampfgeist, und da Sensei sie aus nächster Nähe beobachtete, stand für sie eine Menge auf dem Spiel. Beim Sparring passiert es oft, daß jemand ein wenig übererregt wird oder sich im selben Moment vorwärtsbewegt, in dem der andere einen Stoß ansetzt, so daß er etwas härter getroffen wird, als ihm lieb ist. Dann steigert sich das Tempo. So geschah es auch an jenem Abend. Nach ein paar Minuten hörten wir einen weiteren harten Treffer, und das Tempo steigerte sich noch mehr.

»Alles in Ordnung hier?« fragte Sensei.

»Aber ja, bestens«, erwiderten beide mit zusammengebissenen Zähnen, und so ließ Sensei sie weitermachen.

Sie wurden ein wenig langsamer, jedoch nicht lange. Rund drei Minuten nach der Pause wurde der Kampf wieder härter. Der Schwarze Gürtel wirbelte mit einem Halbkreisfußtritt herum, der am Gesicht des Gegners vorbeigehen sollte, doch genau in diesem Augenblick schoß der Braune Gürtel vor. Der Tritt landete mit einem schauerlichen Knirschen, bei dem sich mir der Magen umdrehte, auf dem Mund des Gegners. Dieser fiel rückwärts, und als er sich aufrichtete, konnten wir sehen, daß der untere Teil seines Gesichts eingedrückt war. Überall waren Blut und Zähne zu sehen.

Sensei zeigte keinerlei Anzeichen von Panik, sondern hob alle Zähne auf, vergewisserte sich, daß der Mann gefahrlos bewegt werden konnte, führte ihn dann ruhig zu seinem Cougar und raste mit ihm zum Krankenhaus. Später mußte sich der Verletzte sowohl Ober- als auch Unterkiefer chirurgisch erneuern lassen, sein Mund wurde mit Draht verschlossen, und die meisten seiner Zähne mußten ihm neu eingepflanzt werden. Man sagte uns, daß er ein Jahr lang keine feste Nahrung würde zu sich nehmen können. Noch mehrere Wochen danach fiel es mir schwer, zum Sparring anzutreten, da ich solche Angst hatte, im Gesicht getroffen zu werden. An manchen Abenden brachte ich es kaum über mich, zum Unterricht zu gehen. Selbst Michael schien eine Zeitlang aus dem Gleichgewicht geraten zu sein.

Endlich ging der Sommer zu Ende, und ich kam in die elfte Klasse. Ohne die Anleitung von Mr. Rowland hatte ich etwas von meinem Drang zum Lernen verloren, doch zwei neue Lehrer machten schnell dort weiter, wo er aufgehört hatte. Einer war Al Leighton, ein nüchterner Lehrer in amerikanischer Geschichte mit einer dröhnenden Stimme und einem ungeheuren Charisma, der es für höchste Zeit hielt, daß ich meiner eigenen Kultur ein wenig Aufmerksamkeit schenkte, und der zweite war Jacob

Friedman, ein Sprachlehrer, der gerade ein Sabbatjahr eingelegt hatte. Am Tag unserer ersten Französischstunde erklärte er, daß er sein unbezahltes Urlaubsjahr in Taiwan verbracht habe, um sich einen langgehegten Traum zu erfüllen, nämlich Chinesisch zu sprechen, zu lesen und zu schreiben. Es kostete mich große Willensanstrengung, für den Rest der Stunde still zu sitzen; als endlich die Glocke läutete, rannte ich ihn fast um, als ich zu ihm an den Tisch eilte. Ich bat ihn flehentlich, mir bei meinem Chinesisch zu helfen. Er erklärte sich einverstanden, wenn ich nichts dagegen hätte, daß die Stunden draußen auf dem Flur stattfanden, wenn er dort Aufsicht hatte. Er war nur zu glücklich, diese Aufgabe durch Unterricht angenehmer zu machen.
Kurz vor Weihnachten wurde ich sechzehn und bekam meinen Führerschein. Am Tag nach der Prüfung bat ich ein Mädchen um eine Verabredung, und sie sagte ja. Ihr Name war Annette Guillaume. Ich hatte sie bei einem meiner fruchtlosen Ausflüge zu ihrer älteren Schwester Marie kennengelernt. Ich war jahrelang in Marie verknallt gewesen – sie saß mit mir in der Klasse von Rock dem Stock –, sie war aber immer nur mit einem älteren Typ zusammen, der einen eigenen Volkswagen-Käfer hatte und damit sogar schon nach Mexiko gefahren war. An einem Winternachmittag fuhr ich mit dem Fahrrad zu Marie, um hallo zu sagen, nur für den Fall, daß sich etwas mit dem älteren Typ verändert hatte – der schon achtzehn war –, aber nein, da saß er wieder im Wohnzimmer und unterhielt sich mit Maries Mutter über Sozialismus. Draußen tobte ein Schneesturm, und ich war über und über mit Schnee bedeckt, so daß Marie sagte, ich solle mir ein paar Kleider von ihrem Bruder Jean-Rodolphe nehmen und mich unten im Keller umziehen. Als ich hinunterging, jagte ich ihrer jüngeren Schwester einen Schreck ein, die sich ebenfalls gerade dort umzog, da sie den ganzen Nachmittag gerodelt hatte. Ich sah nur ihr Gesicht, doch das genügte. Als ich einen Monat später meinen Führerschein hatte, rief ich sie an und fragte, ob sie gern Chine-

sisch esse. Ich dachte mir, daß sie beeindruckt sein würde, wenn ich ihr erzählte, daß unser Kellner auch mein Zeichenlehrer war. Unsere Verabredung war ein Erfolg, wenn auch auf völlig unerwartete Weise. Wahrscheinlich hatte ich mir in meiner Phantasie vorgestellt, daß meine erste wirkliche Verabredung mit einem Mädchen, bei der wir allein in einem Restaurant waren und anschließend in einem Wagen, so aufregend sein würde – oder zumindest sein sollte –, daß ich darüber schreiben und den Bericht an den *Playboy* schicken konnte. Statt dessen passierte etwas ganz anderes. Wir redeten und redeten und konnten einfach nicht aufhören. Ich genoß jede Minute. Annette war gescheit und witzig und mir zu meiner Überraschung sehr ähnlich: Sie interessierte sich leicht für irgendwelche Dinge, langweilte sich aber in der Schule, war nicht sehr beliebt, weil sie als Tugendlamm galt, spielte ein klassisches Instrument und mochte ihre Eltern. Zu meiner jugendlichen, männlichen Verwirrung erkannte ich, daß sie sich weniger für meine Fähigkeiten in Kung-Fu zu interessieren schien als für mein Studium der Malerei und Kalligraphie.
Als ich Annette nach Hause fuhr, lud sie mich ein, mit hineinzukommen. Ich wußte aus Erfahrung, daß man abends bei den Guillaumes nicht einfach hereinschneien konnte; man mußte darauf gefaßt sein, klar zu denken und intelligent zu reden. Ein Abend dort war so, als hätte man ihn um die Zeit der Jahrhundertwende in einem Pariser Café verbracht. Annettes Vater war Arzt aus Französisch-Marokko – er hatte mich nach mehreren meiner verunglückten Kung-Fu-Kämpfe zusammengeflickt –, rauchte Pfeife, spielte Geige und ließ im Hintergrund immer eine Aufnahme von Bachs Suiten und Partiten für Klavier laufen. Ihre Mutter war eine katholische deutsche Ärztin (die Kinderärztin meiner Schwester) und vorzügliche Köchin, die in ihrer Freizeit Romane schrieb. Die drei Kinder waren dreisprachig, und sie hatten immer interessante Leute im Haus, die an einem Espresso nippten, eine von Mrs. Guillaumes selbstgemachten Torten aßen

und entweder über Kunst oder internationale Politik diskutierten. Ich zögerte, bevor ich das Haus betrat; mit meinem extrem langen Haar, den Hosen mit weitem Schlag, schmutzigen Schuhen und geschwollenen Knöcheln machte ich mir Sorgen, ich könnte im Café Guillaume eine schlechte Figur machen, nachdem ich ihre Tochter gerade in dem verrosteten VW-Bus meines Vaters ausgeführt hatte. Kaum war ich jedoch durch die Tür getreten, nickte Annettes Vater billigend, machte eine weit ausholende Handbewegung mit seiner Pfeife und sagte, wie sehr er das letzte Konzert meiner Mutter genossen habe. Wie froh war ich, daß sie Spinett und nicht Akkordeon spielte, und noch mehr freute mich, daß ich endlich eine Freundin hatte.

Michael machte keinen Versuch, die Tatsache zu verbergen, daß er Annette als reines Ärgernis ansah. Ärgernis in dem Sinn, daß ich meine Zeit mit ihr würde verbringen müssen, wenn ich stattdessen lieber trainieren sollte. Er maulte ein paar Wochen lang und zeigte mir eine halbe Stunde lang die kalte Schulter, wenn wir uns trafen, doch sobald wir anfingen zu üben, war alles so wie früher. Unterdessen hatte sein Bruder Frank sich entschlossen, uns auf dem Weg des Kung-Fu zu folgen. Er studierte inzwischen an der Fairfield University mittelalterliche Sprachen und schaffte es, uns einen leeren Hörsaal mit Fußbodenmatten zu besorgen, den wir für den Unterricht benutzen konnten. Sensei sah sich den Saal an und gab durch ein Kopfnicken zu erkennen, daß er mit dem Raum einverstanden war. Wir würden zwar alle die Partys mit Liebfrauenmilch am See vermissen, doch jetzt war es ohnehin schon zu kalt, um im Freien zu trainieren.
Frank schaffte es auch, zwei vollständige Rüstungen für Kendo zu finden, das japanische Schwertfechten mit einem Zweihandschwert aus Bambus. Die schweren Anzüge bestanden aus Metall, Bambus und Leinwand und schützten einen von Kopf bis Fuß. Sensei war begeistert; diese Anzüge würden es uns ermög-

lichen, mit vollem Einsatz zu üben und ohne Zurückhaltung zu kämpfen. Damit bestand nicht mehr die Gefahr von Unfällen wie bei dem Braunen Gürtel, als ihm das Gesicht eingetreten worden war. Ich haßte es jedoch, in einem solchen Anzug zu kämpfen; es war heiß darin, man konnte sich nicht richtig bewegen und kaum etwas sehen. Oft bekam man mit voller Wucht einen Tritt gegen den Kopf, ohne überhaupt bemerkt zu haben, was da auf einen zukam. Folglich konnte man sich auch nicht anspannen, um den Tritt zu parieren. Am meisten fürchtete ich mich vor dem Sparring mit Bill, wenn wir diese Anzüge trugen, denn selbst mit Sechzehn-Unzen-Boxhandschuhen an den Händen und der Zwanzig-Pfund-Rüstung am Körper war ein Stoß von ihm ein Erlebnis, von dem ich unweigerlich noch Tage später etwas hatte.
Daß wir wieder ein Dach über dem Kopf hatten, hob Senseis Laune für ein paar Monate beträchtlich. Eines Abends nach dem Unterricht überreichte er Michael und mir Urkunden für unsere Grünen Gürtel, ohne uns überhaupt geprüft zu haben. »Ich gebe sie euch nicht, weil ihr sie verdient«, sagte er. »Ich gebe sie euch, um zu sehen, was ihr tun werdet, um sie euch zu verdienen.« Als er wegging, fügte er noch hinzu: »Allerdings hätte ich sie euch nicht gegeben, wenn ich der Meinung wäre, ihr hättet sie nicht verdient.«
Seine gute Stimmung hielt jedoch nicht lange an. Schon bald fragte er laut, warum er seine Zeit mit Memmen wie uns verschwende und erzählte uns immer wieder, daß kein einziger von uns auch nur fünf Minuten in den Schulen überlebt hätte, in denen er gelernt habe. »Ich gebe euch Figuren Grüne Gürtel, und was passiert? Ihr werdet faul! Wißt ihr, was ich für meine gottverdammten Gürtel-Tests tun mußte? Ein paar ältere Schüler fuhren mich in irgendeine Scheißbar in irgendeinem Viertel, das ich nicht kannte, und suchten sich dort den stärksten Kerl aus, den sie finden konnten, zeigten auf mich und sagten: ›Siehst du den Typ da drüben? Er hat gerade gesagt, was für ein mieses Stück Scheiße

du bist.‹ Dann setzten sie sich hin und sahen zu. Euch lasse ich so gottverdammt leicht von der Leine, und was tut ihr? Ihr holt euch den ganzen Tag einen runter, das tut ihr. Ich werde nie begreifen, weshalb ich meine Zeit mit euch verschwende.«

Ich muß gestehen, daß Michael in einem gewissen Sinn recht hatte: Annette war *tatsächlich* ein Ärgernis. Daß ich eine intelligente Freundin hatte, ließ das, was ich beim Chinesischen Box-Institut erlebte, weit weniger attraktiv erscheinen. Sie sagte jedoch nie ein Wort darüber; es war einfach ihre Gegenwart – selbstsicher, entspannt und mit sich im reinen, obwohl sie nicht die leiseste Ahnung davon hatte, wie man jemandem den Hals bricht. Da mußte ich mich doch fragen, wie es dazu gekommen war, erst mit dem Universum eins sein zu wollen, um mich jetzt zweimal in der Woche von einem übergeschnappten Soziopathen anbrüllen zu lassen.

Das entscheidende Ereignis war Senseis Unterrichtsstunde in der Kunst der Strangulation. »Ich habe noch keinem von euch beigebracht, wie man jemandem die Luftröhre abdrückt«, sagte er eines Abends, nachdem wir uns mit ein paar Übungen aufgewärmt hatten. »Ich brauche einen Freiwilligen. Wer läßt sich von mir k. o. schlagen?«

Ich glaubte nicht, daß es ihm ernst war, und sogar Michael schien zu zweifeln. Es herrschte ein unbehagliches Schweigen im Raum, als wir alle nervös grinsten, was Sensei nur wütend machte.

»Ich sagte, ich brauche einen gottverdammten Freiwilligen!« brüllte er. »Was, ist *jeder* in diesem Raum eine gottverdammte Memme? Ich bin schon so oft ausgeknockt worden, daß ich es nicht mal zählen kann – bei Gott, wenn ich je gezögert hätte, als mein Lehrer einen Freiwilligen wollte, hätte er mich so zusammengeschlagen, daß ich eine ganze Woche im Krankenhaus gelegen hätte! Also frage ich ein letztes Mal: *Wer meldet sich freiwillig, verdammt noch mal?«*

»Ich, Sensei!« stieß Michael hervor. Er machte einen Satz nach

vorn und nahm Haltung an, um seine Unentschlossenheit wettzumachen.
»Setz dich vor mich«, befahl ihm Sensei kurz.
Michael gehorchte. Sensei näherte sich ihm von hinten, legte ihm die Arme um den Hals und drückte zu. Michael kämpfte, um Senseis Arme an den Seiten zu halten, doch als ihm die Farbe aus dem Gesicht wich, verlor er die Beherrschung und fing an, Senseis Arme zu zerkratzen. Der Meister hatte sich jedoch um ihn gewickelt wie eine Pythonschlange und ließ sich nicht von der Stelle bewegen. In Wahrheit vergingen nur wenige Sekunden, doch es schien eine Ewigkeit zu dauern, bis Michael das Bewußtsein verlor. Seine Augen traten aus den Höhlen, und sein Körper zuckte und wand sich in Panik, doch schließlich erschlaffte er. Seine Augen waren weit offen und glasig. Es war ein schockierender Anblick. Ich sah zu Frank hinüber, der seinen bewußtlosen Bruder mit eng auf der Brust verschränkten Armen ruhig anstarrte. Bill runzelte die Stirn; diesmal war er derjenige, der zu erkennen gab, wie es in ihm aussah.
»Und so muß man einen Typ wiederbeleben«, sagte Sensei schließlich. Er langte um Michael herum und schlug ihm hart gegen das Zwerchfell. Wie von Zauberhand bewegt richtete sich mein Freund kerzengerade auf. Er war nur ein wenig desorientiert. »Was starrt ihr mich denn alle so an?« fragte er mehrmals. Er konnte sich an nichts erinnern und schien zu glauben, daß Sensei seine Vorführung noch gar nicht begonnen hatte. Danach war allen ein wenig unbehaglich zumute. Ich bildete es mir vielleicht nur ein, doch es kam mir vor, als wäre selbst Sensei für den Rest des Abends ein wenig bedrückt.

Das war meine letzte Unterrichtsstunde, wie sich herausstellte. Ich regte mich über diese Vorführung der Strangulation auf, denn es lag klar auf der Hand, daß wir absolut nichts *gelernt* hatten. Wer weiß denn nicht, daß man das Bewußtsein verliert, wenn jemand einem den Hals zudrückt? Und dieses Schlagen auf den Magen – nun, er hätte es uns ebensogut *erzählen* können, dann hätten wir es ihm schon geglaubt. Es war so dumm von Sensei, seiner schlechten Laune auf diese Weise Luft zu machen, und ich wußte, daß ich den Unterricht nicht mehr fortsetzen konnte. In den nächsten Tagen entwarf ich einen Brief an ihn, in dem ich ihm für alles dankte, was er mir beigebracht hatte, und entschuldigte mich dafür, daß ich ihn jetzt im Stich ließ, erklärte aber auch, daß der Pfad des Kriegers nicht mein Weg war. Ich ging zu Michael, wie ich es vor dem Unterricht immer tat, reichte ihm den Umschlag und bat ihn, ihn Sensei zu geben.

»Was ist es?« fragte er gutmütig. Er hatte keine Ahnung, worüber ich gebrütet hatte.

»Ich höre mit den Stunden auf.«

Zunächst glaubte Michael, ich machte einen Scherz. Als ihm aufging, daß ich es ernst meinte, sah ich, woher der Ausdruck kommt »sein Unterkiefer klappte herunter«. Es sah aus, als wären plötzlich alle Muskeln in seinem Gesicht erschlafft, und er wirkte wie ein Fünfjähriger.

»Du läßt den *Unterricht* sausen?« fragte er mit seltsam dünn klingender Stimme. Ich wußte, wie sehr er Leute verachtete, die ein paar Monate lang Karate-Unterricht nehmen, an den Wochenenden üben und dann aufhören, wenn es hart wird. Jetzt war ich für ihn auch so einer geworden.

»Ja, so ist es wohl.« Ich hielt den Atem an und wartete darauf, wie seine zweite Reaktion aussehen würde, und als sie erfolgte, kam sie dem recht nahe, was ich vorhergesagt hätte. Sein Gesichtsausdruck verwandelte sich in schieren Ekel.

»Na klar werde ich ihm den Brief geben, du Pfeife.« Er steckte ihn in die Tasche, stieg in seinen Wagen, knallte die Tür zu und fuhr weg. Ich stand da und fragte mich, wie ich meinen ersten Donnerstag abend seit fast drei Jahren ohne ihn verbringen sollte.

11

Sobald ich mit dem Unterricht aufgehört und ohne Michael niemanden zum Üben hatte, mit dem ich meine Kräfte messen konnte, begann meine Begeisterung für die Kampfkunst zu erlahmen. Weder Annette, meine Familie oder ihre noch sonst jemand schien enttäuscht zu sein, daß ich nicht mehr trainierte, um ein arschtretender Mutterficker zu werden. Da mußte ich mich fragen, ob die ganze Angelegenheit nicht von Anfang an ein Fehler gewesen war. Ich sagte meinem Vater eines Abends, als wir den Planeten Neptun zu finden versuchten, daß ich Zweifel hätte, ob ich je ein Schwarzer Gürtel sein würde.

»Du meinst, du wirst es am Ende doch nicht schaffen, brennende Betonplatten zu spalten? Ich habe aber fest damit gerechnet, mußt du wissen.«

»Das ist nicht lustig! Ich habe nur drei Jahre für nichts vertan.«

»Was meinst du damit? Du hast doch viel Spaß mit diesem Kung-Fu-Zeug gehabt, oder etwa nicht? Du kannst nicht erwarten, daß alles, was du probierst, irgendwann zum Ziel führt. Du wirst immer irgendwo falsch abbiegen, in ein paar Sackgassen geraten, wütend werden und umdrehen. Das tut jeder – in der Hinsicht sind wir alle gleich.«

»Ach ja? Was ist mit dir? Als Kind mochtest du Astronomie und das Malen, und jetzt stehen wir hier und suchen mit dem Teleskop nach einem Planeten, und du malst jeden Abend. Du scheinst noch nie eine Sackgasse erwischt zu haben.«

»Moment mal, ich glaube, ich sehe etwas. Kannst du mal das Neun-Millimeter-Okular holen?«

Volltreffer. Er wollte Zeit gewinnen, um nachzudenken. Ich ging zum Wagen, um die Augenmuschel zu holen, doch diesmal ging ich nicht wie eine Katze, frei und leicht, sondern schlurfte. Für einen Teenager war es eine nur zu vertraute Situation: Ich erörterte mit meinem Vater eine Frage und fühlte mich getrieben, mit

meiner Ansicht recht zu behalten, doch wenn ich es tat, bedeutete es, daß ich mit etwas Deprimierendem recht hatte – in diesem Fall damit, daß drei Jahre meines Lebens umsonst gewesen waren.
Er setzte das Okular ein und blickte eine Zeitlang zum Himmel. »Hier, sieh du mal, ob du etwas sehen kannst.«
Ich blickte hinein, konnte aber nicht erkennen, ob das verschwommene Objekt im Blickfeld ein Planet war oder nur ein Stern, den unsere instabile Atmosphäre leicht verschwommen erscheinen ließ.
»Wenn es der Neptun ist, würden wir es wissen, denke ich, Dad.«
»Ja. Wenn wir nur ein paar Zentimeter mehr Spiegel hätten … Nun gut.« Er trat einen Schritt zurück und blickte nach oben. Vermutlich überlegte er, wonach wir als nächstes suchen sollten. »So, du glaubst also, ich wäre nie in einer Sackgasse gelandet, ja?« fragte er mich abrupt.
»Ich habe jedenfalls noch nie ein Bild von dir gesehen, auf dem du eine Kahlkopf-Perücke trägst oder Erbsen mit Stäbchen zu essen versuchst.«
»Na schön, in Ordnung. Du hast mehr … Stehvermögen, als ich je gehabt habe, das gestehe ich dir gern zu. Und, ja, ich hatte das Glück, zwei Dinge zu finden, die mich mein Leben lang interessiert haben. Aber was ist hiermit: Ich habe mich für die Sozialarbeit entschieden, weil ich dachte, ich könnte Menschen retten oder ihre Probleme lösen. Ich hatte große Ideen und war voller Mitgefühl. Als mir aufging, wie hoffnungslos die Situation ist – oder zumindest wie hoffnungslos sie meiner Ansicht nach ist –, und ich erkannte, daß es eine Sackgasse war, war ich schon so weit hineingefahren, daß ich mir eine Umkehr nicht mehr leisten konnte. Also freu dich, daß du schon früh deine Perücke getragen und Erbsen mit Stäbchen gegessen hast und vor allem Kung-Fu nicht als Hauptfach fürs College vorgesehen hattest. Jetzt weißt du, daß du dich davon nicht ernähren mußt.«
»Dad, du sprichst vom College. Wie warst du denn, als du in

meinem Alter warst? Dabei fällt mir übrigens ein, daß ich aus der Zeit vor meiner Geburt absolut nichts über dich weiß! Du hast mir nie etwas davon erzählt, wie du als Kind gewesen bist. Ich kenne überhaupt keine Geschichten aus deiner Kindheit.«
Er hielt weiter nach dem Neptun Ausschau.
»Nun?«
»Nun was? Da gibt es nichts zu erzählen.«
»Das ist keine Antwort.«
»Doch, das ist es. Ich war schwermütig und schüchtern und nicht sehr interessant. Ungefähr wie jetzt. Was soll ich deiner Meinung nach noch sagen?«

In der ersten Zeit versuchte ich, mich allein in Form zu halten, doch statt wie früher eine Herausforderung zu sein, war Kung-Fu langweilig geworden. Jeder Stoß und jeder Tritt wirkte nachlässig und langsam, als hätte ich Gewichte an den Gliedmaßen, und ich fühlte mich ständig kurzatmig. Es war eine Sackgasse. Sobald die regelmäßigen Kung-Fu-Übungen aufhörten, folgte alles andere nach. Ich hörte mit der chinesischen Malerei auf (urplötzlich fragte ich mich, warum zum Teufel male ich eigentlich kleine Kerle mit Roben und Haarknoten, die Wasserfälle anstarren? Ich habe nicht mal selbst je einen Wasserfall gesehen, geschweige denn einen Mann mit einem Haarknoten), verfrachtete die Bücher über chinesische Geschichte und Philosophie auf den Dachboden und fand den Gedanken lächerlich, daß Steinzeitmenschen Mokassins getragen hatten, während ich barfuß herumlief. Mit den Chinesisch-Stunden machte ich zwar weiter, aber nur weil mir Mr. Friedman so gut gefiel und in mir das Schuldgefühl aufkam, schon mal einen Lehrer im Stich gelassen zu haben.
Ab und zu sah ich Michael in der Halle, der Cafeteria oder im Freien. Ich nickte ihm zu oder versuchte eine Unterhaltung anzufangen, doch er wollte nichts mehr von mir wissen: Ich existierte für ihn nicht mehr. Manchmal sah ich ihn, wie er draußen auf dem

Footballfeld Streckübungen machte oder Kung-Fu praktizierte, und hätte am liebsten mitgemacht, doch das war offensichtlich unmöglich. Soviel ich wußte, hatte er keine anderen Freunde; wenn ich ihn sah, war er immer allein. Ich nahm mir oft vor, ihn anzurufen, doch dann hörte ich schon die Litanei von Flüchen, mit denen er mich überschütten würde, daß ich ein Verlierer sei, ein Aussteiger, ein Zuckerbübchen und so weiter, und kam dann zu dem Schluß, daß ich von all diesem Mist genug hatte.

Als aus dem Herbst Winter wurde, fühlte ich mich niedergeschlagen und erschöpft und dabei ständig auf seltsame Weise ängstlich. Zum erstenmal seit mehreren Jahren wußte ich nichts mit mir anzufangen, interessierte mich für nichts, haßte es, morgens aufzustehen, haßte es, nachts ins Bett zu gehen und sah viel fern. Dad verstand mich vollkommen; wenn er mich auf der Couch ausgestreckt daliegen sah, zog er die grüne Decke hervor, machte schnell einen Zimt-Toast und einen Tee mit Milch und Zucker und setzte sich zu mir, um sich alte Filme anzusehen. Meine Mutter war weniger mitfühlend. Sie war bereit gewesen, im Keller Weihrauch abbrennen zu lassen, hatte mich zu den Kung-Fu- und Cello-Stunden gefahren, hatte mir sogar dabei geholfen, meine Kahlkopf-Perücke zu pudern, konnte es aber nicht ertragen mit anzusehen, wie ich den Kopf hängen ließ. Sie haßte es, wenn ich klagte, es gebe nichts zu tun, obwohl es so viel zu tun gab! So viel zu lernen, so viel zu lesen, so viele Instrumente, die man spielen konnte, so viele Zimmer, die saubergemacht werden mußten! Wann immer ich ihr im Haus begegnete – auf dem Weg in die Küche, um noch mehr Toast zu machen oder die Fernsehzeitschrift zu suchen, während sie gerade Oboe-Blätter für ihre Schüler fertig machte, ihr Spinett stimmen, die Wäsche der ganzen Familie waschen oder ein Essen zubereiten wollte –, spürte ich, wie ich ein wenig die Schultern hängen ließ, etwa wie ein Hund, der den Schwanz zwischen die Beine klemmt, wenn er ein Sofakissen ruiniert hat. Je mehr ich mich hängen ließ, um so gerader stand sie da, bis wir beide aussahen wie Cartoon-Figuren mit den Namen Gutes Mädchen und Böser Junge.

Erlöst wurde ich von alldem nur am Nachmittag, wenn ich Annette besuchte und wir in der idyllischen Herbstlandschaft, wie man sie auf Postkarten aus Neuengland sieht, Spaziergänge machten. Wenn wir zu ihrem Elternhaus zurückkehrten, stand immer etwas Selbstgemachtes auf dem Tisch für uns bereit, und es war auch immer jemand mit ungewöhnlichen Ideen oder einem ungewöhnlichen Akzent da, mit dem man sich unterhalten konnte. Sie und ihre Eltern schienen zu denken, daß ich mich wieder dem Cello zuwenden sollte, das ich während meiner Zeit an der Boxschule nur selten gespielt hatte. Vor allem Dr. Guillaume schien darauf zu drängen, daß ich es noch mal mit Musik versuchte. Er spielte in einem Amateur-Kammerorchester, das immer einen weiteren Streicher brauchen konnte; außerdem, so betonte er, könnten wir mit meinem Cello, seiner Geige und Annettes Flöte ein Trio bilden.

Ich kam zu dem Schluß, daß es nicht weh tun konnte, es wieder zu versuchen, und so zog ich an einem Wochenende das Cello unter dem Flügel hervor, pustete den Staub weg und versuchte, etwas von Bach zu spielen. Scheußlich! Dies war nicht die Antwort. Ich schob das Cello wieder unter den Flügel und stellte den Fernseher an. Ich wollte mir *The Six Million Dollar Man* ansehen, geriet jedoch versehentlich in ein Programm, in dem der Geiger Yehudi Menuhin mit dem indischen Musiker Ravi Shankar ein Konzert gab. Dieser saß auf dem Fußboden und spielte einen Sitar. Etwas an der ungewöhnlichen Musik reizte mich, also ließ ich das Programm eingeschaltet und hörte dann interessiert der kurzen Erklärung zu, wie man Ragas spielt. Für mich war ungewöhnlich, daß jedes Raga eine feste Grundmelodie hat, die aber bei jedem Spielen durch Improvisation variiert und anders gespielt wird. Ich glaube nicht, zuvor je wirkliche Improvisationen gehört zu haben. Nach meiner bisherigen Erfahrung wurde

alle Musik nach Noten gespielt, die irgendein Unsterblicher vor Hunderten von Jahren geschrieben hatte, den seine Mitmenschen zu seinen Lebzeiten nicht zu schätzen wußten und in bitterer Armut gestorben war.
Nach dem Ende der Sendung ging ich in den Keller und holte erneut mein Cello hervor, nur daß ich mich diesmal auf den Fußboden setzte, es mir wie einen Sitar quer über den Schoß legte und zu improvisieren versuchte. Mit der für mich so typischen Gabe der sofortigen Fixierung tauchte ich erst am späten Abend aus dem Keller auf, nachdem ich beschlossen hatte, mich künftig der indischen Musik zu widmen.
Meine Mutter war überglücklich, als ich ihr erzählte, es sei mir ernst damit, wieder mit dem Cello anzufangen, jedoch weniger begeistert, als ich ihr zeigte, *wie* ich das Instrument zu spielen gedachte. »Immer noch besser, als sich Drogen in die Adern zu jagen, nehme ich an«, dachte Dad laut, und dem mußte meine Mutter zustimmen. Erichs einziger Kommentar lautete: »Laßt Mark doch ruhig machen. Raus aus der Bratpfanne, rein ins Feuer.« Nur bei Rachel fand mein neues Hobby Zustimmung. Damals verschwand sie jeweils für Wochen in ihrem Zimmer, um mit Wasserfarben zu malen und sich Beatles-Platten anzuhören, so daß sie mich inzwischen gar nicht mehr seltsam fand.
Wieder einmal half mir Dad, indem er Bibliotheken durchstöberte, diesmal allerdings nicht nach Kung-Fu-Handbüchern oder Lehrbüchern für chinesische Malerei, sondern nach Schallplatten mit klassischer indischer Musik. Unterdessen brachte ich das Cello zu den Guillaumes mit, um ihnen mein neues Interessengebiet vorzuführen.
»Eh? Non!« protestierte Dr. Guillaume und fuchtelte mit seiner Pfeife herum, als wollte er Gefahr von sich abwehren.
»Ach ja!« erwiderte Mrs. Guillaume und grinste dabei von einem Ohr zum anderen. Je sonderbarer ich wurde, um so mehr schien sie mich zu mögen. Annette gefiel es jedoch am meisten. Sie ging

am nächsten Tag in einen Stoff- und Kurzwarenladen, kaufte ein paar Meter Stoff mit indischen Drucken, einem Muster namens »Nehrudelic«, und nähte mir ein Hemd, das mich aussehen ließ wie Siddhartha, bevor er das angenehme Leben aufgab.

Allmählich verschwand meine Depression, doch da mir die Erinnerung an die Existenzangst noch frisch im Gedächtnis war, ebenso die Tatsache, daß ich von Tag zu Tag improvisierte, war es unvermeidlich, daß ich schon bald den Jazz entdeckte. Als ich es tat, war ich noch aufgeregter als beim Anhören von Ravi Shankars Darbietung. Es dauerte nicht lange, da lauschte ich Aufnahmen von Chick Corea, Weather Report, Jan Hammer, Stanley Clarke, Jaco Pastorius und dem Mahavishnu Orchestra, deren Stücke ich auch nachzuspielen versuchte. Ich stellte den Plattenspieler ins Wohnzimmer und versuchte, meinen Eltern eine Demonstration zu bieten, doch ihre Reaktion war eher verhalten. Meine Mutter blickte meinen Dad an und sagte: »Das hört sich ziemlich interessant an, findest du nicht auch, Joe?« Mein Vater zögerte einen Augenblick. Dann hob er die berühmte Augenbraue und fragte mich: »Hat schon jemand ein elektrisches Cello erfunden?«

»Nein, ich glaube nicht.«

Er nickte sichtlich erleichtert. »Dann, ja, dann würde ich sagen, daß es für den Moment ganz interessant ist.«

Mein neues Problem wurde Geld. Ich brauchte Platten – Unmengen davon –, nach denen ich spielen konnte, denn die aus der Bibliothek waren ausnahmslos zerkratzt oder hatten sich verzogen. Da ich immer mehr Zeit mit Annette verbrachte, sah ich meinen Eltern außerdem an, daß es ihnen auf die Nerven ging, daß ich sie immer wieder um Bargeld für Benzin bitten mußte. Noch schlimmer war es mit anzusehen, wie mein Vater am frühen Morgen zu dem Wagen hinausstapfte und dann entdeckte, daß die Nadel der Benzinuhr auf leer stand und die orangefarbene Warnleuchte ihn anfunkelte. Mehr als einmal blickte ich nervös aus dem Kellerfenster, sah sein Gesicht in dem morgendlichen Dämmerlicht und konnte ihm an den Lippen ablesen, wie sehr er sich beherrschte, wenn er genauso verärgert, jedoch nicht allein im Wagen war.

Ich durchsuchte die Zeitungen nach Stellenangeboten, konnte aber nichts für einen Sechzehnjährigen ohne jede Ausbildung finden. Ich probierte es damit, in den nahegelegenen Städten herumzufahren und Ladenbesitzer zu fragen, ob sie eine Aushilfe brauchten, doch auch dabei ergab sich nichts. Schließlich sagte ein Mann: »Versuch's doch mal in Danbury. Es ist fast eine Stadt, vielleicht findest du dort etwas.«

Ich fuhr tagelang in Danbury herum und kam dabei an sämtlichen früheren Standorten des Chinesischen Box-Instituts vorbei. Alle diese Räumlichkeiten waren immer noch frei, so wie wir sie vor Jahren zurückgelassen hatten. In einem hing sogar noch unser schwerer Sandsack an der Decke. Danbury war tatsächlich eine heruntergekommene Gegend. In einer kleinen Gasse fand ich schließlich den Eingang eines winzigen vegetarischen Restaurants namens Royal Embassy of Ooh-Aah. Es wurde von Anhängern des beliebten Gurus Sri Chinmoy geführt, so daß überall Bilder von ihm zu sehen waren, die man mit Opfergaben aus Plastikblumen geschmückt hatte. Vor jedem dieser liebevollen Porträts sah ich Obst und brennenden Weihrauch. Das Personal der Royal Embassy nahm mich als Tellerwäscher an, brachte mir bei, wie man an den fünf oder sechs Tischen bedient, und es dauerte nicht lange, da stand ich auch in der Küche und kochte. Es waren zwar nette Leute, doch sie bestanden darauf, daß ich an ihren Personaltreffen am Sonntag morgen teilnahm, bei denen Händchen gehalten wurden und es viel Gesumm und viel positiven Gefühlsaufbau gab. Das war für mich das Schlimmste an diesem Job, und ich wurde nicht mal dafür bezahlt.

Da ich jetzt von Musik besessen war, verbrachte ich immer weniger Zeit mit den Schularbeiten, und Mr. Leighton, der charismatische Geschichtslehrer mit der dröhnenden Stimme, zeigte sich besorgt.

»Salzman«, sagte er dröhnend, nachdem er mich gebeten hatte, mit ihm ins Lehrerzimmer zu gehen, »ich habe das Gefühl, daß Sie das Interesse am Unterricht verlieren. Was ist los?«

Ich erzählte ihm vom Jazz, worauf er melodramatisch die Augen verdrehte und den Kopf in gespieltem Entsetzen schüttelte. »Sie tun *was*? Kein Wunder, daß Sie immer dieses abartige Hemd tragen. Kommen Sie, Salzman, das ist ein sehr nettes Hobby, das gebe ich ja zu« – er verdrehte wieder die Augen –, »aber Sie sollten um Himmels willen nicht Ihre Chance ruinieren, jetzt eine gute Ausbildung zu erhalten, wo es darauf ankommt! Wie kann man nur! Sie sind jetzt im vorletzten Schuljahr, und da sind die Zeugnisse wichtig. Im nächsten Jahr, dem letzten, können Sie so viel Jazz spielen, wie Sie wollen. Teufel auch, alle anderen werden dann sowieso auf den Rücksitzen ihrer Autos herumknutschen oder ihre Gehirnzellen mit Bier abtöten. Warum sollten Sie dann nicht Jazz-*Cello* spielen? Setzen Sie einfach für ein Jahr damit aus, das ist alles, worum ich Sie bitte. Was kann ich sagen, um Sie wieder an die Arbeit zu bekommen?«

Ich versprach ihm, die Schulfächer nicht völlig zu vergessen, doch je mehr ich darüber nachdachte, um so mehr ging mir auf, daß ich keine Lust hatte, noch mehr Zeit in der Schule zu vergeuden. Ich war lange genug der ewige Außenseiter gewesen! Ich hatte elfeinhalb Jahre damit zugebracht, Dinge zu lernen, die mir nichts bedeuteten.

Ich wollte mein eigenes Leben leben, wollte den ganzen Tag Jazz spielen, wollte im Leben etwas darstellen und mir selbst etwas schaffen, meinen eigenen Weg gehen und mein Gewissen dabei als Kompaß benutzen – wie Daniel Boone oder übrigens auch Bruce Lee. Alle meine Helden gingen Risiken ein, um ihren eigenen Neigungen zu folgen; ich mußte mich endlich in Bewegung setzen, bevor es zu spät war und ich mich an der alltäglichen Jagd nach dem Dollar beteiligte und nicht mehr zurückkonnte.

»Dad, ich bin jetzt sechzehn, und es ist mir ziemlich ernst mit der Musik. Immerhin spiele ich mit Unterbrechungen Cello, seit ich sieben war, so daß es also nicht so ist, daß es *urplötzlich* kommt oder aus einem Impuls heraus geschieht – man könnte sogar sagen, daß mein ganzes bisheriges Leben darauf hingeführt hat. Also habe ich mir überlegt, daß ich mich jetzt vielleicht ganztägig der Musik widmen sollte. Was hältst du davon, wenn ich für ein paar Jahre von der Schule abgehe, um es mal zu versuchen? Wenn es nicht klappt, könnte ich immer noch zurückgehen und die Schule beenden.«

Mein Vater seufzte, schob seine Kaffeetasse zur Seite, faltete die Hände vor sich auf dem Küchentisch und sah mich mit all der Selbstbeherrschung und der gewichtigen Verständigkeit an, die er aufzubieten vermochte. Trotzdem fiel mir eine winzige pochende Ader auf seiner Stirn auf, wo ich zuvor keine gesehen hatte. »Mark«, sagte er mit unheimlich ruhiger Stimme, »ich habe nur noch siebzehn Jahre bis zu meiner Pensionierung. Ich würde liebend gern bis dahin überleben, und sei es nur, um an diesem ersten Montagmorgen aufzustehen und zu erkennen, daß ich mich wieder schlafen legen kann! Bitte tu nichts, wovon ich einen Herzanfall kriegen könnte, in Ordnung? Laß mich einfach nur bis dahin am Leben. Was sagst du dazu?«

Damit war die Diskussion beendet. Es mußte jedoch einen Weg geben, und als ich eines Morgens auf dem Weg zum Französischunterricht an dem Berufsberatungsbüro vorbeikam, kam mir eine Idee: Was wäre, wenn ich es schaffte, ein Jahr vor der Zeit von einem College angenommen zu werden, was mein letztes Schuljahr überflüssig machen würde? Und statt tatsächlich das College zu besuchen, könnte ich die Immatrikulation endlos verschieben, während ich es mit einer musikalischen Karriere versuchte. Wenn ich es schaffte, würde ich nie mehr zur Schule gehen müssen, doch wenn es mit der Musikerkarriere nicht klappte, würde immer noch eine Ausbildung auf mich warten, und diese Ader auf der Stirn meines Vaters würde in der Zwischenzeit unsichtbar bleiben.

Ich betrat das Büro und fragte eine der Beraterinnen, ob ich ein paar Bewerbungsformulare für ein College haben könne. Ich dachte in erster Linie an die University of Arizona in Tucson, weil der älteste Bruder meines Vaters dort lebte. Ich hatte ihn, seine Frau und die Wüste schon immer gern gehabt.

»Es ist ein bißchen früh für Bewerbungen«, sagte sie, »ich habe noch nicht viele Formulare da. Wie wär's mit dem MIT? Nein? Georgia Tech? Nein? Lassen Sie mich mal sehen – ach ja, philosophische Fakultät, hier habe ich ein Formular für Yale. Sie schicken ihre immer ziemlich früh los.«

Warum nicht? Ich nahm es mit nach Hause und verbrachte ein Wochenende damit, es auszufüllen, doch je mehr ich daran arbeitete, um so unrealistischer erschien es mir. Ich schickte es am Montag morgen ab, bat Mr. Leighton und Mr. Friedman, mir Empfehlungsschreiben zu geben und tat die Idee prompt als hirnrissig ab. Einen Monat später hielt die Beraterin mich in der Eingangshalle an und sagte mir, daß inzwischen weitere Bewerbungsformulare eingetroffen seien, doch ich hatte schon entschieden, keine weiteren mehr auszufüllen.

Rund einen Monat später erhielt ich einen Anruf von Yale. Man fragte mich, wann ich zu einem Gespräch mit der Zulassungsstelle kommen könne, was zu dem üblichen Bewerbungsverfahren gehört. Ich fühlte mich wie jemand, der einen Schritt zu weit gegangen war, wählte ein beliebiges Datum, und als der Tag gekommen war, fuhr ich mit meinem Vater an einem verregneten Sonnabendmorgen nach New Haven. Wir hielten erst an der Kunstgalerie von Yale, um uns *Das Nachtcafé* anzusehen, ein verstörendes Gemälde von Vincent van

Gogh, das Dad schon immer geliebt hatte. Nachdem wir eine Zeitlang dieses und andere düstere Bilder bewundert hatten, gingen wir wieder zu unserem Wagen zurück, an dem ein durchnäßter Strafzettel unter dem Scheibenwischer klebte. »Aber es sind doch immer noch zwei Stunden auf der Parkuhr übrig!« rief mein Vater böse aus.

»Ja, aber es ist eine Parkuhr für zwei Stunden, und wir sind schon seit eineinhalb Stunden hier. Sie muß kaputt sein.«

»Was? Das ist doch dummes Zeug, woher sollen wir das wissen? Sie können doch nicht ...! Diese verdammten ... Oh, laß uns schnell hier verschwinden.«

Es lief alles etwa so ab, wie ich es erwartet hatte.

Wir fanden das Verwaltungsgebäude, und Dad erbot sich, im Wagen zu warten. »Ich möchte in diesem Dreckloch von Stadt nicht noch einen Strafzettel bekommen«, polterte er. Er haßte Städte.

Ich ging hinein und nannte am Empfang meinen Namen. Eine junge Frau, die nicht viel älter zu sein schien als ich, steckte den Kopf aus einer Tür und forderte mich auf, zu ihr in einen winzigen Raum zu kommen, der mit einem Poster von einer Ausstellung chinesischer Antiquitäten geschmückt war. Als sie mich fragte, ob ich gern einen Kaffee hätte, ging mir auf, daß sie die Sekretärin des Professors war, der mich interviewen würde.

Als sie mit dem Kaffee zurückkam, plauderten wir, und es stellte sich heraus, daß sie ihr Examen in Chinesisch gemacht hatte. Sie liebte chinesische Kunst, und es dauerte nicht lange, da waren wir in ein intensives Gespräch vertieft. Ich fragte mich jedoch unwillkürlich, wann der Spaß zu Ende sein würde und wann ich diese bezaubernde Sekretärin würde verlassen müssen, um in einen dunklen, holzgetäfelten Raum zu gehen, wo ich mich einem finster dreinblickenden, rheumatischen Professor mit einer Robe und einer schwarzen, quadratischen Mütze gegenübersehen würde, der mich fragte: »Also, junger Mann, warum erzählen Sie uns nicht, was eine Person wie *Sie* für Yale tun könnte? Was meinen Sie?«

Nach einer halben Stunde sah die junge Frau auf ihre Armbanduhr und sagte: »Hoppla! Ich habe um elf Uhr dreißig eine Verabredung. Wahrscheinlich wartet derjenige schon unten in der Halle. Nun, ich muß sagen, daß unser Interview mir viel Spaß gemacht hat. Ich glaube, Sie werden diese Uni lieben. Viel Glück!« Und das war's – das war mein Bewerbungsgespräch.

Als ich zum Wagen hinausging, war mein Vater immer noch wütend wegen des Strafzettels, und ich sah ihm an, daß er sich schon auf die schlechte Nachricht gefaßt machte, daß mein Gespräch eine Katastrophe gewesen war.

»Wie ist es gelaufen?« fragte er mit stoischer Ruhe.

Ich wußte nicht, wie ich es schildern sollte. Ich fing einfach an zu kichern.

»Nun?«

»Ich glaube, es ist ziemlich gut gelaufen«, sagte ich.

»Mm. Das ist gut. Nun, sie tun gut daran, dich zu akzeptieren«, sagte er und zeigte auf den Strafzettel auf dem Armaturenbrett, »denn sonst würde ich wieder herkommen und dieses Ticket irgendeinem Dekan in den Arsch stecken.«

12

Im Lauf des Winters sparte ich von meinem Restaurant-Job zweihundertfünfzig Dollar und kam zu dem Schluß, daß es höchste Zeit war, einen eigenen Wagen zu fahren. Ich wußte nichts über Automobile, nur daß ich etwas Eleganteres wollte als unseren VW-Bus. Als ich in der Zeitung also einen 1969er Triumph Spitfire für zweihundert Dollar angezeigt sah, ging ich sofort zu dem Apartmenthaus des Inserenten, besah mir den Wagen sorgfältig, wie ich meinte, und überreichte ihm mein Geld. Nachdem ich für den Wagen bezahlt und die Papiere unterschrieben hatte, gab er mir den Rat, mit dem Wagen nicht sehr weit zu fahren, weil er *wirklich* viel Öl verliere, beeilte sich aber hinzuzufügen, daß allein die Michelin-Reifen die zweihundert Dollar wert seien. Es werde nicht viel Mühe machen, den Wagen wieder hinzukriegen. Wahrscheinlich liege es irgendwo nur an einer Dichtung. Ich fuhr die Karre in einer Wolke schwarzen Rauchs nach Haus und rief Lenny an, einen Typ, den ich durch Michael kennengelernt hatte, und der alles über Autos wußte.

Lenny, der ein Jahr zuvor von der Schule abgegangen war und zwei Jobs hatte, einen an einer Tankstelle und einen in einer Autowerkstatt, kam vorbei und sagte nach etwa fünf Minuten: »Du solltest den Wagen lieber zurückbringen. Er braucht eine völlig neue Maschine.« Ich versuchte, den Typ anzurufen, der mir den Wagen verkauft hatte, doch er meldete sich nicht. »Was soll ich also tun?« fragte ich Lenny.

»Nun, du könntest versuchen, die Maschine wieder aufzumöbeln. Ich habe es schon mal gemacht; das ist gar keine schlechte Lösung. Es ist ein kleiner Motor – wir könnten ihn selbst ausbauen, wenn du willst.« Er holte ein paar Werkzeuge aus seinem Wagen, und wir lösten die Bolzen, mit denen der Motor am Chassis befestigt war. Dann lösten wir die Kupplung, zogen den

Motor heraus und trugen ihn in den Keller, wo wir ihn neben das Spinett wuchteten. Meine Eltern hatten keine Garage, und es war schon Winter. Nachdem wir ihn auf einer Zeitung abgestellt hatten, mußte Lenny zu seiner Schicht in der Tankstelle gehen.
Ich ging nach oben und sah in unserem Werkzeugschrank nach, was wir hatten. Drei normale Schraubenzieher, einen Phillips-Schraubenzieher, zwei Spitzzangen, einen Schraubenschlüssel, ein Lineal, einen Stapel Gummibänder, eine ausgetrocknete Tube mit Superkleber und etwas altes Sandpapier. Mein Vater war nicht gerade der geborene Heimwerker. Es würde aber genügen müssen.
Ich ging zum Wagen hinaus und holte mir die Betriebsanleitung, in der ich einen Querschnitt des Motors fand. Ich stellte mir vor, die Maschine auseinanderzunehmen und nachzusehen, ob irgend etwas auffällig falsch aussah, nahm mir vor, sichtlich verschlissene Teile auszutauschen und dann alles wieder zusammenzusetzen. Ich beschloß, als erstes die Ölwanne zu entfernen. Ich löste die Bolzen, zog die Wanne herunter und sah dann, gelähmt vor Entsetzen, wie viereinhalb Liter verschmutzten Öls auf meine Zeitung strömten, sie sofort bedeckten und sich auf dem Teppich ausbreiteten. Zum Glück hatte meine Mutter kleine Becher unter jedes Bein ihres Spinetts gestellt, falls der Keller bei schwerem Regen einmal überschwemmt werden sollte, so daß das Öl wenigstens das Instrument nicht ruinierte.
Das war natürlich ein Anfang, der nichts Gutes verhieß. Ich nahm die Maschine vollständig auseinander, konnte aber keinen Fehler entdecken. Die Einzelteile sahen in meinen Augen sogar großartig aus; ich hatte keine Ahnung, wie präzise die einzelnen Teile gearbeitet waren. In der Hoffnung, daß es vielleicht genügen würde, alles einfach wieder zusammenzusetzen, um das Problem zu beseitigen, was immer es sein mochte, machte ich mich mit meinen unzureichenden Werkzeugen an die Arbeit. Der Betriebsanleitung zufolge sollten mehrere der größeren Bolzen mit einem

sogenannten »Drehmomentschlüssel« bis zu einem exakten Druckpunkt festgeschraubt werden. Da ich so ein Werkzeug nicht hatte, versuchte ich einfach zu raten. Als es in dem Handbuch hieß: »Verschrauben Sie die oberen Bolzen auf 35 psi«, fand ich im Keller etwas, das ungefähr fünfunddreißig Pfund wog (ich prüfte es mit unserer Badezimmerwaage), hielt es eine Zeitlang in der Hand und versuchte dann den Druck abzuschätzen, als ich mich mit dem Schraubenschlüssel an die Arbeit machte. Es sollten mehrere Dichtungen erneuert werden, aber ich dachte mir, daß die alten bei diesem großen Druck weiterhin halten würden. Als die Arbeit getan war, rief ich Lenny an, und wir setzten den Motor wieder ein. Als ich Lenny erzählte, wie ich die Maschine »restauriert« hatte, gab er keinen Kommentar dazu ab, sondern grinste nur. Als es soweit war, den Motor anzulassen, bemerkte ich jedoch, daß er mehrere Meter von dem Wagen zurücktrat.

»Was, habe ich irgendwas falsch gemacht?« fragte ich. Ich begann mir Sorgen zu machen.

Er zuckte unschuldig die Schultern, trat aber trotzdem nicht näher. Ich drehte den Zündschlüssel, und – der Motor sprang an. Es hörte sich wunderschön an! Ich jagte die Drehzahl ein paarmal hoch und warf Lenny einen Blick zu, denn ich freute mich auf seinen erstaunten Gesichtsausdruck. Statt dessen sah ich dort, wo sich das Erstaunen hätte zeigen sollen, ein noch breiteres Grinsen. Ich drehte mich um und sah durch das vergilbte und rissige Fenster des Cabriodachs eine Wolke von schwarzblauem Rauch, der unserem ganzen Viertel das Sonnenlicht zu rauben drohte. Anscheinend hatte ich das Problem mit dem Ölleck nicht gelöst.

Als Lenny mir erzählte, was tatsächlich dazu gehört, einen Motor zu restaurieren, errechnete ich, daß fünfhundert Dollar für Ersatzteile draufgehen würden, eintausend Dollar für Werkzeuge und etwa zwei Jahre für Werkstattlehrgänge, bevor ich den Wagen tatsächlich würde fahren können. Bevor er an jenem Tag ging, half mir Lenny, den Wagen ins Unkraut am Ende unserer Auffahrt zu schieben. »Wenn du sie selbst nicht brauchen kannst oder so«, fragte er, »könnte ich diese Reifen haben?«

Die fünfzig Dollar, die ich nicht für den Triumph vergeudet hatte, gab ich für Jazzplatten aus, und durch Lenny lernte ich jemanden kennen, der den Synthesizer spielte und seit einiger Zeit einen Bassisten suchte. Sein Name war Scott. Außer für Jazz interessierte er sich für Zen, Taoismus, kabbalistische Theosophie, Carlos Castaneda und etwas, was Magick hieß und etwas mit Hexenmeistern, Zauberformeln und Geistern zu tun hatte. Wir setzten uns zusammen, improvisierten ein paar Stunden und beschlossen, ein paarmal in der Woche gemeinsam zu üben. Nach jeder Sitzung unterhielten wir uns über Philosophie und Religion, und es dauerte nicht lange, da kam auch das Thema Drogen zur Sprache. Ich gestand, nie auch nur Pot geraucht zu haben, und zu meiner Überraschung hielt er das für cool – mit dem Kung-Fu sei ich auf einem »Reinheitstrip« gewesen, bemerkte er, und Reinheit sei entschieden stark –, aber jetzt, wo ich das hinter mir gelassen hätte, sollte ich mir vielleicht überlegen, ob ich es nicht mal mit Pot probieren wolle, jedoch nicht zum Spaß. Er sagte, es sei verblüffend, wie es beim Meditieren helfe und philosophische Texte so klar und durchsichtig mache wie das Wasser eines Bachs im Frühling, obwohl sie zuvor keinerlei Sinn ergeben hätten. Pot müsse nicht unbedingt etwas sein, was man nur am Wochenende rauche; es könne auch ein mächtiges psychologisches Werkzeug sein.

Ich war interessiert, zögerte aber. Offen gestanden hatte ich Angst. Mein Vater hatte mir erzählt, er habe in seiner Zeit bei der Air Force mal einen Mann einen Joint rauchen sehen, der anschließend seinen Verstand verloren habe. Die Vorstellung, den Verstand zu verlieren und meinem Vater dann erklären zu müssen, daß es daran lag, daß ich genau das getan hatte, was dieser törichte Soldat getan hatte, war zu schrecklich, um auch nur darüber nachzudenken. Ich erzählte Scott all das, worauf er sagte:

»Das nenne ich cool. Aber hör mal zu: Solltest du dich je anders besinnen, kannst du mir einen Gefallen tun. Du solltest es auf keinen Fall bei einer Party versuchen, wenn jemand dir einen Joint hinhält. Damit würdest du es dir nur ruinieren; das wäre so abgedreht, daß ich dir die Enttäuschung praktisch garantieren kann. Wenn du es irgendwann mal probieren willst, ruf mich an, dann fahren wir zu einem der Seen raus und machen es richtig. Wenn du dich mit jemandem, der genauso denkt wie du, an einem ruhigen, entspannenden Ort befindest, wird es dir bestens gehen. Schließlich muß man auch nicht high sein, um in der Armee auszuflippen – ich würde es selbst dann tun, wenn ich stocknüchtern wäre, aber den ganzen Tag mit kurzgeschorenem Haar herumlaufen und die Leute ›Sir‹ nennen müßte. Würde es dir nicht auch so gehen?« Da hatte er nicht ganz unrecht.
Scott und ich kamen gut miteinander aus, und schon nach kurzer Zeit spielten wir mehrere Male pro Woche zusammen. Er machte mich mit einem seiner Freunde bekannt, einem talentierten Jazzgitarristen, der schon am Berklee College of Music in Boston angenommen worden war. Wir drei schafften es, ein paar Songs in eine anständige Form zu bringen, konnten aber noch nicht auftreten, weil ich für mein Cello keinen Verstärker hatte. Bis auf weiteres waren wir jedoch zufrieden, leise in Scotts Zimmer zu spielen, um uns dann einen Tee zu machen und uns bis in die späte Nacht hinein zu unterhalten. Außerdem war ich noch nicht bereit, im Jazz richtig einzusteigen – ich brauchte noch Zeit, um ein größeres Repertoire von Riffs zu entwickeln. Also machte es mir nichts aus, keinen Verstärker zu haben, denn dann hätte ich mich vielleicht versucht gefühlt, mit den anderen irgendwo aufzutreten, nur um dann vom Ergebnis enttäuscht zu sein.

Das Wunder ereignete sich an einem Mittwoch nachmittag im Frühsommer. Auf dem Nachhauseweg von der Schule machte ich den Briefkasten auf, und darin lag ein Brief von Yale. Ich holte tief Luft, öffnete ihn und erfuhr, daß man mich für 1980 angenommen hatte. Ich schlenderte wie benommen ins Haus. Meine Mutter gab gerade eine Klavierstunde. Ich stand im Wohnzimmer und starrte sie an, während ihr Schüler, ein pummeliger kleiner Junge, der immer mit einer Aktentasche herumlief, sich mit einem Walzer von Chopin abmühte. Meine Mutter bemerkte mein Starren und warf mir einen mißbilligenden Blick zu, doch in meinem benebelten Zustand erreichte mich so etwas nicht. Schließlich ging der Walzer zu Ende. »Was ist los, Mark? Du siehst doch, daß ich gerade unterrichte.«

Ich hielt den Brief hoch. »Das glaubst du einfach nicht! Erinnerst du dich an die Bewerbung, die ich vor ein paar Monaten ausgefüllt habe? Nun, es hat funktioniert! Ich bin soeben in Yale angenommen worden!«

Jetzt sah sie aus, als hätte sie gerade einen Schlag auf den Kopf erhalten. »Waaas?«

Als ich die Nachricht wiederholte, klappte ihr der Unterkiefer herunter, und sie hielt sich wie vom Donner gerührt die Hand vor den Mund. »Du solltest lieber gleich deinen Vater anrufen«, sagte sie schließlich.

Ich hatte noch nie Gelegenheit gehabt, Dad bei der Arbeit anzurufen. Es meldete sich eine Sekretärin in der Schule, an der er arbeitete, und sie sagte, sie werde ihn ausrufen lassen. Nach ein paar Minuten hatte ich ihn an der Strippe. Ich sah vor mir, was er dachte. Er vermutete wohl, daß es die Autobahnpolizei war, die ihm mitteilen wollte, daß ich mit meiner Mutter und meinen Geschwistern bei einem Autounfall ums Leben gekommen sei.

»Mir geht's bestens, Dad. Du wirst es nicht glauben, aber ich bin in Yale angenommen.«

»Waaas?«

Also erzählte ich es auch *ihm* noch einmal. Es folgte eine lange Pause. »Hör mal, bloß keine Aufregung. Jetzt noch nicht. Kannst du mir einen Gefallen tun? Ruf im Zulassungsbüro an und frag nach. Vielleicht haben sie deine Bewerbung an die von einem anderen geheftet oder so etwas. Vergewissere dich, Mark. Dann ruf mich gleich wieder an.«

Ich rief die Zulassungsstelle an, und dort versicherte man mir, meine Bewerbung sei keineswegs irrtümlich in der Akte eines anderen Bewerbers gelandet. Als ich Dad wieder anrief und es ihm sagte, war er sprachlos. Als ich ihn drängte, doch endlich etwas zu sagen, erwiderte er: »Nun, irgendein Dekan in New Haven kann jetzt aufatmen. Ich habe nämlich für alle Fälle eine Kopie dieses Strafzettels aufgehoben. Ich hätte ihn wirklich jemandem in den Arsch gesteckt, wenn man dich nicht angenommen hätte.«

An jenem Abend waren alle guter Laune, doch nur ich wußte, daß wir aus verschiedenen Gründen feierten. Meine Eltern waren glücklich, weil sie jetzt mit dem Gefühl schlafen gehen konnten, daß ich an einem Ivy League College studieren würde, während ich froh war, in etwa vier Wochen für immer mit der Schule fertig zu sein. Wenn ich wollte, hatte ich jetzt die realistische Aussicht, mein früheres Ziel zu erreichen, nämlich jeden Tag etwas zu vergessen, statt etwas zu lernen. Ich hatte keinerlei Absicht, nach Yale zu gehen; ich sah die Mitteilung, daß man mich angenommen hatte, eher als Mittel zur Ablenkung meiner Eltern, die ich damit lange genug hinhalten konnte, bis meine Jazz-Karriere in Gang gekommen war. Wenn ich erst einmal gutes Geld verdiente, würden sie auch so zufrieden sein. Das einzige Problem bestand jetzt darin, wie ich ihnen erklären sollte, daß ich im Herbst nicht nach New Haven gehen würde. Ich beschloß, diese Neuigkeit eine Zeitlang für mich zu behalten, bis ich eine wasserdichte Strategie und eine verdammt gute Ansprache ausgearbeitet hatte.

Diese letzten Wochen an der High-School verbrachte ich damit, nach Möglichkeit nicht ständig zu grinsen. Das war das mindeste, was ich für meine Klassenkameraden tun konnte, die noch ein weiteres langes Jahr vor sich hatten. Michaels Mutter, die immer noch in der Cafeteria arbeitete, hatte die Neuigkeit schon per Buschtrommel erfahren, und als ich eines Tages bei ihr ein Eis am Stiel kaufte, sagte sie: »Michael ist da drüben. Warum erzählst du ihm nicht von der guten Nachricht? Er wird sehr stolz auf dich sein.«

Ich konnte mir nicht vorstellen, wie Michael sich freuen konnte, davon zu hören – wir hatten seit fast einem Jahr nicht mehr miteinander gesprochen –, doch nachdem seine Mutter es vorgeschlagen hatte, sah ich keine Möglichkeit, die Begegnung zu vermeiden. Ich ging zu Michael hinüber, setzte mich neben ihn und sagte: »Darf ich dir was erzählen?«

»Was denn?« Es war genau das, was ich erwartet hatte; er blickte nicht mal von der Zeitschrift hoch, die er gerade las.

»Ich, äh … ich bin in Yale angenommen.« Himmel, das war wohl doch keine so gute Idee.

»Großartig.« Das war's. Ich winkte Michaels Mutter zu, damit sie wußte, daß ich es getan hatte. Sie winkte zurück, und dann verließ ich die Cafeteria.

Als der letzte Tag schließlich da war, war er wie die meisten Ereignisse, auf die man lange gewartet hat, eher enttäuschend. Ich reichte eine Geschichtsarbeit ein, machte ein paar Abschlußprüfungen, räumte mein Spind aus und verabschiedete mich von meinen Lieblingslehrern. Als ich Mr. Leighton im Lehrerzimmer aufsuchte, lehnte er sich in seinem Stuhl zurück, schloß die Augen und legte die Handfläche an die Stirn, wie eine Wahrsagerin. Er schlug ein Auge auf und sagte: »Was jetzt kommt, ist übrigens eine streng inoffizielle Vorhersage. *Streng* inoffiziell, verstehen Sie? Wir haben diese Unterhaltung nie geführt.« Dann schloß er die Augen und wiegte sich vor und zurück wie Johnny Carson, wenn dieser den verehrungswürdigen Meister spielte. »Was sehe ich? Was sehe ich da?« murmelte er. Seine Stimme dröhnte jedoch so laut, daß seine Worte, selbst leise gesprochen, in den Fluren ein Echo warfen.

»Aha!« schrie er plötzlich und schnellte nach vorn. »Ich sehe Gehirnzellen! Viele Gehirnzellen! Und was sehe ich da – nein, wie kann das sein? Ja, es ist so! Sie sterben ab! Viele Gehirnzellen, die im Lauf des langen heißen Sommers absterben! Jetzt ziehe ich mich aus dem Gehirn zurück und sehe ... Mister Salzman, und er ... amüsiert sich in Gesellschaft anderer glücklicher Teenager! Abstoßend! Ich kann es nicht mehr ertragen ...« Dann runzelte er die Stirn, als konzentrierte er sich noch mehr. »Ah, jetzt sehe ich noch weiter in die Zukunft – er studiert in der Bibliothek einer angesehenen Universität. Es ist später Abend; er legt sich wieder ins Zeug, und wir wissen alle, daß es bei ihm nicht anders zu erwarten ist. Alles ist gut. Hervorragend, hervorragend.« Er tat, als schüttelte er sich aus seiner Trance. »Viel Glück, Mister Salzman«, sagte er und schüttelte mir die Hand so heftig, daß ich es in den Fußknöcheln spürte. »Und vergessen Sie nicht, dies war eine *streng* inoffizielle Vorhersage. Ich wünsche keine Anrufe von besorgten Eltern, wenn Sie wissen, was ich meine.« Dann zwinkerte er mir zu (es war 1976, als Zwinkern noch nicht uncool war).

Genau um diese Zeit trudelten nach und nach die Immatrikulationsformulare für das College ein, darunter auch die, in denen es um die Finanzen ging. Meine Eltern mußten Kopien der Einkommenssteuererklärungen mehrerer Jahre einreichen, und erst dann ging meinem Vater allmählich auf, daß er irgendwie das Geld aufbringen mußte, mit dem das Wunder bezahlt werden sollte. Es kam ein Brief, in dem mir mitgeteilt wurde, die Beihilfestelle habe mir ein äußerst großzügiges Stipendium gewährt, doch selbst damit und sogar mit dem Geld, das ich bei meinem Restaurant-Job gespart hatte (abzüglich des Betrags, den ich für den Triumph vergeudet hatte), würde es nicht reichen, um den Rest abzudecken.

Eines Abends, kurz vor Anbruch der Dunkelheit, saß ich draußen in der toten Karosserie des Triumph und erinnerte mich daran, wie es gewesen war, ihn damals dieses eine Mal zu fahren, als mein Vater zu mir herauskam. Er sah schrecklich aus; ich merkte ihm auf der Stelle an, daß er sich wegen etwas schuldig fühlte. Ich konnte fast sehen, wie sein schwarzes Haar vor meinen Augen weiß wurde.

»Mark, ich weiß nicht, wie ich es dir sagen soll …«, begann er. Es war schrecklich für ihn.

Blitzartig erkannte ich die Möglichkeit, die sich mir in so herrlich selbstloser Verkleidung bot. »Dad«, unterbrach ich ihn, »ich denke, ich weiß, was du sagen willst, doch bevor du es tust, möchte ich dir etwas sagen. Ich habe nachgedacht. Vielleicht wäre es eine gute Idee, das College für ein Jahr zu verschieben und in der Zwischenzeit zu arbeiten, damit ich das Geld für die Uni zusammensparen kann. Ich halte es nämlich deshalb für eine gute Idee, weil ich erst sechzehn Jahre alt bin, und all die anderen Studienanfänger werden siebzehn oder achtzehn sein. Ich habe in der Schule schon genug gelitten, weil ich immer der jüngste und kleinste Junge in der Klasse war, und warum sollte ich auf dem College das gleiche durchmachen? Ich meine, so ungeheuer eilig ist es doch nicht, oder? Selbst wenn ich es um ein Jahr verschiebe, werde ich immer noch ein Jahr jünger sein als alle anderen. Dann kann ich mehr Zeit mit dem Cello verbringen und sehen, wie es geht. Was hältst du davon?«

Er seufzte. »Hast du dir tatsächlich diese Gedanken gemacht, oder sagst du es jetzt nur, damit ich mich besser fühle? Ich habe tatsächlich das Gefühl, dich im Stich gelassen zu haben.«

»Ich schwöre«, erwiderte ich, und das war die Wahrheit und nichts als die Wahrheit, aber eben nicht ganz die ganze Wahrheit, »daß ich mir überlegt habe, ob es nicht besser ist, das Studium zu verschieben, und zwar von dem Tag an, an dem die ganze Geschichte begann. Ich habe es nur nicht erwähnt, weil ich Angst hatte, du und Mom würdet an die Decke gehen.«

»Nun, es wäre mir lieber, du könntest gleich mit dem Studium

anfangen, weil ich glaube, daß dir das College gefallen wird, und das Alter würde für dich auch kein Problem darstellen, wie ich meine – das wird immer unwichtiger, wenn du älter wirst. Aber da die Dinge nun mal so liegen, nehme ich an, daß wir es so werden machen müssen. Ich bin aber sehr froh, daß du nicht enttäuscht bist.«
»Ganz ehrlich, Dad, ich könnte gar nicht glücklicher sein.«

Als das erledigt war, konnte ich endlich das tun, was ich den ganzen Tag wollte. Und wie sich herausstellte, wollte ich folgendes: Fast um zwölf Uhr mittags aufwachen, am Nachmittag zu Platten Musik machen und dann entweder mit Annette ausgehen oder abends mit Scott üben. Schon nach einem Monat war ich unruhiger und gelangweilter, als ich es mir in meinen wildesten Träumen hätte vorstellen können. Ich brauchte mehr als nur das, etwas, was mich intellektuell und spirituell herausforderte, etwas Aufregendes, was mich … vielleicht durch die Türen der Wahrnehmung in eine schöne neue Welt führte?
Mit Ausnahme von Annette und Michael waren alle in jenem Sommer ständig high. Tatsächlich kam es mir manchmal vor, als wäre seit der neunten Klasse jeder außer mir ständig high gewesen. Ich war im Werkunterricht der einzige, der sich aus Klempnerzubehör keine Wasserpfeife gebastelt hatte; ich versuchte statt dessen immer, Weihrauchbrenner oder Wurfsterne für meine Kung-Fu-Übungen herzustellen. Ich hörte die richtige Musik, hatte die richtigen Bücher gelesen (in der Mittelschule war ich Abbie Hoffmans Rat gefolgt und hatte sein Buch mit dem Titel *Stiehl dieses Buch* gestohlen), ich gehörte der richtigen Generation an (ich hatte mir Woodstock im Fernsehen live angesehen, als ich neun war, nur um von Erich ausgelacht zu werden, der noch Jahre später um mich herumtanzte und sang: *»Mark möchte ein Hippie sein, denn so ist er auf die Welt gekommen!«).*
Es lag auf der Hand, daß ich in all diesen Jahren meinem Schicksal

aus dem Weg gegangen war. Wie Scott gesagt hatte, war Reinheit eine Phase, die ich hinter mich gebracht hatte, doch wie alle Phasen mußte sie der Erforschung und dem Wachstum der Persönlichkeit weichen. Früher oder später mußte ich mich dem Schicksal stellen. Bei einer nächtlichen Garagenparty, als die Stereoanlage etwas von Aerosmith plärrte und die betrunkene Mutter eines der Jungen wie Salome tanzte, während zwei Typen ihre Titten mit Taschenlampen anstrahlten, reichte mir jemand einen Joint. Ich konnte nicht mal mehr die Joints zählen, die ich schon in der Hand gehalten hatte; ich verstand mich sogar recht gut darauf, sie zu drehen. Ich hatte an vielen Partys teilgenommen, bei denen ich in einer fremden Küche unter falschen Tiffany-Lampen gehockt und für alle anderen Joints gedreht hatte – ich hatte nur nie einen davon geraucht. Diesmal führte ich das gebogene weiße Stäbchen an die Lippen und hätte es um ein Haar gepafft, doch dann fiel mir ein, was Scott gesagt hatte: Wenn du es dir mal anders überlegst, rauch keinen Joint auf einer Party. Es wäre zu abgedreht – ruf erst mich an. Ich sah mir die Party an und sah, daß die Mutter gerade dabei war, sich aus der Bluse zu schälen, während ihr Ehemann, der zu betrunken war, um aufzustehen und sie daran zu hindern, hilflos fluchend in einem Sessel saß, der mit Isolierband zusammengehalten wurde. Ja, ich konnte mir vorstellen, daß ich unter diesen Umständen genauso reagieren würde wie der Kumpel meines Vaters bei der Air Force. *Ruf erst mich an.* Ich reichte den Joint weiter und fragte den Gastgeber, ob ich mal telefonieren dürfe.

13

Scott schloß für einen Augenblick die Augen und schien sich auf etwas zu konzentrieren, bevor er seine geschnitzte Holzpfeife anzündete.

»Wozu ist das?« fragte ich. Mein Herz schlug wie wild. Ich hatte Angst, ich könnte ein schlechtes High bekommen, und war auch nervös, man könnte uns erwischen. Diese zweite Möglichkeit war jedoch unwahrscheinlich. Wir saßen vor einem kleinen Lagerfeuer, das wir am Seeufer angezündet hatten, nur wenige Meter von der Stelle entfernt, an der ich früher mit Michael immer trainiert hatte. Hierher konnte kein Wagen fahren, und es war eine stille, mondhelle Nacht – wir hätten leicht jeden sehen oder hören können, der sich hierherbegab.

»Ich bitte den Geist des Sees darum, uns in angenehme Stimmung zu versetzen«, erwiderte Scott und grinste. »Immer wenn ich rauche, betrachte ich es als eine Unterrichtsstunde. Ich lerne etwas, wenn ich high bin, und die Natur ist der Lehrer. Wenn du gut zur Natur bist und ihr Aufmerksamkeit schenkst, wird sie auch zu dir gut sein und dir erstaunliche Dinge zeigen.«

Er zündete die Pfeife an, inhalierte tief und reichte sie dann mir. Der Augenblick der Wahrheit. Würde ich es wirklich tun? All diese Drogenfilme, die wir uns in der Grundschule hatten ansehen müssen, wurden in meinem Kopf abgespult wie ein Video im Zeitraffer. Ein Zug am Joint, und als nächstes, ehe man sich's versieht, *wumm*!, schmeißt man sich Pillen rein, drückt Heroin, schnupft Kokain, und dann verkauft man das Zeug. Und dann, *klirr*!, hört man im Gefängnis die Zellentür hinter sich zuschlagen, kommt nach fünf Jahren raus und erkennt, daß das Leben vorbei ist. Alles ist zu Ende, man wird nie mehr so sein wie vorher, und folglich nimmt man wieder Drogen und stirbt in einer schmierigen Gasse in New York City an einer Überdosis. Was wäre, wenn diese Filme recht hatten? In ihnen hörte es sich an, als würde genau das passieren, wenn man einen Joint raucht, aber kein Schulkind ist dumm genug zu glauben, daß dies jedem passiert oder auch nur den meisten. Wahrscheinlich liegt die Zahl eher bei eins pro tausend. Aber was ist, wenn ich dieser eine von tausend bin? Vorher kann man es unmöglich wissen. Was ist, wenn ich heute abend ausflippe und mich vor einen Wagen werfe, weil ich mich für Superman halte? Wie ich gehört hatte, hatte jemand genau das getan. Ich stellte mir vor, wie meine Eltern den Anruf erhielten, malte mir ihre schmerzerfüllten Gesichter aus. Es war schauerlich.

Dann inhalierte ich. Ich habe keine Ahnung, wie die Entscheidung getroffen wurde. Eben noch hatte ich mich gezwungen, mir einen imaginären Film über meine eigene Selbstzerstörung anzusehen, und im nächsten Moment paffte ich aus Leibeskräften an dieser Pfeife. Nur ein weiteres ungelöstes Rätsel der menschlichen Psyche, nehme ich an.

Ich brachte diesen ersten Lungenzug nie zu Ende, weil ich kurz danach so urplötzlich und so stark hustete, daß ich die gesamte Füllung mit Pot aus dem Pfeifenkopf und in den See pustete. Ich bekam einen Hustenanfall, der eine halbe Minute dauerte, und erkannte, daß es *genau so war wie in der ersten Szene all dieser Drogenfilme*.

Das hielt mich jedoch nicht davon ab, es erneut zu probieren, sobald ich dazu fähig war. Diesmal nahm ich nur einen vorsichtigen Zug und schaffte es, etwas von dem Rauch in mir zu behalten, bis der nächste unvermeidliche Husten einsetzte.

Nach vier oder fünf behutsamen Zügen wartete ich, doch nichts geschah. Scott hatte die Augen geschlossen und lächelte. »Spürst du den Kick schon?« fragte er.

»Nein. Ich fühle gar nichts.«

»Es kommt schon, es kommt schon, keine Angst.«

Fünf Minuten verstrichen, dann zehn, dann fünfzehn, dann eine halbe Stunde. Ich war zutiefst enttäuscht. Nachdem ich die erschöpfende Übung hinter mich gebracht hatte, mir vor Augen zu führen, wie man mich wegen Drogenmißbrauchs vor Gericht stellte, worauf mein entsetzlicher Tod in der South Bronx folgte, wollte ich jetzt meine Drogenerfahrung, bei Gott!

»Immer noch nichts?« fragte Scott immer noch grinsend, und das nun schon seit einer halben Stunde. Wurde sein Gesicht denn nicht müde?

»Nichts.« Nach fünfundvierzig Minuten hatte ich genug davon, einfach nur dazusitzen und Scott grinsen zu sehen. Ich beschloß, ihm zu sagen, daß es allmählich spät wurde und daß ich nach Hause wollte. Um es realistisch zu machen, blickte ich demonstrativ auf meine Armbanduhr. Als ich den Mund gerade geöffnet hatte, um zu sprechen, hielt ich abrupt inne; meine Uhr zeigte 21.35 Uhr. Wir waren um Punkt 21.30 angekommen. Das war nicht möglich.

Ich hielt mir die Uhr ans Ohr, doch sie tickte immer noch. Scott fing an zu lachen.

»Und so beginnt die Lektion«, sagte er. »Laß uns jetzt den Zeitsprung machen!«

Sein Gelächter erreichte mich nicht in der Gestalt von Lauten, sondern schien seiner Kehle wie eine warme, zähe Flüssigkeit zu entströmen, die mir über den ganzen Körper lief. Das Feuer erleuchtete sein Gesicht von unten, und wo seine Augen und sein Mund hätten sein sollen, sah ich nur bodenlose, schwarze Löcher. Statt mich ängstlich zu fühlen, war ich überglücklich vor Freude. Es funktionierte! Die Welt war vollständig und zutiefst anders als zuvor. Dabei fällt mir übrigens ein, daß auch ich vollständig und zutiefst anders war, als ich vorher gewesen war. Ich fühlte mich wie ein Geist; ich konnte meinen Körper spüren und war mir meiner Gedanken bewußt, doch statt der gewohnten Situation, daß ich spürte, daß »ich« diese Gedanken war, die ich im Kopf des Körpers erlebte, war »ich« jetzt etwas Unsichtbares ohne jeden Willen und ohne alle Absichten und befand mich in einer separaten Dimension, die nicht mal etwas mit meinen Gedanken zu tun hatte. Ich hörte meine Gedanken, als kämen sie aus einem Lautsprecher mitten im Kopf.

»Sieh dir die Bäume an«, sagte Scott.

Ich blickte hoch und sah, daß die Bäume in einer *vollkommenen* Sphäre um uns herum angeordnet waren, in einer makellosen Blase aus Blättern, wobei wir uns im absoluten Mittelpunkt befanden. Es war zu vollkommen, um wirklich zu sein, und dennoch *war* es wirklich; ich wußte, daß ich keine Halluzinationen hatte, weil jedes der einzelnen Blätter, jeder Ast und jeder Stamm normal aussahen. Und ich wußte, daß Scott mich nicht absichtlich an diese Stelle geführt hatte, denn *ich* hatte *ihn* dorthin geführt. Ich hatte keine Ahnung, was ich davon halten sollte.

»Wie zum Teufel ist dies passiert?« fragte ich aufrichtig schockiert. Ich hatte die Bücher von Castaneda ebenfalls gelesen, doch jedermann wußte, daß sie nichts weiter waren als gute Romane. Was ging hier vor?

»Die Natur bringt uns etwas bei«, sagte er und sah sich um. »Ich denke, die Lektion ist, daß alles ein Kreis ist, sämtliche Punkte in einem Kreis führen zu sich selbst zurück, und so ist alles mit allem verbunden. Was meinst du?«

MEIN GOTT! dachte ich, DAS IST UNGLAUBLICH! DAS IST ABSOLUT UNGLAUBLICH! ALLE DINGE STEHEN MITEINANDER IN VERBINDUNG; DAS WAR DIE BOTSCHAFT VON TAOISMUS UND ZEN, DAS WAR DIE BOTSCHAFT DER RELATIVITÄTSTHEORIE, DAS WAR DIE BOTSCHAFT DER QUANTENPHYSIK, O MEIN GOTT! DIE BÄUME ZEIGEN MIR, DASS ES WAHR IST!

All dieser asiatische Mystizismus, den ich gelesen und von dem ich mir immer eingeredet hatte, ich hätte ihn verstanden – kein Wunder, daß ich immer so enttäuscht gewesen war! Ich hatte gar nichts verstanden! DIES war Verständnis, und es war eine TOTAL andere Art von Verständnis, als ich sie je zuvor erlebt hatte.

Jedes philosophische Gedankengebäude, für das ich mich je interessiert hatte, war jetzt keine abstrakte Theorie mehr, zu der man erst langsam Vertrauen aufbauen mußte, sondern hatte sich jetzt augenblicklich in eine körperliche, sichtbare, hörbare, greifbare konkrete Tatsache verwandelt. Nein, es war nicht Philosophie, und nein, es war nicht Erleuchtung – es war Wirklichkeit! Es war DIES! Erleuchtung war nur ein Name, nur ein Wort, nur eine intellektuelle Idee, die ich entwickelt hatte. Dies war WIRKLICHKEIT, und jetzt, wo ich sie auf diese neue Art sah, wurde gleich offenkundig, weshalb Menschen, die diese Vision gehabt hatten, sie weder beschreiben noch mit Hilfe von Wörtern vermitteln konnten. Wörter waren nicht das gleiche wie Erfahrung, und ... NATÜRLICH! AUS DIESEM GRUND IST *DAS TAO, DAS SICH MIT WÖRTERN WIEDERGEBEN LÄSST, NICHT DAS EWIGE TAO!* Weil keine verbale Beschreibung davon jemanden dazu bringen könnte, so *zu fühlen!*
»Wie sieht deine Lektion aus?« fragte Scott.
»O MEIN GOTT! DU HAST RECHT! DIES IST EINE LEKTION! NATÜRLICH HAST DU RECHT! WIE BIN ICH JE AUF DEN GEDANKEN GEKOMMEN, DASS MAN AUS BÜCHERN ODER VON ANDEREN MENSCHEN ETWAS ÜBER DIE WIRKLICHKEIT LERNEN SOLL? WENN MAN ETWAS ÜBER DIE WIRKLICHKEIT ERFAHREN MÖCHTE, MUSS MAN VON DER WIRKLICHKEIT LERNEN! O MEIN GOTT, SCOTT, DIES IST DER UNGLAUBLICHSTE AUGENBLICK MEINES GANZEN LEBENS! MEIN GANZES LEBEN HAT SICH SCHON FÜR DIESEN EINZIGEN AUGENBLICK GELOHNT. ENDLICH BIN ICH DA! OH, ICH DANKE DIR, ICH DANKE DIR, DANKE!«
Scott lachte. »Bedank dich nicht bei mir, Mann. Danke deinem Lehrer. Komm, laß uns zum Wasser gehen. Wir wollen es uns ansehen.« Es war Mittsommer, und die Wassertemperatur war perfekt. Die Nachtluft hatte sich abgekühlt, so daß das Wasser

genau die gleiche Temperatur hatte. Wir zogen uns aus und tauchten hinein, und ich hatte das Gefühl, soeben in ein kosmisches Wurmloch gesprungen zu sein, das mich durch ein schwarzes Loch in ein vollkommen anderes Universum führte. Beim Schwimmen stellte ich mir sofort vor, wie es sein mußte, ein Fisch zu sein. Dann ging mir auf: ICH BIN EIN FISCH! WIR SIND ALLE FISCHE! WIR GLAUBEN ANDERS ZU SEIN, WEIL WIR UNS IN SÄUGETIERE UND DANN IN MENSCHEN VERWANDELT HABEN, ABER WIR SIND TROTZDEM NOCH MITEINANDER VERWANDT, SO WIE ICH MIT MEINEM BRUDER VERWANDT BIN!

Ich war überzeugt davon, mir nicht nur vorzustellen, wie es war, wie ein Fisch zu sein, sondern sogar eine genetisch codierte Erinnerung daran zu haben, was ich tatsächlich gefühlt hatte, als ich ein Fisch gewesen *war* – nein, Milliarden und Milliarden von Fischen, und zwar im Lauf von aber Millionen Generationen im Lauf von aber Millionen von Jahren. *Geh noch weiter zurück*, dachte ich. Ich hörte auf zu schwimmen und ließ mich treiben. Ich war jetzt ein einzelliges Lebewesen. *Noch weiter, noch weiter*. Jetzt war ich ein Stück Seetang. Billionen und Billionen von Meerpflanzen, ich war der Seetang auf der ganzen Welt. Dann wurde ich zu den organischen Molekülen, die sich zu Seetang entwickelt hatten. Dann war ich die Mineralien im Wasser, das gelöste Salz ... und dann war ich das Wasser. Ein Tropfen reinen Wassers. Ein See voll reinem Wasser. Stille, reine, klare Stille. Dann war ich –

»AAAAAAAAAAAAAAAAAAAAAAAAAAAA! KEUCH – HUST – KEUCH – WAS GEHT HIER EIGENTLICH VOR! WER? WO BIN ICH? WO ... OH ... *Oh ... oh.* Oh. Tut mir leid, Mann. Was ist eigentlich los?«

Irgendwann während der Veränderung von einem Fisch in Seetang hatte ich mich entspannt und ließ mich treiben wie ein seliger Toter. Wie Gott es mir versprochen hatte, behielt er mich freundlich im Auge. Die Zeit, die nun mal relativ ist, hatte in ihm den Eindruck erweckt, als wäre ich schon lange Zeit so getrieben, was ihn ebenfalls ein wenig in Träumereien versinken ließ, in denen er sich vorstellte, ich wäre eins der Opfer der *Titanic*. Als ihm schließlich wieder einfiel, daß ich es war und daß er für die Nacht so etwas wie mein Schutzengel in der Wirklichkeit war, dafür verantwortlich, mich aus Schwierigkeiten herauszuhalten, hielt er es für angezeigt, mir auf den Rücken zu tippen, um zu prüfen, ob noch alles in Ordnung war. Man stelle sich vor, in einem Moment ist man alles Wasser der Erde, und dann fühlt man so ein Tippen. Ein Tippen wohin? *Was ist dies?* Es war eine Überraschung für mich, überhaupt etwas zu empfinden, und so reagierte ich verständlicherweise so heftig.

»Ich habe gerade wieder eine Lektion gehabt!« prustete ich dem besten Freund zu, den ich je gehabt hatte.

»Fabelhaft, fabelhaft! Warum gehen wir dann jetzt nicht, äh, an Land, da kannst du mir alles darüber erzählen.« Ich glaube, ich habe Scotts Lektion für diesen Abend ruiniert, denn danach kam er mir ein bißchen geknickt vor.

Ich erzählte Scott die gesamte Geschichte der Evolution vom Standpunkt eines Menschen aus, der dort gewesen war. Dann erzählte ich ihm die ganze Geschichte meines Lebens und staunte über die Parallelen zwischen der Evolution in der Makro- und der Mikrowelt. Ich muß ziemlich lange geredet haben, da mir auffiel, wie Scott bibberte, und dann ging mir auf, daß unser phantastisches Lagerfeuer heruntergebrannt war und nur noch schwach glühte. Dann bemerkte ich, wie dunkel es war. Bis dahin war mir nie aufgegangen, wie dunkel Dunkelheit ist, und doch konnte ich alles sehen – wie kam es, daß ich alles sehen konnte? Die Blätter und die Bäume – he, sie waren nicht mehr in einem perfekten Kreis angeordnet. Wie zum …? Dann ging mir auf, daß es unser Lagerfeuer gewesen war. Es hatte die Blätter, die uns am nächsten waren, stärker erleuchtet und die entfernteren weniger, was es hatte aussehen lassen, als befänden wir uns in einer Blase aus Laub, obwohl wir uns tatsächlich nur in der Lichtblase befunden hatten. Ah, natürlich. Aber trotzdem, wie kommt es, daß ich jetzt alles sehe? Ah, der Mondschein. Natürlich. Ich vermutete, daß ich allmählich wieder zu mir kam.

Als ich den Mond betrachtete, fiel mir die Astronomie ein, und ich blickte über den Mond hinaus zu den Sternen. All diese Sterne, so weit weg. So weit weg! Die Entfernungen! DIE ENTFERNUNGEN! ES GEHT WIEDER LOS, O MEIN GOTT!

»SCOTT, HAST DU EINE AHNUNG, WIE LANGE DU BRAUCHEN WÜRDEST, UM ZUM NÄCHSTGELEGENEN STERN ZU KOMMEN, WENN DU EIN RAUMSCHIFF BESTEIGEN UND MIT FÜNFUNDFÜNFZIG MEILEN PRO STUNDE DURCHS WELTALL FAHREN KÖNNTEST?«

»Komm zu dir! Du brauchst nicht so zu brüllen, ich bin doch da! Wie lange würde es dauern?«

»Zweiundfünfzig Millionen Jahre!« flüsterte ich.

»Oha! Woher weißt du das?«

»Mein Vater beschäftigt sich mit Astronomie.«

»Du brauchst doch nicht zu flüstern, Mann, es ist doch alles in Ordnung.«

»Im Weltraum gibt es mehr als hundert Milliarden Milchstraßen! Denk mal darüber nach, Mann! Das ist so … das ist so, als, oha! Mann, Scott, bis jetzt habe ich das Wort ›oha‹ nie verstanden! Nie so wie jetzt!«

»O ja, Seetang *ist* oha, Mann. Das ist erst eine der ersten Lektionen.«

»Nein, nein, nicht Seetang ist oha, sondern *dies!* Weißt du, wovon ich rede? Von *dieser* Erfahrung. Von *diesem* Augenblick, Mann! Von der *Dies*heit!«

»Du hast recht! Nein, nein, *dies* ist wirklich nicht oha; es ist so, daß Seetang dich und *dies* zusammenbringt, und oha ist der Bewußtseinszustand, der sich daraus ergibt. Es ist … ich hab's, es ist der Zustand des Oha. Denn all dies ist Geist, Mann, es ist alles Geist. Wie bei den Zen-Mönchen, die sich stritten, ist es die sich bewegende Flagge, oder es ist der Wind, und der Zen-Meister trat vor und sagte: ›Ihr irrt euch beide, ihr Idioten, es ist –‹«

»Dein Geist, der sich bewegt!« sagten wir beide vollkommen unisono. Er hatte genau die gleichen Zen-Bücher gelesen wie ich! Wir waren Seelenverwandte!

»Oha!« riefen wir beide aus und lachten dann hysterisch, bis uns der Bauch weh tat.

Was mich betraf, war der Abend ein Erfolg von unendlichen Ausmaßen. Von meiner ausgiebigen Wiedergabe unvorstellbarer astronomischer Tatsachen angeregt, erzählte mir Scott von einem Buch, das er gelesen hatte, *Das Tao der Physik.* Dieses Buch, so erzählte er mir, handle von subatomaren Teilchen; unsere westlichen Wissenschaftler sähen sich erst jetzt gezwungen anzuerkennen, daß asiatische Philosophen mit ihrer Theorie über die illusionäre Natur der Wirklichkeit recht hätten, mit der Erkenntnis, daß alles miteinander verwoben sei, doch das Establishment wolle es einfach nicht zugeben. Ich konnte gar nicht abwarten, dieses Buch in die Hände zu bekommen und es meinem Vater zu zeigen. Ich erzählte Scott, wie mein Vater den »normalen« modernen, verklemmten Geisteszustand als vollkommen natürlich verteidigt habe, indem er argumentierte, daß alles, was dem Gehirn entstamme, natürlich sei. Scott war beeindruckt.

»Dein Dad ist ein cooler Typ«, sagte er und nickte respektvoll: »Damit hat er recht.« Dann reckte er einen Finger in die Luft. »Doch er hat hier etwas übersehen! Jeder Geisteszustand ist natürlich, und das bedeutet, daß der hier es auch ist, und somit kann man nicht sagen, daß dies ›schlimmer‹ sei als die verklemmte Version. Und wenn du die Freiheit der Wahl hättest, was würdest du tun, welchen würdest du wählen?«

Ja, welchen wohl? Diesen Zustand des Oha oder die Welt meines Vaters – den Zustand von Joe? Den Zustand des Oha, Mann. Das lag doch auf der Hand. Mein ganzes Leben lang hatte ich Euphorie gewollt, Intensität, ein Gefühl von Erfüllung, das Gefühl, im Leben vollständig engagiert zu sein, und endlich hatte ich all das gefunden.

»Äh … Mark?«

»Ja?«

»Bist du zufällig irgendwie auf die Lektion über den Hunger gestoßen?«

»Nein, was für eine ist das?«

»Knallköpfe nennen das Kohldampf. Das ist, wenn du essen mußt, Mann.«

»Nein, Mann, ich bin überhaupt nicht hungrig! Sag mal, möchtest du wissen, wie lange es dauern würde, mit dem Wagen zum Kugelnebel im Sternbild des Herkules zu fahren?«

»Na klar, aber vielleicht erst bei deiner nächsten Reise, ja? Ich brauche jetzt was zu essen. Bist du wieder in Ordnung? Kannst du so nach Hause?«

»Aber sicher, kein Problem.«

Scott und ich gaben uns die Hand – es war ein tiefempfundenes Händeschütteln; es wurde sehr vieles kommuniziert, ohne daß wir etwas zu sagen brauchten – und trennten uns. Es war eine tiefempfundene Trennung, wie wir uns umdrehten und uns nicht mehr umsahen, obwohl wir immer noch in Sichtweite voneinander waren. Mir war nie klar gewesen, wie ritualisiert Abschiede sind; man sollte meinen, daß Menschen immer rückwärts gehen, damit sie sich bis zum letztmöglichen Augenblick sehen, doch das tun sie nicht. Irgendwann in der Menschheitsgeschichte hatten Höhlenbewohner die bewußte Entscheidung getroffen, dem anderen beim Abschied den Rücken zuzudrehen, und dann sind sie dabei geblieben … nun, wenn sie rückwärts gegangen wären, erkannte ich, hätten sie nicht sehen können, wohin sie gehen. Sie hätten sich beispielsweise verletzen können, weil sie mit einem Mammut oder so zusammenstießen.

Ich ging nach Hause. Mit jedem Schritt kam ich dem Ort meiner Kindheit näher, zu meinen Eltern (sie hatten mich tatsächlich gemacht! Oha!), meinem Bruder und meiner Schwester. Wie sehr ich ihnen allen jetzt sagen wollte, daß ich sie jetzt nur noch um so lieber hatte! Als ich zu Hause ankam, kroch ich durchs Haus, betrachtete jedes Möbelstück, jedes Musikinstrument, jedes einzelne Bild meines Vaters und jedes Foto, als täte ich es zum erstenmal. Hier hatte alles angefangen. Ich konnte irgendeinen Gegenstand betrachten, und dann meldete sich augenblicklich eine Erinnerung, die mir blitzartig vor Augen trat. Alles war vollständig, alles hatte eine wichtige Rolle gespielt, alles war mit allem verbunden.
Ich ging in den Keller und zog mein Cello hervor. Ich fing an, darauf zu spielen, und spielte wie nie zuvor. Jede Note war vollkommen. Ich konnte nichts falsch machen! Ich brauchte weder auf das Tempo noch auf die Tonhöhe zu achten; das gehörte alles der Vergangenheit an. Dies war die Musik der Sphären.
Die Tür ging auf, und ich erstarrte. »Mark, darf ich fragen, was zum Teufel du machst?« Es war Dad.
»Ich … äh …«
»Es ist drei Uhr morgens, Mark. Macht es dir was aus, damit aufzuhören?«
»Tut mir leid, tut mir so leid …«
Ich legte mich hin und schloß die Augen. Aus irgendeinem Grund fiel mir ein Poster ein, das ein Kindheitsfreund von mir in seinem Zimmer hatte. Darauf hieß es: HEUTE IST DAS MORGEN, VOR DEM DU DICH GESTERN GEFÜRCHTET HAST. JETZT WEISST DU WARUM.
Die Worte wirbelten mir im Kopf herum und ordneten sich neu, wobei sich einige Veränderungen ergaben. Dann tauchten sie so wieder vor mir auf: HEUTE IST DAS MORGEN, DAS ICH MIR FÜR GESTERN GEWÜNSCHT HATTE. JETZT WEISS ICH

WARUM. Ich hatte wirklich GESEHEN. Und das Schönste daran war, daß ich jetzt in vollkommenem Seelenfrieden einschlafen konnte, denn ich wußte, daß ich nicht verrückt geworden war, daß man mich nicht erwischt hatte und daß ich nicht süchtig werden würde, denn ich wußte, daß ich es nie wieder würde tun müssen. Jetzt, wo ich diese Möglichkeit GESEHEN hatte und wußte, daß ich soviel VERSTAND, konnte mir das niemand mehr nehmen.

14

Am folgenden Tag wachte ich gegen ein Uhr mittags auf. Ich ging nach oben, machte mir ein paar Toasts und setzte mich ins Wohnzimmer. Ich fühlte mich irgendwie beschissen. Meine Mutter ging an mir vorbei, ohne mich eines Blickes zu würdigen. O mein Gott, konnte sie es mir ansehen? Wußte sie es? Ich ermahnte mich, nicht in Panik zu geraten, und sagte mir, daß sie sich einfach nur ärgerte, weil ich so spät aufgestanden war. Seit ich sechzehn geworden war, herrschte bei uns die Regel, daß sie an den Wochenenden erst warten mußte, bis ich von allein aufgestanden war, weil ich viel länger aufblieb als sie. Erst dann durfte sie hinuntergehen und üben.

»Wo ist Dad?« fragte ich sie. Ich hatte alle möglichen neuen Theorien über die Übersprünge des Universums im Kopf, die ich ihm präsentieren wollte. Er mußte nicht unbedingt genau wissen, woher ich die Anregungen zu diesen Theorien hatte.

»Joe ist in der Stadt, um Öl zu holen. Erst mußte er zum Müllplatz, dann muß er bei beiden Wagen einen Ölwechsel machen und schließlich den Rasen mähen.«

Durch die Spannung in der Stimme teilte sie mir zwischen den Zeilen mit, daß mein Vater den ganzen Morgen gearbeitet hatte, während ich schlief. Wenn ich meinen Arsch nicht sofort in Bewegung setzte und anfing, mich irgendwie nützlich zu machen, würde ich das ganze Wochenende in Ungnade sein. Obwohl ich erst vor wenigen Stunden aus der normalen traurigen Welt in den unvergleichlichen Zustand des Oha gewechselt war, fühlte ich mich merkwürdig mürrisch. Statt ihr Stichwort aufzugreifen und anzubieten, etwas für sie zu tun oder sie zumindest zu beruhigen, indem ich zur Abwechslung etwas klassische Musik übte, statt meine *gesamte* Zeit damit zu verbringen, in G-Dur herumzududeln, stapfte ich aus dem Haus und setzte mich in das tote Wrack des Triumph.

Moment mal, dachte ich, das ist doch lächerlich. Habe ich diesen ganzen Mist nicht hinter mir gelassen? Was ist aus dem Zustand des Oha geworden? Ich schloß die Augen und versuchte, ihn mir wieder zu vergegenwärtigen, doch es gelang mir nicht. Ich befand mich wieder in dem Zustand von Joe, wenn ich mal davon absehe, daß es ein bißchen schlimmer war als sonst, weil ich Kopfschmerzen hatte. Als ich in dem langsam vor sich hin rostenden Wagen saß und darüber staunte, wie schwer es mir fiel, mich auf irgend etwas zu konzentrieren, bog mein Vater in die Auffahrt ein. Ich war glücklich, ihn zu sehen; ich freute mich auf einen Nachmittag mit metaphysischen Diskussionen. Vielleicht würde ich dann wieder in den angemessenen Geisteszustand zurückverfallen.
Doch kaum war er aus dem VW-Bus geklettert, sah ich ihm an, daß er nicht in der Stimmung für Metaphysik war. Er haßte es, in die Stadt zu fahren, haßte es, Öl zu wechseln, und er haßte es, den Rasen zu mähen. Vielleicht sollte ich ihm anbieten, für ihn den Rasen zu mähen, dachte ich. Doch dann fiel mir ein, wie erschöpft ich war und was für Kopfschmerzen ich hatte, und entschied, doch lieber zum See hinunterzugehen.
Dort fand ich die Asche unseres Lagerfeuers vom gestrigen Abend. Es fiel mir schwer zu glauben, daß dies derselbe Ort war, der so magisch gewesen war; alles sah so enttäuschend normal aus. Ich versuchte, ins Wasser zu waten, doch die Füße waren gegenüber den scharfkantigen Sandkörnern, den schleimigen Algen und den Kronenkorken der Bierflaschen ungewöhnlich empfindlich. Und das Wasser war kalt und irgendwie schmutzig. Ich versuchte, die Spuren meiner Einsichten zurückzuverfolgen, und begann mit der Erfahrung, ein Fisch zu sein, doch statt meine genetisch codierten Erinnerungen freizusetzen, fühlte ich mich kalt und gehemmt.
Ich ging in unserer Nachbarschaft herum, doch dort störte mich alles genauso. Das Geräusch von Rasenmähern, die am Straßenrand herumliegenden, weggeworfenen Papierfetzen, die Kunst-

stoff- und Metallabfälle, das schwüle Wetter, die Mücken, die Fliegen, der Geruch des Asphalts und selbst der Bäume. Die Bäume sahen alle so … so nichtssagend aus. Warum konnten wir nicht etwas wirklich Ungewöhnliches haben wie Palmen oder Monterey-Kiefern? Warum mußte ich mein ganzes Leben ausgerechnet in *Connecticut* verbringen?
Mieser Trip. Was das wirklich bedeutet, wurde mir jetzt erst klar. Es lohnte sich alles nicht; dies war zu deprimierend. Ich schwor, mich nie wieder mit Drogen einzulassen.

Am nächsten Tag ging es mir besser, und ich kehrte zu meinem gewohnten Tagesablauf zurück, spielte nachmittags zum Stereo Cello und ging abends aus. Als die Tage vergingen, verblaßten meine Erinnerungen an »den Tag danach« allmählich, während meine Neugier auf die Oha-heit eher zunahm. Nach zwei Wochen war es genau das, woran ich überhaupt nur noch denken konnte. Ich konnte keinen Grund erkennen, weshalb es nicht möglich sein sollte, die intellektuelle Perspektive in mein normales, nüchternes Leben zu übertragen. Vielleicht konnte ich es mit Hilfe meiner überlegenen Einsichtsfähigkeit schaffen, eine Möglichkeit für diese Übertragung zu finden, wenn ich high wurde und es zum Thema meiner mentalen Forschungsreisen machte. Gute Idee! Einmal mehr konnte nicht schaden, und wie Mr. Leighton bei der Unterhaltung im Lehrerzimmer, die wir nie geführt hatten, angedeutet hatte, müssen Teenager auf ihrem Weg zum Erwachsensein fast zwangsläufig ein paar Gehirnzellen opfern – das ist ein universaler Übergangsritus seit dem Beginn der Menschheit, oder etwa nicht? Die weisen Ureinwohner Amerikas ließen ihre jungen Leute immerhin tagelang fasten, in überhitzten Saunen sitzen, an blutigen Haken hängen, die man ihnen zuvor durch die Brust gezogen hatte, oder an Mescal-Knospen kauen, damit sie die Art von Halluzinationen bekamen, die für den Übergang zum Erwachsensein als notwendig galten. Himmel, ich könnte wetten, daß diese tapferen und edlen Krieger dabei ein paar Neuronen verloren haben.

Ich sprach mit Scott darüber und fragte, ob er mir wenigstens so viel Pot geben könne, daß es für eine weitere Lektion reiche. Er tat mir den Gefallen, und so ging ich bei dem Ye Olde Head Shoppe vorbei, holte mir eine kleine Pfeife und Streichhölzer und fuhr dann direkt zum See hinaus, um die Dinge zu klären.

OHA! WIE KONNTE ICH *DIES* NUR VERGESSEN? ES IST SO EINFACH, SO OFFENKUNDIG, SO UNLEUGBAR, SO PERMANENT!

Mieser Trip. Ich werde es nie wieder tun.

Ich tat es aber doch, und dann noch ein viertes Mal, und dann kam ich zu dem Schluß, daß es so etwas sein mußte wie bei der medikamentösen Therapie gegen Depressionen; man mußte es über einen bestimmten Zeitraum regelmäßig einnehmen, bevor es tatsächlich wirkte. Kick! Mieser Trip! Kick! Mieser Trip. Kick! Mieser Trip. Im gesamten 1976er Sommer hieß es nur Kick! Mieser Trip. Dann kam der Herbst. In der ersten Woche, als Erich und Rachel zur Schule gingen, ich aber zu Hause blieb, fühlte ich mich eigenartig. Ich hatte erwartet, daß ich überglücklich sein würde, doch es kam anders. Immer wenn ich auf dem Weg in die Stadt fuhr, um mich mit Scott auf eine Pizza zu treffen, fuhr ich an der High-School vorbei und war jedesmal leicht besorgt. Wußte ich wirklich, was ich tat? Mein Bruder kam in dieser Zeit jeden Tag nach Hause und erzählte mir, daß am Ende der morgendlichen Durchsagen eine kühle, weibliche Stimme sagte: »Und Mark Salzman möchte sich bitte sofort im Büro melden. Mark Salzman.« Ah, die Bürokratie.

Am Nachmittag übte ich immer noch Jazz, dröhnte mir aber jeden Abend den Kopf zu. Von Zeit zu Zeit setzte mir die Sorge zu, ich könnte süchtig werden, doch die wurde schnell wieder durch das Argument zum Schweigen gebracht, daß ich noch froh sein würde, nicht so schnell der Angst erlegen zu sein und aufgegeben zu haben, denn ich würde schon bald die wesentlichen psychologischen Ingredienzien des Oha-Zustands erkennen und lernen, sie jederzeit zu beschwören, auch ohne Pot zu rauchen. Genau das tat ich auch *tatsächlich:* ich reservierte einen bestimmten Teil jedes Nachmittags für einen Spaziergang und versuchte, mich in diesen Seelenzustand hineinzuversetzen, jedoch ohne Erfolg. Was Vorsichtsmaßnahmen gegen das Erwischtwerden anging, gab ich mir nicht besondere Mühe. Zunächst ging ich noch mit meiner Pfeife hinten in den Garten und rauchte sie dort, doch nach einiger Zeit rauchte ich sie gleich im Keller und verbrannte nur viel Weihrauch, um es zu tarnen.

Eines Tages rief Lenny mich an und sagte, er habe einen Triumph Spitfire gekauft, der aber nach nur zwei Wochen total hin sei. Er habe jedoch eine Idee: Wir könnten das, was von seinem Wagen übrig sei, mit den guten Teilen von meinem zusammenschmeißen und daraus einen Wagen bauen, der wirklich laufe. Wir könnten ihn gemeinsam fahren; eine Woche würde er ihm gehören, in der nächsten mir. Fabelhafte Idee! Wir schleppten den Wagen zu seinem Vorgarten ab und legten gleich auf angemessene Weise los, indem wir seinen achtspurigen Kassettenrecorder ins Gras legten, mit voller Lautstärke Pink Floyd spielten und uns ein Pfeifchen mit kolumbianischem Hasch anzündeten.

Neun Tage später hatten wir zwar einen Wagen, aber auch drei Kübel mit Muttern und Schrauben übrig, die irgendwie im Wagen hätten eingebracht werden sollen. Was zum Henker! (Das war das Motto unseres Vorhabens.) Wir ließen den Wagen an und beschlossen, zu einer nahegelegenen geraden Straße zu fahren, die über ein flaches Sumpfgebiet gebaut worden war. Dort konnten wir den Wagen testen. Als wir die Straße erreichten, hielt Lenny an. »Wir wollen mal sehen, wie schnell er von null auf sechzig Meilen beschleunigt«, schlug er vor. Er ließ den Motor aufheulen, rammte den Gang rein, und in weniger als einer Sekunde wußten wir, wo wir einige der übriggebliebenen Schrauben und Muttern hätten verwenden müssen. Wir hatten vergessen, die Lenksäule (die bei einem Spitfire nur ein dünner Metallstab ist) mit dem Lenkgestänge zu verbinden, und außerdem vergessen, die Schalensitze festzuschrauben; so ließ uns die Beschleunigung beide zurückfliegen, das Lenkrad rissen wir dabei mit, und der Wagen raste direkt in den Sumpf. Zum Glück war es ein Cabrio. Als wir auf dem Rücken lagen und spürten, wie der Wagen unterging, sagte Lenny nur: »Was zum Henker?«

Ein Freund half uns, den Wagen herauszuziehen und zu ihm nach Hause abzuschleppen. Innerhalb einer Woche hatten wir ihn wieder zusammengesetzt, doch als Lenny zum erstenmal abends allein mit ihm ausfuhr, wickelte er ihn um einen Baum. Einige Tage später arbeiteten wir wieder an der Karre, als ein unauffälliger Wagen vor Lennys Haus hielt und zwei Männer in Anzügen auf uns zukamen. Ich war gerade dabei, statt der ›Eagles‹ etwas von ›The Who‹ einzulegen. Einer der Männer fragte, ob einer von uns Lenny sei.

»Ja, ich«, erwiderte Lenny.

Der Mann zog eine Marke aus der Tasche, stellte sich als Detective vor und verlas Lenny seine Rechte. Keiner der Männer sah mich an oder stellte mir eine Frage.

»Das soll wohl ein Witz sein«, sagte Lenny schließlich.

»Sie wissen, daß wir keine Witze machen«, entgegnete der Detective. Sie schoben Lenny in den Wagen und fuhren mit ihm weg, und das war das Ende unseres Restaurierungsvorhabens an dem Triumph. Ich habe nie herausgefunden, weswegen man Lenny festgenommen hatte.

Sein Problem hätte mir eine Warnung sein sollen, daß auch ich direkt auf Schwierigkeiten zusteuerte. Hier saß ich, war zwar von Yale angenommen worden, hing aber den ganzen Tag herum und machte mich high, lauschte Bands wie ›Ten Years After‹ und pfuschte am beschissenen, britischen Sportwagen herum. Ich achtete jedoch nicht auf die warnenden Anzeichen. Ich lebte in dem Eindruck, als Jazz-Cellist jeden Tag dramatische Fortschritte zu machen, doch in Wahrheit spielte ich immer noch die gleichen drei Songs mit Scott. Außerdem spielten wir jeweils nur selten länger als eine Stunde, bevor wir uns unserer wirklich wichtigen Arbeit zuwandten, nämlich dem Haschrauchen, bei dem uns alles in höchstes Erstaunen versetzte.

Irgendwann löste ich das Problem der miesen Trips, indem ich ständig high war. Ich aß, trank, unterhielt mich, schlief, trieb mich mit Annette herum, spielte Cello, räumte Tische ab, spülte Geschirr und blickte durchs Teleskop, genau wie ich es in meinem früheren Leben getan hatte; nur jetzt schienen alle meine Erlebnisse Bestandteil eines ungeheuren, tief erlebten, rätselhaften, jedoch leicht verschwommenen Abenteuers zu sein.

Was das Sparen fürs College anging, legte ich nicht sonderlich viel auf die hohe Kante. Irgendwann hatte ich von den Sri-Chinmoy-Leuten die Nase voll; sie lächelten zwar immer, doch das lag vermutlich daran, daß sie mir erheblich weniger als den Mindestlohn zahlten. Ich kündigte den Job und ließ mich von der Ehefrau eines reichen Managers anheuern, für die ich direkt auf die Innenwände ihres Hauses chinesische Landschaften malen sollte. Sie hatten zwei französische Austausch-Studentinnen bei sich, doch ich bekam ihre Gesichter niemals zu sehen, weil sie den ganzen Tag oben in ihrem Zimmer verbrachten und dem Beatles-Song »Michelle« lauschten und den französischen Text mitsangen.

Als ich mit dem Job fertig war, bekam ich einen Scheck über fünfhundert Dollar. Ich ging mit ihm zur Bank, um ihn zu Bargeld zu machen, damit ich mir wieder einen Wagen kaufen konnte – diesmal sollte es einer sein, der wirklich lief –, doch der Scheck platzte. Ich war außer mir vor Wut. Als ich von der Bank aus die Familie anrief, nahm niemand ab. Als er sah, daß es ein Problem gab, kam der Filialleiter der Bank herüber, sah, wer den Scheck ausgestellt hatte, und sagte: »O ja, ich habe noch heute morgen

mit ihnen gesprochen. Sie sind gerade in die Karibik abgereist.« Er gab die Auszahlung frei und schob mir das Geld hin, aber erst, nachdem er mich »Miss« genannt hatte (ältere Männer liebten es, dieses Spielchen »Ich habe Sie für ein Mädchen gehalten« mit mir zu spielen, als ich noch langes Haar trug). Dann runzelte er die Stirn und hielt mir einen Vortrag über Ungeduld. Ich, der ich vollkommen pleite war, bekam einen faulen Scheck für einen Monat Arbeit, und das von ein paar Millionären, die gerade in die Sonne fuhren, um sich am Strand zu aalen, und *mir* hält man einen Vortrag über Ungeduld. So sieht das Leben eines Teenagers aus.
An jenem Nachmittag ging ich los, um mir den Wagen zu kaufen, den ich mir ausgesucht hatte. Diesmal war es ein Triumph TR 4, und der Mann, der ihn verkaufte, schwor, daß er großartig laufe. »Verbraucht ein wenig Öl«, sagte er, »aber es ist nichts Besorgniserregendes.« Diesmal fuhr mein Vater in dem Volkswagen hinter mir her, um sicherzugehen, daß ich auch nach Hause kam. Nach der halben Strecke begann Rauch unter der Motorhaube hervorzuquellen. Wir hielten am Rand des Merritt Parkway, um uns schnell zu beraten.
»Es ist mir egal, was du mit dieser Karre machst, Mark, aber wir sollten jetzt lieber schnell von der Autobahn verschwinden«, sagte Dad; der Wagen hatte noch keine Kennzeichen, und mein Vater hatte keine Lust, eine Strafe zu zahlen oder festgenommen zu werden.
Ich setzte mich wieder in den Wagen, doch er wollte nicht anspringen. Mein Vater steckte den Kopf aus dem Fenster und sagte: »Leg den Gang ein. Laß uns jetzt schnell von hier verschwinden.« Ich tat es, und er fuhr mir an die hintere Stoßstange und schob den Wagen an, bis die verdammte Karre ansprang.
Es war die längste halbstündige Autofahrt meines Lebens. Aus der Motorhaube quoll so dicker Rauch, daß ich dachte, die verdammte Karre könnte jeden Augenblick Feuer fangen. Als wir damit endlich zu Hause waren, stellte ich den Motor ab, doch der

Qualm hörte nicht auf; der Motor *stand* in Flammen! Als ich sie gelöscht hatte, war der Motor ruiniert.
Ich rief den Mann an, der mir den Wagen verkauft hatte. Er sagte, er wisse nichts davon; es sei der Wagen seines Sohnes, und dieser sei bei der Marine. Und außerdem, wenn ich den Motor ruiniert hätte, sei das mein Problem. Und so endete mein zweiter Wagen genau wie der erste – im Unkraut am Ende der Auffahrt.

Später in jenem Jahr tauchte Lenny wieder auf und rief an. Er sagte, er versuche einen Trip nach New York City zu organisieren, um mit ein paar Kumpels Laserium zu sehen, die Musik- und Licht-Show im Gebäude des alten Hayden-Planetariums. Er habe jetzt einen anderen Wagen, einen kleinen viertürigen Datsun, den er gerade für diese Reise hingetrimmt habe. Ich war sofort dabei; ich hatte am nächsten Tag nichts, wofür ich früh hätte aufstehen müssen.
Als der Wagen in unserer Straße ankam, fiel mir als erstes die Musik auf; Lenny hatte seinen Kassettenrecorder eingebaut, und ich hörte Dark Side of the Moon in voller Lautstärke. Als er in unsere Auffahrt einbog, fiel mir als nächstes auf, daß ich im Wagen weder ihn noch sonst jemanden sehen konnte; es sah aus, als wären die Scheiben mit matter weißer Farbe besprüht worden. Als der Wagen anhielt, ging die Tür auf der Fahrerseite auf, Lenny sprang heraus, und Qualmwolken waberten heraus. »Spring rein!« rief er und grinste wie die Katze in Lewis Carrolls *Alice im Wunderland*.
Ich nahm auf dem Beifahrersitz Platz und schnupperte. Es war natürlich Stoff. Er hatte eine riesige Wasserpfeife ins Handschuhfach gestopft und unterm Dach vier Schläuche angebracht, so daß der Fahrer und jeder Mitfahrer ein Mundstück für sich hatte. Ich drehte mich um und fuchtelte mit der Hand herum, um den Rauch ein wenig zu teilen, damit ich mir die Passagiere auf dem Rücksitz ansehen konnte. Dort saßen Scott und Michael.

Es überraschte mich sehr, Michael hier zu sehen, und er schien auch überrascht, mich zu entdecken. Wir sagten kein Wort zueinander. Es lag eine gewisse Spannung in der Luft, als Lenny sagte, wir sollten die Wasserpfeife in Gang halten, denn weder Michael noch ich wollten derjenige sein, der sich von dem anderen beim Haschrauchen erwischen ließ. Schließlich zuckte Michael die Achseln, sog an der Pfeife, und damit war der Bann gebrochen.

Irgendwann sollte jemand mal untersuchen, ob die Laserium-Show je von einem nüchternen Menschen besucht worden ist. Ich hatte jedenfalls nicht den Eindruck, als ich die Laute und den Geruch des Publikums bemerkte, mit dem ich sie sah. Als die Show halb vorbei war, fing ein Typ an zu brüllen: »ICH SEHE GOTT! ICH SEHE IHN! DA IST ER! DA IST ER!« Er mußte von zwei Platzanweiserinnen hinausgeführt werden. Um ehrlich zu sein, beeindruckte mich die Show nicht sonderlich. Ein paar kleine Lichtpunkte, die zu lahmen Songs wie »Dreamweaver« im Kreis herumfuhren – das hatten Scott und ich schon hundertmal mit Taschenlampen in seinem Zimmer gemacht, und außerdem hatten wir bessere Musik dazu gehört. Wir waren alle vier enttäuscht. Wir schlenderten zum Wagen zurück und gingen auf eine Kleinigkeit in einen Coffee Shop, bevor wir die lange Rückfahrt nach Connecticut antraten. Michael und ich hatten noch immer kein Wort miteinander gesprochen.

Voller Doughnuts und Kaffee gingen wir zurück, um unseren Wagen zu suchen, doch nachdem wir eine halbe Stunde lang auf den Straßen herumgewandert waren, ging uns auf, daß sich keiner von uns gemerkt hatte, wo wir ihn geparkt hatten. Wir hatten keine Ahnung, wo er stand. Es dauerte nicht lange, da wußten wir auch nicht mehr, wo die Laserium-Show stattgefunden hatte. Wir marschierten lange Zeit in der Gegend herum. Michael klagte, er müsse mal aufs Klo. Nach fruchtloser Suche nach einem öffentlichen Klo machte er den Reißverschluß seiner Hose vor einem Hydranten auf und strullte los. Es war das längste Pissen, das ich je gehört hatte. Ich war überzeugt davon, daß die New Yorker Polizei uns schnappen würde.

Als wir den Wagen endlich gefunden hatten, hatte die Wirkung des Stoffs längst nachgelassen, und wir waren in einer schrecklichen Stimmung. Doch sobald wir die Autobahn erreicht hatten, zündeten wir das Pfeifchen an, und fühlten uns gleich schon viel besser, als der Wagen plötzlich langsamer wurde und schließlich stehenblieb.

»Verdammte Scheiße«, sagte Lenny. »Ich habe heute morgen vergessen zu tanken.«

Wir befanden uns auf einem dunklen Streckenabschnitt der Interstate 95, kurz vor Rye, New York.

»Wir werden schieben müssen«, sagte Michael, obwohl wir noch mindestens dreißig Meilen von zu Hause weg waren.

»O Mann, ist das eine Scheiße«, sagte Lenny immer wieder.

Scott schob an der Beifahrertür, während Michael und ich uns mit der Schulter gegen die Kofferraumklappe stemmten und uns für den langen Trip ins Zeug legten. Es war zum Glück ein leichter Wagen. Drei von uns schoben, und wir mußten uns auf einem leicht abschüssigen Abschnitt befunden haben, denn in Null Komma nichts bewegten wir uns.

»Schieb stärker, du Zuckerbübchen!« brüllte Michael mich an und fing an zu lachen. »Du schiebst ja gar nicht!«

»Wovon redest du da? Du bist derjenige, der nicht schiebt! Ich sehe, wie du den Kopf auf den Kofferraum legst und dich ausruhst!«

»Ausruhen, ach du dickes Ei! Ich muß doch ausgleichen, da du keine Kraft mehr in den Beinen hast! Sieh dich doch mal an! Du bist ja jetzt schon außer Atem!«

»Und du atmest überhaupt nicht mehr!«

Endlich sprachen wir wieder miteinander. So sehr ich auch nach Hause und ins Bett kommen wollte, war ich doch froh, daß wir wieder Freunde waren.

»Seht mal da! Eine Ausfahrt!« rief Scott. Wir schoben den Wagen in die Ausfahrt und sprangen dann alle aufs Dach, als er langsam schneller wurde und auf die Zufahrtsstraße zurollte. Dort wartete eine Exxon-Tankstelle auf uns, die vierundzwanzig Stunden geöffnet war. Der Wagen rollte unaufhaltsam direkt bis an die Zapfsäule.

Wir füllten den Tank, doch als es ans Zahlen gehen sollte, fummelten wir alle in unseren Taschen herum und bemerkten, daß keiner von uns auch nur einen Cent bei sich hatte. Unser ganzes Geld war für diese dämliche Laser-Show und Doughnuts draufgegangen.

»Das ist vielleicht eine Scheiße«, sagte Lenny immer wieder.

»Und was machen wir jetzt?« fragte Scott.

Michael lächelte und sagte: »Nur keine Aufregung, macht euch keine Sorgen. Ich bin schon mal in so einer Situation gewesen und kann euch sagen, daß wir heute abend wirklich Glück haben, denn wir haben in unserer Mitte den Richtigen, der uns aus dem Schlamassel heraushilft. Gentlemen«, sagte er und zeigte mit einer arabisch wirkenden, ausholenden Handbewegung auf mich, »darf ich vorstellen, Barabbas, der christliche Dieb.«

»Wie soll ich uns denn aus der Klemme befreien?« fragte ich verdutzt.

»Erinnerst du dich noch an das Drive-in-Kino? Du gehst jetzt da rein und probierst es mit deinem Zauber. Gestehe und befreie uns alle!«

Ich ging in das Häuschen, in der ein unglücklicher Typ, etwa Ende Dreißig, vor Kälte zitterte und auf einen tragbaren Schwarzweißfernseher starrte. Es war vier Uhr morgens.

»Ihr Jungs solltet lieber Geld bei euch haben«, sagte er.

»Äh ... hören Sie mal, was passiert ist. Wir sind nach New York gefahren, um uns das Laserium anzusehen, haben dann vergessen, wo wir den Wagen abgestellt hatten, und es ist die schlimmste Nacht unseres Lebens gewesen. Kann ich in ein paar Stunden

wiederkommen und Ihnen das Geld geben, wenn ich Ihnen meinen Führerschein dalasse?«
Er blinzelte erst mich und dann den Wagen an. »Haben Sie Laserium gesagt?« fragte er.
»Ja. Haben Sie es gesehen?«
»Ja. Habt ihr Stoff bei euch?«
Ich zögerte.
»Wenn ihr mir ein paar Joints gebt, übernehme ich das Benzin.«
Als ich zum Wagen zurückging, sahen mich die Jungs erwartungsvoll an. Ich lächelte nur, stieg ein und sagte: »Alles erledigt. Laßt uns fahren.«
Michael klopfte mir freundschaftlich auf den Rücken. »Was habe ich euch Jungs gesagt?« brüllte er. »Wir sind schließlich nicht umsonst die Judo-Jitsi-Brüder gewesen.«

Ich war froh, Michael an jenem Abend wiedergesehen zu haben, brachte es danach aber nicht über mich, ihn anzurufen, und er rief mich auch nicht an. So wohl war mir bei seinem Anblick nun auch wieder nicht. Er, der einst so rein gewesen war, doch jetzt Hasch rauchte und in Manhattan Hydranten anpinkelte. Ich bin mir sicher, daß er über mich ähnlich dachte. Wir erneuerten unsere Freundschaft also nicht.
Nicht lange nach dem Besuch der Laserium-Show unterlief mir eine wahrhaft eklatante Fehleinschätzung – ich beging die Art von Fehler, die nur jemand machen kann und irgendwann macht, der sich den ganzen Tag mit Stoff zudröhnt –, und das war die Entscheidung, im Haus meiner Eltern meinen eigenen Stoff anzubauen. Ich fing mit einem Dutzend Setzlingen an, die ich in meinem Zimmer in einem Eierkarton aufs Fensterbrett stellte, doch dann dachte ich, daß Mom oder Dad sich früher oder später fragen werden, was das für Pflanzen sind. Da mein Vater gern Grünpflanzen im Haus hatte, die überall herumstanden, kam ich zu dem Schluß, daß ich am besten einen Setzling in jeden seiner

Töpfe setzen sollte. Wenn die Pflanzen so verteilt waren, würden sie sich kaum von den anderen unterscheiden und von niemandem bemerkt werden. Das würde mir auch die Mühe ersparen, dauernd ans Gießen zu denken. Angesichts meiner permanenten Staatsbürgerschaft im Staat des Kicks war es eine wirkliche Herausforderung, immer an alles zu denken. Die Pflanzen wurden etwa fünfzehn Zentimeter hoch, als mein Bruder Erich eines Abends nach dem Essen, aber noch vor dem Nachtisch, mit dem Jugendlexikon an den Tisch trat, und zwar mit dem Band »M« unter dem Arm. Er knallte das Buch auf den Tisch und schlug unter »Marihuana« auf. Er zeigte mit unschuldiger Miene auf das große Foto eines typischen Cannabis-Blatts und sagte: »Ist das nicht merkwürdig? Dieses Bild sieht genauso aus wie die kleinen Pflanzen, die seit einiger Zeit in vielen von Dads Töpfen auftauchen.«
Meine Mutter war in der Küche und damit außer Hörweite. Dad betrachtete das Foto, stand dann still auf und untersuchte seine kleinen Blumentöpfe. Ich saß vor Entsetzen wie gelähmt am Eßzimmertisch. Es war mir ehrlich nie in den Sinn gekommen, daß er oder irgendwelche der Eltern von Moms dreißig Musikschülern, die jede Woche eine halbe Stunde neben den Pflanzen saßen, sie erkennen könnten. Als es jetzt passiert war, hatte ich das Gefühl, als implodierte mir die ganze Seele. Ich fühlte mich *wirklich, wirklich dämlich.*
Mein Vater sprach kein Wort. Ein Teil seiner Selbstbeherrschung entsprang wohl der Tatsache, daß meine Mutter am nächsten Tag ein wichtiges Konzert geben mußte, und er nicht wollte, daß sie vor dem Konzert davon erfuhr. Er kam wieder zurück an den Tisch und sah mich auf eine Weise an, die zu sagen erkennen ließ: »Du bist nicht der Mensch, für den ich dich gehalten habe. Ich bin mir nicht mal sicher, ob ich dich überhaupt kenne. Ich weiß nur eins: daß diese Pflanzen *auf der Stelle* aus meinem Haus zu verschwinden haben.«
Die Botschaft war bei mir angekommen. Ich stand auf und zog

die Pflanzen nacheinander heraus und warf sie draußen im Wald weg. Ich traute mich erst nach Anbruch der Dunkelheit wieder ins Haus, und selbst dann schlich ich mich schnell in mein Zimmer hinunter, ohne mit jemandem zu sprechen.

Am nächsten Tag mußten mein Vater und ich das Spinett gemeinsam zum Konzertsaal bringen. Es war ein schwerer und recht anspruchsvoller Job und erforderte eine Menge Teamwork; ich arbeitete sonst gern mit ihm zusammen, doch diesmal war es die Hölle. Mir war übel, und ich hatte stechende Kopfschmerzen, erstens von der Anspannung und zweitens, weil ich die ganze Nacht nicht geschlafen hatte. Keiner von uns sprach ein Wort.

Wir lieferten das Spinett ab, und meine Mutter gab ihr Konzert. Dad saß nicht mit im Saal. Er blieb draußen, und ich hatte nicht die Absicht, hinauszugehen und ihn zu suchen. Nach dem Konzert bauten wir das Spinett wieder auseinander und trugen es zum Wagen. Sein Gesicht war aschgrau, und er sah mir kein einziges Mal in die Augen. Während des Nachhausewegs sagte mein Vater das einzige, was er je über *den* Zwischenfall sagen würde: »Ich hoffe, du ruinierst dir nicht dein Leben.« Etwas an der Art, wie er die Worte »dein Leben« aussprach, ließ mich denken, daß er nicht nur mein Leben in dieser Woche oder in diesem Monat meinte – nein, er meinte mein ganzes Leben, für immer, bis in alle Ewigkeit, bis ich starb. Bis ich in dieser schmierigen Gasse in New York City starb, genau wie es in dem Drogenfilm hieß, den ich in der Grundschule gesehen hatte.

Als wir nach Hause kamen, ging ich in den Wald hinterm Haus und übergab mich. Das war der Moment, in dem ich das Interesse daran verlor, Hasch zu rauchen.

15

Zwei Tage nach *dem* Zwischenfall schlich ich mich in den Wald, in dem ich die kleinen Marihuana-Setzlinge fortgeworfen hatte, und versuchte sie einzusammeln, nur für den Fall, daß man sie noch rauchen konnte. Mir war hundeelend zumute, als ich im Gestrüpp herumkrabbelte, und da ging mir auf, wie bejammernswert ich aussehen mußte. Das war der Augenblick, in dem ich meinen Tiefpunkt erreichte. Genau wie der Polizeibeamte, der uns in der sechsten Klasse besucht hatte, uns gewarnt hatte, nachdem wir alle seine Pistole hatten berühren dürfen. Ich war auf die schiefe Bahn geraten – zunächst kaum merklich, doch schon damit hatte ich das Räderwerk der Selbstzerstörung natürlich in Bewegung gesetzt. Ich hatte den berüchtigten Weg in den Abgrund so sicher angetreten, als hätte ich das Rathaus in Brand gesteckt, bei Woolworth einen Stein durchs Schaufenster geschmissen oder dem Sheriff Lumpen ins Auspuffrohr gesteckt. Ich war ein Böser Junge geworden. Ich hatte nicht nur die Beziehung zu meinen Eltern für immer ruiniert, sondern auch ein halbes Jahr mit der Verherrlichung banaler Einsichten vertan, indem ich immer wieder die gleichen gestohlenen Elektrobaß-Riffs gespielt hatte, ohne auch nur etwas von den Grundbegriffen echter Improvisation zu lernen. Ich konnte nicht mal mehr saubere Noten spielen. Nach all den Möglichkeiten, die mir geboten worden waren – was hatte ich daraus gemacht? Wo stand ich jetzt? Auf allen vieren suchte ich im Wald nach ein paar schlaffen Pflanzen, die Halluzinationen erzeugten. Ich schämte mich und war überzeugt davon, daß mein Vater sich nicht noch mehr um mich sorgen mußte; ich hatte mein Leben längst schon ruiniert.

Ich blickte zur Auffahrt hinüber und sah die leblose Karosse des TR 4. Ich konnte nicht mal einen Wagen kaufen, der sich von der Stelle bewegte! Da überkam mich ein Gefühl von Wut, das so

stark war, daß ich auf den dämlichen Triumph losstürmte, einen Ziegelstein aufhob, und bevor ich wieder zu mir kam, hatte ich das Auto total demoliert. Als meine Arme zu müde waren, um den Ziegelstein noch einmal aufzuheben, attackierte ich ihn mit einer Reihe von Halbkreisfußtritten im Sprung gegen Türen und Kotflügel. Ich entdeckte, daß ich trotz Michaels gegenteiliger Behauptung immer noch genug Kraft in den Beinen hatte, um Metall ordentlich zu verbeulen. Meine Mutter war im Haus, als ich diesen kleinen Tobsuchtsanfall bekam, und muß alles mit angehört haben, doch als ich nach etwa einer Stunde wieder ins Haus trat, sagte sie kein Wort. Sie haßte den Triumph ebenfalls, so daß sie vielleicht spürte, daß ich auf dem richtigen Weg war.
Als Dad von der Arbeit nach Hause kam und den Wagen sah, hatte er jedoch einiges dazu zu sagen. Er funkelte mich quer über den Tisch an und sagte: »Ich dachte, du hättest gearbeitet, um Geld zu sparen, damit du dieses Jahr aufs College gehen kannst. Was ist daraus geworden, he?«
Ich wußte, daß dies keine der Fragen war, auf die er eine Antwort erwartete.
»Ich werde dir sagen, was passiert ist. Du hast ein paar Gelegenheitsarbeiten gemacht, und dann bist du losgegangen und hast das Geld für zwei schick aussehende Schrotthaufen vergeudet, von denen dir jeder, der auch nur eine Andeutung von Grips hat, dir vorher hätte sagen können, daß sie nicht fahren. Du hättest dir mühelos einen zuverlässigen Wagen kaufen können, aber nein, du mußtest was Besonderes sein. Du wolltest nicht in irgendeinem gewöhnlichen Wagen herumfahren wie jeder andere Junge. Nein, du bist so schlau und talentiert, daß es unbedingt ein schnittiges Cabrio sein mußte, damit alle, die dich kennen, sofort sehen, daß du anders bist als die Masse. Und dann, wenn die Wagen nicht fahren, machst du ein mürrisches Gesicht, schiebst sie ein paar Meter ans Ende der Auffahrt und läßt sie auf meinem Rasen verrosten. Jetzt hast du beschlossen, einen davon zu zer-

stören. Das nenne ich fabelhaft, Mark; das ist so clever, daß ich gar nicht weiß, was ich sagen soll.«

Am beängstigendsten an dieser Ansprache war nicht, daß er zornig war; das hatte ich mindestens erwartet. Wirklich furchterregend war sein Sarkasmus. Er hatte noch nie bittere, sarkastische Bemerkungen über eins von uns Kindern gemacht. Das war für ihn völlig untypisch.

»Und jetzt«, fuhr Dad fort, »habe ich einen verbeulten, verrosteten Wagen im Garten, in der Auffahrt liegen überall Glasscherben herum, und die Motorhaube liegt zehn Meter weiter in einem Abflußgraben, wie ich feststelle. Besten Dank für deine Bemühungen als Gartenarchitekt. Jetzt möchte ich nur eins wissen: Was wird passieren, wenn du am Ende dieses Jahres nicht genug Geld hast, um nach Yale zu gehen? Möchtest du noch ein Jahr damit zubringen, hier auf dem Arsch zu sitzen und diesen … diesen *Scheiß* zu spielen? Ich hoffe doch sehr, daß es nicht so ist, denn deine Mutter und ich haben es gründlich satt, immer wieder die gleichen, sich ewig wiederholenden Twiddly-Diddly-Dwee-Dee-Dwee-Dee-Dwees anhören und über dich hinwegsteigen zu müssen, wenn du bis mittags schläfst, und dann jeden Abend mit dem Gefühl ins Bett gehen zu müssen, ob du mit dem Auto vielleicht einen Unfall gebaut hast. Jetzt reicht es endgültig. Ich habe eine Neuigkeit für dich, Kumpel. Du kriegst einen Job, und zwar schon morgen. Eine Kollegin von mir hat einen Mann, der Rechtsanwalt ist, und in seinem Bürohaus brauchen sie jemanden in der Poststelle. Morgen früh wirst du dir als erstes die Haare schneiden lassen; dann fährst du mit Moms Wagen nach Greenwich und findest dich um drei Uhr zu einem Gespräch bei diesem Anwalt ein. Hier ist die Adresse.« Er reichte mir einen Zettel, stand auf und ging ins Wohnzimmer, um sich die Nachrichten anzusehen.

Es war schrecklich, am Tisch zu sitzen und sich all das anhören zu müssen, doch ich war vom Zertrümmern des Autos noch zu müde, um den Entrüsteten zu spielen. Und außerdem war ich

seiner Meinung. Am nächsten Morgen begab ich mich direkt zum erstbesten Friseur, den ich finden konnte; es war das erste Mal seit rund vier Jahren, daß ich mir die Haare schneiden ließ, und das erste Mal, daß ich mir selbst einen Friseur suchen durfte. Der alte Typ warf einen Blick auf mein Haar, das mir praktisch bis zum Gürtel reichte, und fing an zu lachen. »Kann ich Ihnen helfen, Miss?« fragte er und lächelte unangenehm.
»Ich muß mich in etwa vier Stunden in einem Anwaltsbüro vorstellen. Ich brauche einen Haarschnitt.«
Sein Gesicht hellte sich beträchtlich auf. »Sie müssen sich heute bei einem Anwalt vorstellen? Oh, das wird mir aber Spaß machen. Setzen Sie sich, wohin sie wollen, mein Sohn.«
Als ich zehn Minuten später aufstand und in den Spiegel blickte, fiel ich fast in Ohnmacht: Ich sah aus wie ein Zwölfjähriger. Andererseits würde mich niemand mehr »Miss« nennen.
Ich fuhr nach Greenwich und fand die Adresse. Es war ein historisches, aber verfallenes, vierstöckiges Gebäude mit einem Fahrstuhl, der von einem fröhlichen alten Hausmeister aus der Schweiz gefahren wurde. Er zeigte mir, wohin ich gehen mußte. Ich traf den Anwalt, Mr. Shaw, und zu meiner größten Erleichterung war er freundlich und locker. Er erwähnte, was für ein netter Mann mein Vater sei und mit welcher Achtung seine Frau immer von seiner Arbeit spreche. Die Leute sprachen immer mit Achtung von der Arbeit meines Vaters, und anscheinend wußte keiner von ihnen, wie sehr er den Job haßte. Der Anwalt sagte mir, wie sehr er sich für mich freue, daß ich zu so einer großartigen Hochschule gehen werde, wie viele gute Dinge er und seine Frau schon über mich gehört hätten, und was für ein Vergnügen es sein werde, wenn ich für neun Monate oder so für seine Firma arbeiten könne. Vielleicht könne ich sogar jeden Sommer wiederkommen? Ich erkannte, daß er noch nichts davon gehört hatte, daß meine wahre Identität ein Haufen Scheiße war. Irgendwann während des Gesprächs neigte er den Kopf zur Seite und sagte: »Nur

eins noch: Ich glaube gehört zu haben, daß Sie richtig langes Haar haben. Ich hatte schon erwartet, daß Ihnen das Haar in etwa bis zu den Füßen reicht.«
»Ich habe es heute morgen vor diesem Gespräch schneiden lassen.«
Sein Gesicht hellte sich auf, und er mußte sich Mühe geben, um nicht laut loszulachen. »Sie machen Scherze! Das hätten Sie aber nicht tun müssen, um Himmels willen! Sie werden sowieso den größten Teil des Tages unten im Postraum verbringen; Sie müssen die kleinen alten Damen mit blauen Haaren und Pudeln nicht so beeindrucken, wie ich es muß! Hat Ihr Dad Sie gezwungen, das zu tun?«
»Ja.«
»Was für ein Mann, dieser Joe!« Er erlaubte sich ein Glucksen.
Ja. Was für ein Mann.

Ich fing am nächsten Tag an. Dad weckte mich um sechs, wir frühstückten etwas, dann begann die Fahrt bei grimmiger Kälte nach Süden in Richtung Greenwich. Es war genau eine Stunde in jeder Richtung, und Volkswagen-Busse sind wegen ihrer Heizung noch sie sehr gelobt worden.
Zum Glück war es eine angenehme Fahrt durch einige der schönsten Landschaften in Connecticut und dem Staat New York. An diesem ersten Morgen fuhren wir an einem kristallklaren Trinkwasserreservoir vorbei, in dem sich das orangefarbene Glühen am Morgenhimmel im Osten spiegelte. Direkt in der Mitte des Sees wurde die spiegelnde Fläche von einer einzelnen Ente gestört, die durch das Wasser paddelte, und die Kräuselung, die sie hinter sich ließ, schuf ein surrealistisches Muster aus orangefarbenen und blauen Streifen. Dad hielt den Wagen am Straßenrand an, um ein paar Fotos zu schießen. So bekam er die Ideen für seine Bilder, indem er nämlich versuchte, nicht an seine Arbeit zu denken, wenn er beim Fahren die Landschaft im Auge behielt. Wenn er

etwas sah, was er später benutzen wollte, hielt er an, sprang aus dem Wagen und machte ein Foto.

Obwohl ich mich davor gefürchtet hatte, nach *dem* Zwischenfall mit meinem Vater zum erstenmal eine stumme Autofahrt zur Arbeit zu erleben, und wegen des neuen Jobs einige Ängste hatte, genoß ich es sogar, so früh am Morgen auf den Beinen zu sein. Ich hatte einen klaren Kopf und wurde jetzt wenigstens nicht bei etwas Schlimmem erwischt. Als mein Vater mich am Ziel absetzte, sagte er »Viel Glück«. Zumindest sprach er wieder mit mir.

Ein zweiter Junge und ich sollten die beiden pensionierten Polizeibeamten ersetzen, die sich zehn Jahre um die Post gekümmert hatten. Die beiden Ex-Cops waren ein perfektes Gespann; der eine war korrekt, der andere ein Witzbold. Als ich den ersten Polizisten kennenlernte, fiel mir auf, daß er eine schreckliche Wunde auf der Stirn hatte. Sie sah scheußlich aus, als wäre es entweder eine tiefe, schlecht verheilte schwarze Wunde oder vielleicht eine Metallplatte unter der Haut. Dann sah ich den zweiten, und der hatte eine identische Wunde auf der Stirn! Vielleicht waren sie beide beim selben Einsatz angeschossen worden und arbeiteten deshalb noch zusammen, dachte ich. Vielleicht hatten sie sich auch in der Rehabilitationsklinik kennengelernt und sich angefreundet. Doch an meinem zweiten Tag bemerkte ich zu meiner Überraschung, daß beide Wunden plötzlich verheilt waren. Ich fragte jemanden danach, und man sagte mir: »Es sind Iren, du Dummkopf! Gestern war Aschermittwoch. Hast du noch nie einen Katholiken gesehen? Das war Asche, die sie sich auf die Stirn gerieben haben.«

Der zweite Junge, der mit mir angefangen hatte, Marty Schiff, war umwerfend komisch. Er beherrschte sämtliche Monty-Python-Sketche, sogar mit dem richtigen Akzent; er erzählte großartige Witze und konnte unglaublich lustige Gesichter schneiden. Er gefiel mir sofort, doch am zweiten Tag fiel mir schon auf, daß er ständig zerstreut wirkte und ich immer wieder

Mühe hatte, seine kleinen Fehler zu vertuschen. Am dritten Tag ließ er die Postkiste der Firma im Postamt weit offen stehen; ich bekam von dort einen besorgten Anruf. Sie hatten die Kiste zwar gleich verschlossen, wußten aber nicht, wie lange sie offengestanden hatte. Ich rannte so schnell ich konnte die Straße hinunter, um mich der Sache anzunehmen. Der Postbeamte, der das Problem entdeckt hatte, war keineswegs amüsiert und nahm an, daß ich die Kiste offengelassen hatte.

»Du lieber Himmel, jeder hätte einfach hineingreifen und die lebenslänglichen Ersparnisse irgendeiner alten Dame in anonymen Wertpapieren herausziehen können! Sind Sie durchgedreht oder was? Sie haben Glück, daß ich heute gute Laune habe«, warnte er mich, »denn sonst sind Sie sofort Ihren Job los. Wie heißen Sie?«

Ich sagte es ihm. »Nun ja, ich werde Sie im Auge behalten, Mister Salzman.« Mein Gott, nicht schon wieder. Ich hatte genug davon, in Schwierigkeiten zu stecken.

Ich steckte den Hieb ein, ohne aufzujaulen, ging aber aufrichtig wütend wieder an die Arbeit. Als ich meinem Kollegen erzählte, was passiert war, fing er an zu lachen.

»Es liegt wahrscheinlich daran, daß ich mir Trips reinschmeiße!« verkündete er mit aufgerissenen und blutunterlaufenen Augen, und dann bekam er einen weiteren Kicheranfall.

»Was schmeißt du dir rein?« fragte ich.

»Das beste LSD, von dem du je gehört hast!« Willst du eine Portion?«

Wie schnell sich das Blatt gewendet hatte! Gottverdammter Drogensüchtiger, dachte ich. Jedenfalls nicht in *meinem* Postraum, wehe dir. Doch was sollte ich tun? Ich wollte mit meinem Vater darüber sprechen, doch angesichts dessen, wie ich noch vor kurzem dagestanden hatte, hielt ich das nicht für eine gute Idee. Ich schleppte das Problem das ganze Wochenende mit mir herum. Am Montag kam der Bursche eine Stunde zu spät, und als er irgendwo ein Dokument abliefern sollte, kreuzte er nicht auf und verschwand für den Rest des Vormittags. Ich bekam dafür von der Leiterin des Büros einen Anpfiff, einer einsamen Frau, die jeden Tag betrunken vom Lunch zurückkam und es nicht lassen konnte, mich »Marx« zu nennen.

Es war eine scheußliche Situation. Niemand petzt gern, aber ich war nicht dazu bereit, hinter diesem Typ herzulaufen und darauf gefaßt zu sein, immer wieder die Prügel einzustecken. Ich wollte der Büroleiterin jedoch nichts sagen, weil ich mir nicht sicher war, daß sie im Kopf ganz richtig tickte; außerdem konnte sie uns beide nicht auseinanderhalten. Die Chancen standen fünfzig zu fünfzig, daß ich derjenige sein würde, den sie feuerte. Ich nahm das Risiko auf mich und ging zu Mr. Shaw hinauf, dem Anwalt, der mich eingestellt hatte. Ich sagte zwar nicht, daß mein Kollege ein LSD-Freak war, und erzählte ihm auch nicht von der offenen Postkiste, erwähnte jedoch die kleineren Fehler und sagte, ich machte mir Sorgen wegen Martys Konzentrationsfähigkeit. Ich erklärte, daß es mir sehr unangenehm sei, in diese Lage gekommen zu sein, daß ich diesen Job aber verzweifelt brauchte, aber keine Lust hätte, für die Fehler eines anderen geradestehen zu müssen und gefeuert zu werden.

Mr. Shaw nickte und sagte: »Uns ist schon bewußt, daß Marty, wie soll ich sagen, manchmal unpäßlich ist. Jemand hat ihn gestern unten in der Registratur gefunden, wo er eine recht angeregte Unterhaltung mit einem Spinnengewebe führte. Sie müssen wissen, daß man sehr behutsam mit solchen Dingen umgehen muß, sobald man jemanden eingestellt hat. Man sollte manche Dinge im Zweifelsfall zu seinen Gunsten auslegen. Vielleicht ist er einfach nur kreativ. Es tut mir leid, daß Sie sich deswegen haben Sorgen machen müssen, aber wir sollten Geduld haben. Wenn er sich einarbeitet und bald alles beherrscht, was er tun soll, in Ordnung, aber wenn nicht, werde ich mich darum kümmern und nicht Sie. Sie leisten gute Arbeit, und ich verspreche Ihnen, daß kein Mensch Ihnen die Schuld an etwas gibt, was Sie nicht getan haben. Ebenso wollen wir mit Marty verfahren – keine voreiligen Schlußfolgerungen.«

Wie erleichtert ich war und wie beeindruckt, wie er die Sache behandelt hatte. Das war wirklich ein dufter Typ. Von da an machte ich mir keine Sorgen mehr, und es dauerte nicht lange, da erkannte ich, daß ich meinen einfachen Job mit all seinen Aufgaben beherrschte. Zu meiner Überraschung entdeckte ich nicht nur, daß mir die Arbeit gut von der Hand ging, sondern daß sie mir auch Spaß machte. Ich liebte sie sogar. Als erstes ging ich morgens zum Postamt hinunter, machte das Postfach der Firma auf, füllte meinen Jutesack mit der gesamten Post und achtete darauf, selbstbewußt dem Postbeamten zuzuwinken, der mich im Auge hatte.

Als ich wieder in der Firma war, sortierte ich die gesamte Korrespondenz in ein Regal, das vom Fußboden bis zur Decke reichte, ordnete alles in einem Kasten für die eingehende Post und machte meine ersten Runden. Ich fing im vierten Stock an und arbeitete mich dann hinunter. Jeder Anwalt hatte mindestens eine Sekretärin, und meist hatte ich nur mit ihnen Kontakt. Ich übergab jeder von ihnen einen kleinen Stapel Post und nahm das mit, was sie in ihren Ausgangskörben hatten. Es gefiel mir, wenn sie eilige Aufträge hatten und etwas sofort per Kurier überbracht haben wollten, weil es die Routine unterbrach. Ich betrachtete es als Herausforderung, so schnell wie möglich zu meinem Bestimmungsort zu laufen, daß niemand merkte, daß ich überhaupt weg gewesen war.

Ich mochte es auch, mir jede Routineaufgabe so einzuteilen und festzustellen, ob es nicht möglich war, ein paar Sekunden dabei einzusparen. Warum nicht? Manche Leute mögen es für dumm halten, eine solche Routinearbeit so schnell zu erledigen, weil man dann sofort die nächste erhält, doch ich fand schon nach wenigen Tagen heraus, daß die Zeit viel schneller vergeht, wenn man sich sehr auf etwas konzentriert. Was mich betraf, konnte ich nur sagen, gebt mir alle Routinearbeiten, die ihr habt. In dieser Entdeckung lag eine gewisse Ironie; jahrelang hatte ich mir allerlei exotische Übungen mentaler und körperlicher Art auferlegt, um letztlich selbst die niedrigsten Arbeiten mit einem wachen Geist zu erledigen, und hatte dabei versagt. Jetzt war ich für einen Postraum in Greenwich verantwortlich, und es gelang mir ohne jede philosophische Anleitung. Das gestand ich meinem Vater gegenüber jedoch nicht ein.

Nach kurzer Zeit hatte ich das Gefühl, als wären die meisten Sekretärinnen im Haus meine älteren Schwestern oder Tanten, und es machte mir Spaß, bei jeder ein paar Minuten am Schreibtisch zu verweilen, mir die neuesten Nachrichten anzuhören und das unterschätzte Vergnügen des Small talks zu entdecken. Ein beliebtes Gesprächsthema bei ihnen waren Spekulationen darüber, ob die Polizei den Serienmörder »Son of Sam« bald schnappen würde oder nicht sowie Klagen über die Anwälte. Wenn ich an Tagen, an denen wenig zu tun war, etwas Zeit hatte, brachte ich ihnen gern kleine Überraschungen hinauf; manchmal ging ich zur Eisdiele in unserer Straße, deren Besitzer dann einen Karton mit dreißig kleinen Eisschälchen fertig machte, ohne mir etwas dafür zu berechnen. Immerhin machte er gute Geschäfte mit diesen Sekretärinnen. Dann rannte ich zurück, um die Becher bei allen abzuliefern, bevor das Eis schmolz.

Eins hatte ich mir nie denken können, wenn ich mich selbst in einem Job vorstellte: Wie erträglich Plackerei sein kann, wenn man sie mit anderen teilt. Die meisten der Menschen, mit denen ich zu tun hatte – Sekretärinnen, Registratoren, Hausmeister in Bürogebäuden, Gerichtshäusern, Rathäusern und Polizeiwachen sowie die Leute, die in den Restaurants, Bars und Lieferfirmen arbeiteten und für Nachschub sorgten –, waren überraschend fröhlich. Schon nach wenigen Wochen blickte ich auf mein Leben als Schüler der Alternativen Realität zurück, der vierundzwanzig

Stunden am Tag im Dienst war, auf die Zeit, als ich mir dauernd ein Mundspray in den Mund sprühte, mir Augentropfen verpaßte und nach Platten von Weather Report mein Cello malträtierte. Ich fragte mich, wie ich das je für die richtige Lebensform hatte halten können.

Marty schaffte es jedoch leider nie herauszubekommen, worauf es bei diesem Job ankam. Als ich an einem Montag morgen aufkreuzte, machte mich die Büroleiterin mit Ed bekannt, meinem neuen Kollegen, den ich »ab sofort« einweisen sollte. »Ed, dies ist Marx.«

Ed war ein übergewichtiger älterer Mann, und der Diabetes raubte ihm allmählich das Augenlicht. Er war permanent schlechter Laune, hatte permanent einen schlechten Atem, und es gefiel ihm nicht, von einem Jungen eingewiesen zu werden. Vor allem paßte es ihm nicht, von einem Jungen angelernt zu werden, dem die Herausforderung niederer Arbeiten Spaß machte; was die Arbeit generell anging, hatten wir überhaupt diametral entgegengesetzte Philosophien. Er lehnte sich gern bequem in seinem quietschenden Stuhl zurück und kratzte sich seine riesigen Eier, die immer zu sehen waren, da er billige, enganliegende Twillhosen trug und beim Sitzen die Beine so weit wie möglich spreizte. Dann sagte er etwa: »Mark, eines Tages wirst du es herausfinden. Du wirst das Geheimnis des Lebens herausfinden und wissen, was es damit auf sich hat, für Leute wie die hier zu arbeiten. Du bist ein netter Junge, aber noch reichlich naiv. Du hast ein frisches Gesicht, bist aber ein naiver Junge. Willst du wissen, worin das Geheimnis besteht? Ich werde dir viel Zeit ersparen und es dir sagen.« Dann beugte er sich vor, kam mit dem Gesicht ganz dicht an meins heran und flüsterte: »Gib ihnen einen Tritt in den Arsch!« Dann reckte er den Mittelfinger, um seine Verachtung für all die hochnäsigen, reichen Parasiten da oben in Anzügen und weißen Hemden zu zeigen. Das war das Geheimnis.

Ed war zwar faul, warf sich aber wenigstens keine LSD-Trips ein und konnte manchmal recht angenehm sein. Langsam war er allerdings auch, dem Himmel sei's geklagt. Ich glaube, daß er bei Routinearbeiten die Zeit prüfte, um herauszufinden, ob es eine Möglichkeit gab, hier und da noch ein paar Sekunden *zuzulegen*. Wenn ihn jemand bat, schnell etwas auszuliefern, zuckte er zusammen und sagte: »Wissen Sie, ich hasse es wirklich, wenn Sie da oben so tun, als hätten wir hier unten keine Arbeit. Sie gehen einfach davon aus, daß wir auf Kommando hochspringen und loslegen. Warum ist das nicht mit der regulären Post gekommen? Dazu ist die nämlich da, müssen Sie wissen. Sie schieben diese Dinge immer bis zur letzten Minute auf, und dann erwarten Sie, daß wir hier unten im Schützengraben losrennen wie brave Karnickel und sie für Sie erledigen.« Die meisten Sekretärinnen wollten keinen Streit mit ihm, und so besänftigten sie ihn mit Selbstvorwürfen und versprachen, sich künftig Mühe zu geben, ihm rechtzeitig Bescheid zu sagen. Natürlich war es nie die Schuld der Sekretärinnen, wenn es mal brandeilig war, vielmehr hatte ihnen ein Anwalt den Umschlag erst Minuten zuvor in die Hand gedrückt. Meist war es auch sicher nicht die Schuld des Anwalts; vermutlich hatte er nur wenige Minuten davor einen Anruf von irgendeinem besorgten Klienten erhalten. Niemand war schuld; es war der Job. Immerhin war es ein Anwaltsbüro, und Anwälte beschäftigen sich nun mal mit Krisen.

Wenn die Sekretärin gegangen war, warf er den Umschlag auf den Tisch, zwinkerte mir zu und sagte: »Tritt sie in den Arsch!« Und wenn ich es nicht mehr ertragen konnte, ging ich los und erledigte den Auftrag für ihn. Dann lachte er nur und sagte: »Verstehst du, Mark? Es gibt immer irgendeinen grünen Jungen, der das Geheimnis nicht kennt und für dich herumrennt. Du wirst es eines Tages noch herausfinden, du Milchgesicht!«

Ed ärgerte sich zwar manchmal über mich, hatte mich aber insgesamt doch gern und entwickelte eine Art von väterlichem Interesse für mein Liebesleben. Als er herausfand, daß ich schon

seit einem Jahr ein und dieselbe Freundin hatte, hielt er das für albern. »Wenn man siebzehn ist, geht man nicht nur mit einem Mädchen aus, Mark. Du mußt das ganze Feld abgrasen.« Es störte ihn überhaupt nicht, daß er selbst seit dem Zweiten Weltkrieg mit keiner Frau mehr verabredet gewesen war. Als er hörte, daß ich noch Jungfrau war, fiel er fast vom Stuhl.
»Himmel!« rief er und brüllte vor Lachen, »siebzehn Jahre alt, und das heute, in diesem Zeitalter, und noch immer nicht mit einer Frau mit Bett gewesen? Du heiliger Strohsack, Mark! Wenn ich in deinem Alter gewußt hätte, was ich heute weiß, wäre ich jeden Abend mit einem anderen Mädchen ins Bett gegangen! Ich hätte jedes Mädchen haben können, das ich wollte!« Er schnippte mit den Fingern, um seinen Worten Nachdruck zu verleihen.
Ed erklärte nie genau, was er damals nicht gewußt hatte, heute jedoch angeblich wußte: »Du brauchst nur eins dazu: Du mußt wissen, was du sagen sollst und wann du es sagst. Das ist alles, Milchgesicht.« Er kaufte mir sogar ein Päckchen Präservative für meine Brieftasche, für den Fall, daß ich eines Tages Glück hatte.

Da ich ganztägig arbeitete, wurde mir klar, daß ich disziplinierter üben mußte, wenn ich mit der Musik weitermachen wollte. Ich sprach mit meiner Mutter darüber. Sie war entzückt, daß ich sie um Rat fragte, und meinte, ich brauchte ein konkretes Ziel, auf das ich zusteuern könne. Sie sagte, es werde in einem Monat einen Musikwettbewerb für junge Leute geben; wenn ich es mal probieren wolle, müsse ich einen bestimmten Satz von Bach einüben sowie ein Stück eigener Wahl. Da ich seit fast vier Jahren keinen richtigen Cello-Unterricht mehr gehabt habe und es nicht fair wäre, kurz vor dem Wettbewerb mit einem neuen Lehrer anzufangen, werde sie ihr Bestes tun, mich zu unterrichten. Ich würde allerdings abends üben müssen – jeden Abend.
Ich beschloß, es zu versuchen. Am nächsten Tag sagte mir mein Vater bei der Fahrt in die Stadt, ich täte gut daran, den Wettbe-

werb ernst zu nehmen. Mom sei mit allen Preisrichtern bekannt, so daß in gewisser Weise ihr Ruf auf dem Spiel stehe. Sie sei diejenige, die als meine Sponsorin die Teilnahme beantrage und erklären müsse, daß sie mich für qualifiziert halte und die Zeit der Preisrichter nicht vergeude.

Der Ruf meiner Mutter! Da weiß man, was Druck ist. Ich beschloß, mein selbstgewähltes Stück bis zum Wettbewerb vor jedem geheimzuhalten, um es erst dann als Überraschung zu präsentieren. Ich fing an, jeden Abend zu üben, doch das genügte immer noch nicht, so daß ich mir angewöhnte, um fünf Uhr morgens aufzustehen, um vor dem Frühstück leise Tonleitern zu üben. Das genügte jedoch *immer* noch nicht, und so nahm ich mein Cello jeden Tag mit zur Arbeit. Ich bewahrte es unten in der Registratur im Keller auf, und statt in der Mittagspause wegzugehen, nahm ich ein Sandwich mit hinunter und übte.

Meine Mutter versuchte, mir mit dem Stück von Bach zu helfen, doch ich muß gestehen, daß ich nicht mal annähernd genügend Zeit darauf verwandte; in Wahrheit konzentrierte ich mich auf mein selbstgewähltes Stück. Sie versuchte, mich mehrmals zu warnen, daß ich es bedauern würde, den Bach-Satz nicht in besserer Form zu präsentieren, doch ich hörte nicht auf sie oder konnte es nicht. »Ich hoffe nur, du vergißt nicht, daß dies ein Wettbewerb in *klassischer* Musik ist«, sagte sie, als ich darauf bestand, mein selbstgewähltes Stück geheimzuhalten. Oh, das sei schon klassisch, versicherte ich ihr.

Irgendwie schaffte ich es bis ins Finale. An dem bewußten Sonntag nachmittag mußten wir Finalisten sowohl unser Pflicht- *als auch* unser selbstgewähltes Stück auf einem Podium vor den Preisrichtern spielen, und der Konzertsaal war für die Allgemeinheit geöffnet. Annette und sogar meine Laserium-Kumpel, mit Ausnahme von Michael, waren erschienen, um mich anzufeuern. Ich trat aufs Podium und spielte das Bach-Stück ... schlecht. Dann verließ ich das Podium, riß mir Jacke und Hemd herunter,

zog dafür Annettes Nehrudelic-Outfit an, nahm mein Cello mit auf die Bühne und legte es mir quer über den Schoß. Ich konnte sehen, wie meine Mutter die Augen schloß.
Ich hatte ein Morgen-Raga vorbereitet, ein *klassisches* indisches Musikstück. Jedenfalls kann ich sagen, daß ich es besser spielte als den Satz von Bach. Als ich geendet hatte, fingen alle meine Freunde an zu rufen »Zugabe!« und »Eßt einen Pfirsich für Duane Allman!« und hielten ihre Feuerzeuge in die Luft, als säßen sie in einem Rock-Konzert.
Wundersamerweise belegte ich den zweiten Platz. Der Sieger war ein Junge, dessen Augen mir kaum bis zum Gürtel reichten. Es war so etwas wie eine Enttäuschung, neben diesem Kleinkind zu stehen, als das Kerlchen die größere Trophäe erhielt, doch er hatte den Preis verdient; dieser Junge war wirklich gut. Am Abend waren meine Eltern ausnahmsweise mal froh über etwas, was ich getan hatte, und das war für mich eine riesige Erleichterung.
Einige Tage später gab mir meine Mutter einen Umschlag. »Das sind die Anmerkungen der Preisrichter«, sagte sie. »Ich sehe sie mir immer an, weil man darin meist mindestens einen hilfreichen, kritischen Kommentar findet.« Ich hatte eigentlich keine Lust, eine Kritik zu lesen, doch die Neugier behielt die Oberhand. Es gab fünf Preisrichter, von denen nur einer Cellist war. Die vier Nichtcellisten hatten alle etwas Höfliches über das Bach-Stück zu sagen, doch es war offensichtlich das Raga, das sie überzeugt hatte; tatsächlich hatten sie mir dafür derart hohe Noten gegeben, daß ich eigentlich den ersten Preis hätte erhalten müssen statt den zweiten. Als ich jedoch die Bemerkung des Cellisten las, wurde ich rot vor Scham.
»Das zweite Stück war kein Cello-Spiel«, hatte er hingekritzelt, »so daß ich mich dazu nicht äußern kann. Der Bach war eine Scheußlichkeit. Schreckliche Technik der linken Hand, Bogenbeherrschung so gut wie nicht vorhanden. Möglicherweise musikalisch, aber wie soll man das bei dieser katastrophalen Technik

beurteilen? Kratziger Ton, Quietscher, weiche Töne et cetera!« In jeder Kategorie hatte er mir die denkbar niedrigste Note gegeben, mit Ausnahme für »Originalität«. In diesem Punkt war er ziemlich großzügig.

Ich zeigte das Blatt meiner Mutter, und sie erstarrte. Zunächst wußte ich nicht, was los war, doch dann ging mir auf, daß sie wütend war. »Wer ist dieser Kerl?« wetterte sie, und ihre Hände zitterten vor Wut. Sie riß mir das Blatt aus der Hand und sah seinen Namen an.

»William Turner ...«, las sie laut. »Ich werde herausfinden, wer er ist, ihm einen Brief schreiben und ihm genau sagen, was ich davon halte! Kein Mensch hat das Recht, so gemeine Dinge über dich zu sagen! Niemand!« Tränen des Zorns füllten ihre Augen; ich glaube nicht, sie je so böse gesehen zu haben. Ich mußte sie fast mit Gewalt festhalten, damit sie nicht sofort zu dem Kerl ins Haus fuhr und ihn zu einem Zweikampf herausforderte. Auf eine verrückte Weise ergab ihr Verhalten jedoch einen Sinn; sie war so viele Monate lang von mir maßlos enttäuscht gewesen und hatte sich solche Mühe gegeben, sich während dieser Zeit zu beherrschen, doch jetzt, wo ich wieder etwas getan hatte, worauf sie stolz sein konnte, wollte sie nicht zulassen, daß irgendein Pedant es ruinierte.

Ich schaffte es, meine Mutter davon zu überzeugen, daß meine Gefühle weder verletzt waren noch die Rezension des Mannes mich vernichtet hatte; im Gegenteil, beim Lesen seiner Anmerkungen hatte ich wieder etwas Vertrautes empfunden. Es war das gleiche Gefühl, das ich gehabt hatte, als Sensei O'Keefe mich anschrie, das Gefühl, endlich einen wahren Meister gefunden zu haben. Wenn dieser Kerl mein Spiel für so schlecht hält, dachte ich, ist er vielleicht der Lehrer, den ich brauche. Ich rief ihn am nächsten Tag an und verabredete eine Zeit für eine Unterrichtsstunde.

Als ich zu meiner ersten Stunde erschien, führte mich Mr. Turner in ein Musikzimmer, setzte sich in einen schwarzen Ledersessel und sagte: »Na schön, ich bin mir nicht sicher, ob ich mich an Ihr Spiel erinnere. Spielen Sie, was immer Sie wollen.« Er sah aus wie der Strafverteidiger Alan Dershowitz und hatte seit meiner Ankunft nicht einmal gelächelt.

Das einzige europäische Musikstück, das ich kannte, war der Satz von Bach, und so fing ich damit an. Nach fünf Takten zuckte er zusammen; er tat jedoch nicht so – er litt tatsächlich Schmerzen. »In Ordnung, in Ordnung«, sagte er und gebot mir aufzuhören. »Jetzt erinnere ich mich. Sie brauchen nicht weiterzumachen.«

Mr. Turner saß einen Augenblick lang still da, als wüßte er nicht genau, wo er anfangen sollte. »Ich muß Ihnen sagen, daß ich Ihr Cello-Spiel für das schlimmste halte, das ich je bei einem Wettbewerb gehört habe«, sagte er. Er schien abzuwarten, ob ich vielleicht wütend werden und gehen würde. Als ich mit keiner Wimper zuckte, stand er auf, nahm sein Cello und sagte: »Hören Sie eine Minute lang zu und beobachten Sie mich genau.«

Er warf einen Blick auf meine Noten, runzelte die Stirn und warf die Blätter dann auf den Fußboden, als wären sie schmutzige Unterwäsche. »Als erstes wünsche ich, daß Sie diese Edition verbrennen, wenn Sie wieder zu Hause sind«, sagte er. Dann schloß er die Augen und spielte das Stück auswendig.

Er war fabelhaft; ich hatte aus der Nähe kein solches Cello-Spiel mehr gehört, seit ich mit sieben Jahren das Parisot-Konzert gehört hatte. Sein Körper war vollkommen entspannt, als bereitete es ihm keinerlei Mühe, so zu spielen.

Als er geendet hatte, sah Mr. Turner mich an und sagte: »Bei wem studieren Sie jetzt?«

»Bei niemandem. Ich habe mit dreizehn zum letztenmal Unterricht gehabt.«

»Oh! Kein Wunder!« rief er aus. »Warum haben Sie das nicht gesagt? Na schön, dann sind Sie vielleicht doch nicht der

schlimmste Cellist, den ich je gehört habe! Aber warten Sie mal – wer hat Sie für den Wettbewerb gesponsert?«
Ich erzählte ihm die ganze Geschichte, daß ich es gemacht hatte, damit meine Eltern nicht denken sollten, ich hätte mein Leben ruiniert.
»Ah, ja, verstehe. Na schön. Vielleicht ist es am Ende doch nicht so schlimm. Wenn Sie bei jemandem Unterricht genommen hätten, wäre das eine schlechte Neuigkeit gewesen, denn dann dürften Sie jetzt nicht all diese technischen Probleme haben. Vielleicht können wir sie lösen; jetzt besteht Hoffnung. Aber was wollen Sie eigentlich damit erreichen? Was ist Ihr Ziel?«
Darüber hatte ich noch gar nicht viel nachgedacht. Der Jazz fing schon an, mich zu langweilen; was wollte ich tun? Es war eine dieser seltsamen Situationen, in denen man sich verpflichtet fühlt, im Bruchteil einer Sekunde mit einem Lebensplan aufzuwarten, und so tat ich mein Bestes: »Ich werde im Herbst nach Yale gehen und möchte mein Examen in Musik machen. Am Ende würde ich gern Konzerte geben.«
»Doch nicht als Cellist?« sagte er und machte ein zweifelndes Gesicht.
»Doch. Wenn ich von jetzt an hart arbeite, könnte ich bis dahin in Form sein?«
Er schüttelte den Kopf, lächelte aber schließlich. »Sie wissen, wer in Yale unterrichtet, nicht wahr? Aldo Parisot! Ich möchte vollkommen aufrichtig zu Ihnen sein. Wenn er Sie jetzt spielen hörte, würde er Sie auf Schadensersatz und Schmerzensgeld verklagen. Ich weiß wirklich nicht, ob Sie in diesem Punkt realistisch sind … Ich meine, es ist doch nicht schlecht, ein guter Amateur zu sein.«
Amateur! Wie ich dieses Wort haßte! »Was ist, wenn ich *wirklich, wirklich* hart arbeite?« fragte ich.
»Mm …«
»Ich meine, *wirklich* hart«, wiederholte ich und gestikulierte dabei unabsichtlich so, wie Mr. Rowland es immer getan hatte.

Mr. Turner zuckte die Schultern. »Sie werden es versuchen müssen, nehme ich an. Aber hören Sie: Wenn es nicht klappt, möchte ich nicht, daß Sie sagen, ich hätte Sie dazu verleitet oder so. Ich will offen zu Ihnen sein. Jeder einzelne mir bekannte Cellist, der vorhat, am College in Cello abzuschließen, um eine Karriere als Solist anzustreben, ist Ihnen in Begriffen der Technik mehrere lange Jahre voraus. Ich will nicht gerade sagen, daß es unmöglich ist, aber Sie sollten wissen, daß es höchst ungewöhnlich wäre, wenn Sie es schafften.« Er machte eine Pause. »*Höchst* ungewöhnlich. Nur damit Sie Bescheid wissen.«

Wenn ich ein wirklicher Pessimist gewesen wäre wie mein Vater, hätte ich mir den wohlmeinenden Rat des Mannes zu Herzen genommen. Doch da ich ein synthetischer Pessimist bin, reagierte ich genau umgekehrt. Seine düstere Prognose erfüllte mich mit so viel Energie, daß ich während der Unterrichtsstunden kaum stillsitzen konnte; die Vorstellung, daß es meine Ehre wiederherstellen, meine Sünden wegwaschen und mich zu einem wirklichen Helden machen würde, wenn ich bewies, daß er unrecht hatte, und es wider alles Erwarten schaffte, gab mir das Gefühl, so belebt zu sein, wie ich mich seit dem Empfang des Weißen Gürtels von Sensei O'Keefe nicht mehr gefühlt hatte. Kung-Fu war jedoch albern gewesen; dies war eine ernste Aufgabe, und diesmal wollte ich kämpfen, um mich von einem wirklichen Sturz wieder aufzurappeln. Diesmal ging es bergauf. Ich stand zwar mit dem Rücken zur Wand, die Würfel waren gefallen, und es stand eine Menge auf dem Spiel, aber ich wußte auch, daß nicht nur mein guter Ruf, sondern sogar mein ganzes Leben davon abhingen. Ich machte mich noch am selben Abend an die Arbeit.

16

Meine Befürchtungen, *der* Zwischenfall könnte die Beziehung zu meinen Eltern für immer ruiniert haben, erwiesen sich als übertrieben. Kaum hatte ich angefangen, morgens wieder früh aufzustehen, atmete mein Vater erleichtert auf, und solange ich jeden Abend Bach übte, schien meine Mutter überzeugt davon zu sein, daß ich es schaffen würde. Nach zehn Wochen in meinem Job hatte ich mehr als tausend Dollar gespart, und diesmal ging das Geld direkt auf die Bank. Für Autos würde ich es nicht mehr verplempern, beschloß ich. Mein Vater hatte meiner Mutter gerade einen gebrauchten Karman Ghia gekauft, so daß ich Annette jetzt in etwas Sportlicherem als einem Bus abholen konnte, und ich spürte nicht mehr das gleiche Bedürfnis, einen eigenen Wagen zu haben.

Während meiner elften Woche in der Anwaltsfirma machte ich meine kluge, geldsparende Entscheidung zunichte, indem ich den Karman Ghia zu Schrott fuhr. Ich war eines Abends gleich nach dem Essen zu Annette unterwegs, hatte an einer mir vertrauten Kreuzung grünes Licht, hielt mich an die Geschwindigkeitsbeschränkung, hatte mit dem Blinker angezeigt, daß ich nach links abbiegen wollte, und mir seit zwei Monaten nichts zuschulden kommen lassen, doch es herrschte Dämmerung, und aus irgendeinem Grund sah ich nicht den großen amerikanischen Wagen, der aus der Gegenrichtung kam. Wir stießen frontal zusammen, und der Karman Ghia bekam bei weitem das meiste ab. Ich hatte keinen Sicherheitsgurt angelegt und krachte mit dem Gesicht direkt in die Windschutzscheibe, die nicht aus Verbundglas bestand. Ich kam jedoch mit glimpflichen Verletzungen davon, weil ich einen albernen Hut trug, den ich aus einem Stück Leder gemacht hatte, das Scott mir geschenkt hatte. Angeregt durch etwas, was ich auf einem Poster für den Film *Shaft* gesehen hatte, hatte ich ihn selbst entworfen und von Hand zusammengenäht.

Er sah aus der Ferne ganz in Ordnung aus, doch es gelang mir nie, ihn auf dem Kopf zu behalten; ich hatte es versäumt, ein elastisches Hutband oder einen steifen Rahmen anzubringen, so daß ich ihn mir nur auf den Kopf drücken und dort liegenlassen konnte wie ein mit Bohnen gefülltes Säckchen, aus dem die meisten Bohnen allerdings verschwunden waren. Im Freien konnte ich den Hut also nicht tragen, weil er mir schon beim normalen Gehen oder beim leisesten Windhauch vom Kopf rutschte, und so ließ ich ihn im Wagen und setzte ihn nur beim Fahren auf. Als unsere Wagen zusammenstießen, rutschte er mir ins Gesicht und wirkte als Schutzschild, so daß ich nur eine kleine Beule an der Stirn abbekam. Zum Glück hatte sich der andere Fahrer gar nicht verletzt, und als er mich heil und unbeschädigt aus dem Wrack aussteigen sah, war er zu erleichtert, um auch nur wütend zu werden. Ich hatte großes Glück gehabt.

Ich stieg aus und betrachtete, was einmal unser sportlicher Volkswagen gewesen war. »Mein Vater wird wirklich wütend sein, wenn er das erfährt«, sagte ich zu dem Mann immer wieder und versuchte, mit den Händen das Metall zurechtzubiegen. Dafür mußte ich einen Grund gehabt haben, der mir damals plausibel erschienen war. Als ein Polizist einen Bericht schrieb, fuhr mein Naturkundelehrer aus der achten Klasse vorbei, hielt an, weil er wissen wollte, ob jemand Erste Hilfe brauchte (er unterrichtete jedes Jahr darin, hatte seine Kenntnisse jedoch nie im richtigen Leben verwenden können). Er erbot sich, mich nach Hause zu fahren. »Mein Dad wird wirklich wütend sein, wenn er das erfährt«, wiederholte ich auch jetzt immer wieder, doch der Naturkundelehrer beharrte darauf, daß meine Eltern sich freuen würden, mich noch am Leben zu sehen.

Der Karman Ghia wurde abgeschleppt, der Polizist gab mir einen Strafzettel, und dann war es Zeit, nach Hause zu fahren. Nachdem er mich beruhigt und mir versichert hatte, daß mein Dad mich vermutlich nicht umbringen würde, setzte mein früherer Lehrer mich ab, und ich trat den langen Weg auf der Auffahrt an. Als ich ins Haus kam, sagte meine Mutter: »Mark, du bist ja ganz blaß! Ist alles in Ordnung?«

»Ich habe den Wagen zu Schrott gefahren. Es wurde jedoch niemand verletzt. Ich will aber dafür bezahlen – ich habe mehr als tausend Dollar auf der Bank.«

»Bist du sicher, daß dir nichts passiert ist? Niemand verletzt?« fragte Dad.

»Ich bin in Ordnung. Es ist nur der Wagen.«

Dad schloß die Augen und atmete auf. Andere Väter bekamen Tobsuchtsanfälle, wenn ihre Kinder Autos zu Schrott fuhren, doch mein Dad schloß nur die Augen und seufzte. Für mein Gefühl hatte ich es schlechter als diese anderen Kinder; wenn er seufzte, bedeutete das, daß es genau so gekommen war, wie er es immer erwartet hatte, und nichts schien so scheußlich zu sein wie das Gefühl, dabei mitgeholfen zu haben, alles genau so zu machen, wie er es erwartet hatte.

Ich begab mich direkt in den Keller und begann, das Mantra zu üben, das ich an den folgenden zehn Tagen und Nächten ständig rezitierte:

> **W**arum habe ich diesen Wagen nicht gesehen?
> **N**och mal von vorn. Krach! Scheiße.
> **W**arum bin ich nicht zu Hause geblieben, um mir
> diese letzten fünf Minuten von *I Love Lucy*
> anzusehen?
> **W**arum habe ich diesen Wagen nicht gesehen?

Es dauerte zehn Wochen, bis der Wagen wieder in Ordnung war, und da meine Mutter in dieser Zeit keinen Wagen hatte, mußten Dad und ich auf dem Rückweg von Greenwich alle Lebensmittel einkaufen. Es war eine deprimierende Aufgabe; es war immer noch Winter und stockdunkel bei der Heimfahrt. Dad war mei-

stens erschöpft, ich stets ausgehungert, und das letzte, was wir beide uns wünschten, war, einen Einkaufswagen erst über einen dunklen, matschigen Parkplatz und dann durch einen gleißend hell erleuchteten Supermarkt zu schieben, um Fischstäbchen, Fertiggerichte und Spaghettisauce zu kaufen. Es war alles meine Schuld, doch mein Vater erlag kein einziges Mal der Versuchung zu sagen: »Jetzt sieh dir mal an, was ich deinetwegen durchmachen muß!« Das machte es fast noch schlimmer. Außerdem fühlte ich mich verpflichtet, es immer und immer wieder an seiner Stelle zu denken und in mein regelmäßiges Mantra einzubauen.
»Kopf hoch, Milchgesicht, dies sind die besten Jahre deines Lebens«, sagte Ed eines Nachmittags zu mir, als ich in der Ecke des Postraums saß und mir die Unfallmeldung ansah, die ich ans Verkehrsamt abschicken mußte. Das war ein Fehler von Ed. Ich konnte es ertragen, Milchgesicht genannt zu werden, ich konnte mich damit abfinden, die Hälfte seiner Arbeit zu übernehmen, doch niemand durfte mir ungestraft sagen, daß ich glücklich sein sollte, siebzehn zu sein.
Ich wirbelte herum und sagte mit zusammengebissenen Zähnen: »Ed, wenn dies die besten Jahre meines Lebens sind, würdest du mir dann einen Gefallen tun? Würde es dir etwas ausmachen, mir ein Gewehr und eine Schachtel mit Kugeln zu besorgen, statt mir Pariser zu schenken? Eine Kugel wäre sogar genug.«
Er sah verwirrt aus. »Was, du willst mich umbringen, nur weil ich das gesagt habe? Das nenne ich Sinn für Humor.«
Himmel. Der Kerl kapierte wirklich nichts. Ich nahm einen Umschlag an mich, der persönlich übergeben werden mußte, und stapfte aus dem Gebäude. Ich war in einer dieser Stimmungen, in denen man so frustriert, so wütend und zugleich so hilflos ist, daß man für längere Zeit sogar vergißt, wo man sich befindet, und imaginäre Unterhaltungen führt, in denen man sich größte Mühe gibt, sich zu verteidigen oder sein Verhalten zu erklären, so daß man dabei sogar laut spricht, ohne es zu merken. Ich tat genau

das, als ich eine leise, feste Stimme sagen hörte: »Das ist ein schlechter Gang, junger Mann.«
Ich blieb wie angewurzelt stehen. Fand das bei mir im Kopf statt, oder hatte jemand mich tatsächlich angesprochen? Ich drehte mich um und sah einen extrem alten Mann mit einem schwarzen Filzhut, einem bodenlangen schwarzen Wollmantel und schwarzen Schuhen, die so blankpoliert waren, daß sie wie Spiegel blitzten. Er stand vor der Bibliothek, als wartete er darauf, von jemandem abgeholt zu werden. Er hielt sich kerzengerade und starrte direkt vor sich.
»Haben Sie etwas zu mir gesagt?« fragte ich.
Er wandte den Kopf und sah mir direkt in die Augen. »Das habe ich getan. Ich sagte: ›Das ist ein schlechter Gang, junger Mann‹.«
Er schien zu erwarten, daß ich die Schultern zuckte und davonspazierte. Doch er hatte etwas unheimlich Vernünftiges an sich, und das reizte mich.
»Was meinen Sie damit?« fragte ich.
»Ich meine folgendes: Sie gehen auf den Fußballen und hüpfen dabei. Das sieht nicht attraktiv aus; so sollte ein Mann nicht gehen. Ein Mann sollte ganz bewußt gehen, erst auf dem Absatz und dann die Füße auf den Ballen abrollen lassen, den Rücken gerade, den Kopf aufrecht halten und sich geschmeidig bewegen.«
Eine Sekunde lang spürte ich, wie eine Welle des Ärgers in mir aufstieg. Dieser alte Knacker. Am liebsten hätte ich ihn gefragt, ob er sich noch immer daran erinnert, wie es ist, die Füße abrollen zu lassen. Dann dachte ich, vielleicht ist er senil, und schon tat er mir leid. Doch dann blickte ich ihn wieder an und sah, daß er es ganz sicher nicht gesagt hatte, um mich zu ärgern, und außerdem schien es ihm nicht sonderlich viel auszumachen, ob ich ihn ernst nahm oder nicht. Unheimlich.
»Können Sie mir zeigen, was Sie meinen?« fragte ich ihn.
»Ja.« Er führte es mir vor, indem er erst mich imitierte und mir

dann den richtigen Gang zeigte. Dieser Bursche hatte wirkliche Präsenz.

Ach, was zum Teufel. Ich ging ein paarmal vor ihm auf und ab und bemühte mich, seinen richtigen Gang nachzumachen, bis er zufrieden war. Dann sagte ich: »Darf ich Sie fragen, warum Sie sich die Mühe machen, mir das zu sagen?«

»Weil es Ihnen vielleicht nie aufgehen würde, wenn es Ihnen niemand sagt. Ein Mann sieht mehr wie ein Mann aus, wenn er eine selbstbewußte Haltung hat, sich geschmeidig bewegt und bewußt handelt. Sie werden entdecken, daß auch Sie so handeln werden, wenn sie sich diese Haltung angewöhnen.«

Ich muß kein sehr überzeugtes Gesicht gemacht haben, denn schließlich grinste er und fügte hinzu: »Ich habe mehr als dreißig Jahre in West Point unterrichtet. Dort ist jetzt meine Tochter. Viel Glück, mein Sohn. Und treten Sie nicht immer auf die Fußballen.«

Er bestieg einen Mercedes mit getönten Scheiben und verschwand. Ich kann nicht behaupten, daß ich seinen Ratschlag lange beherzigte, doch die Begegnung verbesserte meine Laune für den Rest des Tages. Als ich meinem Vater bei der abendlichen Heimfahrt davon erzählte, schien er mit mir zufrieden zu sein.

»Ich bin froh, daß du ihn nicht einfach abgefertigt hast«, sagte er. »Ich wette, daß du den Tag für ihn gerettet hast. Vermutlich haben die Leute während der längsten Zeit seines Lebens auf alles gehört, was er sagte, und an seinen Lippen gehangen, und dann eines Tages, puff – hier hast du deine goldene Armbanduhr, Kumpel, jetzt fahr nach Hause und setz dich vor die Glotze. Und urplötzlich behandelt ihn die Welt ganz anders. Er ist kein Soldat mehr, nur ein alter Mann von vielen, die im Supermarkt ewig in der Kassenschlange stehen und warten. Verdammt, ich freue mich wirklich auf die Pensionierung, aber der Teufel soll mich holen, wenn ich mich darauf freue, ein nutzloser alter Mann zu werden. Es war nett von dir, ihm so zuzuhören.«

Es ist komisch: Wenn man als Teenager bei seinen Eltern in

Ungnade gefallen ist, kann man sich nicht vorstellen, wie man sich je aus dieser Lage befreien soll. Man versucht sich die Dinge vorzustellen, die man tun könnte, um von ihnen wieder in Gnaden aufgenommen zu werden, doch das müssen Heldentaten sein, übermenschliche Leistungen – Dinge, die selbst Mutter Teresa nur unter größten Mühen schaffen könnte. Doch dann tut man eines Tages eine einfache Kleinigkeit, ohne auch nur darüber nachzudenken, und plötzlich ist man wieder der liebe Sohn. Eltern sind seltsam.

Der Wagen wurde repariert, ich fing wieder an, Geld auf die Bank zu bringen, und mein Bach wurde langsam besser. Der Winter der Schuld ging endlich zu Ende. Frühling und Sommer vergingen ohne weitere Zwischenfälle, und Mr. Turner wurde mir gegenüber allmählich freundlicher. Im August meinte ich, mein Spiel habe sich entscheidend verbessert, und so fragte ich ihn, ob ich jetzt auf eine Karriere lossteuern könne.

»Nun«, sagte er, »Sie sind zwar schon besser geworden, aber eins sollte Ihnen klar sein: Es gibt immer noch viele Menschen da draußen, die weit besser sind als Sie. Doch ob Sie eine Karriere schaffen können oder nicht, ist nicht alles, Mark. Hauptsache ist, daß Sie für den Rest Ihres Lebens Freude daran haben können.«

Freude? dachte ich. Wer hat etwas von *Freude* gesagt? Wenn ich Spaß gewollt hätte, hätte ich etwas *Spaßiges* tun können, um Himmels willen, statt ausgerechnet Cello zu spielen. Schon in dem Augenblick hätte mir aufgehen müssen, daß etwas nicht stimmte, doch so war es nicht. Ich glaubte ehrlich, es mit meinem Durchhaltewillen zu schaffen und schon durch schiere Entschlossenheit Solist werden zu können.

Gegen Ende August beschloß ich, mir eine Kleinigkeit zu gönnen, weil ich es ohne Strafregister bis zum College geschafft hatte: Ich kaufte mir eine Karte für ein Konzert des Cellisten Yo-Yo Ma. Als er aufs Podium trat und das Publikum ihn mit Beifall begrüßte, dachte ich: »Genieße es jetzt, mein Guter, denn in fünf Jahren werde ich dir das Geld abjagen.« Dann fing er an zu spielen.

Nach fünf Minuten seines ersten Stücks war mein Herz schon gebrochen, und in der Pause ging ich. Ich hatte genug gehört und gesehen. Ich gelobte jedoch, meinen Eltern kein Sterbenswörtchen davon zu verraten, was passiert war; ich würde mich damit befassen, wenn ich erst mal in New Haven war.

Folgendes war passiert: Erstens war seine Technik so unbeschreiblich makellos, daß ich augenblicklich wußte, daß es mir niemals gelingen würde, nicht mal wenn ich zwei Leben hätte, ihm auch nur annähernd gleichzukommen. Zweitens: Seine Musikalität und musikalischen Instinkte waren so ursprünglich, so echt und vielschichtig, daß der größte Teil meiner Musikalität als bestenfalls clevere Imitation entlarvt wurde. Bei weitem am schlimmsten jedoch war es, ihn da oben stehen und lächeln zu sehen. Er genoß es! Er liebte die Musik, liebte jede Phrase, und das war die wirkliche Kluft zwischen ihm und mir.

In dem Moment, in dem Yo-Yo Ma zu spielen begann, sah ich vor mir wie eine Collage von Dokumentarfilm-Clips die Geschichte meines Interesses am Cello-Spiel. Zu Anfang hatte ich meinen Eltern einen Gefallen tun wollen, dann wollte ich ihnen weiterhin gefallen, machte einen kurzen Abstecher zum Jazz, um zu beweisen, daß ich auch eigene Entscheidungen treffen konnte, nur um herauszufinden, daß es meine Eltern ärgerte, wenn ich ohne sie Entscheidungen traf, um dann damit zu enden – raten Sie mal! –, daß ich wieder meinen Eltern gefallen wollte! Allerdings war es nicht so, daß ich den Wunsch, meinen Eltern zu gefallen, für unbedingt schlecht hielt; jedoch war mir klar geworden, daß dies keine gesunde Grundlage für eine Laufbahn in der klassischen Musik war. Wenn ich ein Notenblatt betrachtete, sah ich zahlreiche Symbole, die mir zeigten, was ich mit den Fingern und Armen zu tun hatte, wenn ich einen Holzkasten mit Saiten hielt.

Ich war musikalisch genug zu merken, wann ich die Noten falsch spielte, doch sobald ich sie richtig und im vorgeschriebenen Tempo spielte, hatte ich das Gefühl, die Arbeit sei getan, und alles Notwendige sei erledigt. Wann werde ich dazu kommen, es vor Menschen zu tun? Für mich war Musik ein Mittel zum Aufbau einer Identität. Ich ging davon aus, daß es so sein würde, als büffelte ich für die Abschlußprüfung als Elektriker, wenn ich hart arbeitete und genug Zeit und Mühe aufwandte; irgendwann würde ich die Prüfung bestehen, arbeiten dürfen und Geld verdienen. Dann würden die Leute mich ernst nehmen müssen. Darüber, daß die Musik selbst mich nicht begeisterte, hatte ich mir ehrlich noch keine Gedanken gemacht.

Ich überlegte, ob ich unter all meinen Schallplatten auch nur eine einzige klassische Platte hatte, natürlich nicht. Ich hatte mich nicht mal dazu aufgerafft, auch nur eine der Aufnahmen meiner Mutter anzuhören. In der Zeit zwischen dem Konzert von Aldo Parisot, das ich mit sieben gehört hatte, und dem Konzert von Yo-Yo Ma, als ich siebzehn war, hatte ich, von den Auftritten meiner Mutter mal abgesehen, kein einziges Konzert besucht. Die Schlußfolgerung war unausweichlich: Ich mochte klassische Musik nicht sehr.

Gott, wie weh dieser Gedanke tat. Vor allem fühlte ich mich als Verräter an meiner Mutter. Dieses Eingeständnis machte mich auch ratlos, was ich mit dem Rest meines Lebens anfangen sollte. Ich hatte nichts in der Hand, keinerlei Hinweis. Am schlimmsten war jedoch, daß ich mich wie ein Idiot fühlte. Warum hatte ich bis jetzt gebraucht, um etwas so Selbstverständliches herauszufinden, daß Musik einem Spaß machen muß, wenn man davon leben will? Ich sprach mit keinem Menschen darüber, am allerwenigsten mit meinen Eltern. Ich ging zu meiner letzten Cello-Stunde, bedankte mich bei Mr. Turner für all seine Hilfe, und als ich an jenem Abend nach Hause fuhr, hatte ich nur einen Gedanken im Kopf: Dies ist wirklich eine schlimme Situation.

An meinem letzten Arbeitstag luden mich die Sekretärinnen zu einem üppigen Lunch ein und veranstalteten am Ende des Tages eine Surprise-Party für mich. Sie wünschten mir Glück, es wurden Ansprachen gehalten, und man machte mir Geschenke. Als ich das Büro verließ, mußte ich mir einen der Postsäcke nehmen, um all meine Päckchen zum Wagen zu bringen. Ich stieg ein – mein Vater war im Urlaub, so daß ich allein fuhr –, kurvte vom Parkplatz und fühlte mich auf dem ganzen Heimweg schuldig. Ich hatte Schuldgefühle, weil ich glaubte, nur noch eine Woche vor mir zu haben, bis ich nach Yale ging und dort verkündete, mich nicht mehr für Musik zu interessieren. Man würde mich mit Schimpf und Schande davonjagen, weil ich mich unter Vorspiegelung falscher Tatsachen für das Hauptfach Musik beworben hatte. Dann würde ich mich direkt zur Anwaltsfirma begeben und erklären, was geschehen war, und wenigstens die kleine Geste machen, allen ihre Geschenke zurückzugeben. Ich bewahrte sie eingewickelt auf und vergewisserte mich, daß die Namenszettel noch daran befestigt waren, um später nicht wie ein Dummkopf dazustehen.

Der Tag kam. Meine Mutter, mein Vater, Erich, Rachel, Annette und ich kletterten in den alten Bus und fuhren nach New Haven. Als wir dort ankamen, konnten wir in der Nähe der Universität nirgends einen Parkplatz finden (»Ich hasse dieses Dreckloch von Stadt«, brummte mein Vater immer wieder). Folglich mußten wir bei McDonald's in der Innenstadt von New Haven essen. Da ich nicht wollte, daß sich alle wieder ins Verkehrsgewühl stürzen mußten, nahm ich meinen Koffer und mein Cello aus dem Wagen und verabschiedete mich vor McDonald's. Der Wagen fuhr los, hielt dann jedoch und setzte zurück. Mein Vater steckte den Kopf aus dem Seitenfenster und sagte: »Komm ja nicht nach Hause, bevor du etwas aus dir gemacht hast.«

»Er macht nur Spaß, Liebling, er macht nur Spaß!« Das war meine Mutter – der lebende Beweis, daß Ironie nicht ansteckend ist.

Ich ging zur Uni und fand nach einigem Suchen mein Zimmer. Mein Zimmergenosse war noch nicht angekommen, und so verbrachte ich den Rest des Tages und die Nacht allein. Es fiel mir schwer einzuschlafen; aus irgendeinem Grund konnte ich nur an all die Dinge denken, die ich bedauerte. Ich mußte daran denken, daß wir nur eine Kindheit haben und ich schon siebzehn Jahre gehabt hatte, um etwas aus meiner zu machen, doch statt dessen war nur so etwas wie ein Slapstick-Film daraus geworden. Irgendwie war mir natürlich klar, daß kein Mensch vollkommen ist und jeder irgendwann aus dem Haus gehen muß. Meine Eltern wären ganz gewiß nicht dafür gewesen, daß ich noch länger in ihrem Keller gehaust hätte, um für den Rest meines Lebens im Postraum der Anwaltsfirma zu arbeiten. Diese reife Einsicht wurde jedoch ernsthaft durch mein unreifes Gefühl von Scham herausgefordert, einem Gefühl, das im Lauf der Zeit immer stärker geworden war, besonders im letzten Jahr. Um zehn Uhr fing ich an zu schniefen, um halb elf schluchzte ich, und von elf Uhr an heulte ich hemmungslos.

Um zwei Uhr morgens unterbrach ohrenbetäubender Lärm von der Straße meine tränenreichen Meditationen. Ich warf einen Blick aus dem Fenster und sah ein ganzes Rudel von Hell's Angels auf ihren Motorrädern. Sie standen an der Kreuzung und warteten auf grünes Licht. Ich brauchte einen Moment, um den Eindruck in mich aufzunehmen – ein ganzer Stamm finster dreinblickender Rebellen in Lederklamotten voller Nieten, mit Nazi-Helmen, eintätowierten Kobras an den Unterarmen, Stiefeln mit Metallspitzen, die auf ihren kreischenden, im Leerlauf blubbernden, chromblitzenden Bomben zwischen den Beinen dasaßen, während ihre Motorradbräute sich an sie klammerten; Hell's Angels, die um zwei Uhr morgens an einer völlig leeren Kreuzung gehorsam darauf warteten, daß die Ampel umsprang. Ich hörte auf zu weinen und fing statt dessen an zu lachen. Vielleicht hatte ich als Kind *tatsächlich* einen Narren aus mir gemacht, und vielleicht war ich jetzt *tatsächlich* ohne Kompaß für mein Leben, doch ich fühlte mich gleich viel besser, als ich mir diese Typen ansah. Vielleicht hatte mein Vater recht mit seinem Glauben, daß wir in der Frage, wer wir wirklich sind und warum wir tun, was wir tun, einer bemitleidenswerten Selbsttäuschung erliegen. Es deprimierte meinen Vater, so zu denken, doch in jener ersten Nacht im College bedeutete der Gedanke, daß alle Menschen vielleicht Mitleid verdienten, eine große Erleichterung für mich, denn er befreite mich. Nachdem die Ampel auf Grün gesprungen war, und die Hell's Angels mit aufheulenden Motoren zu ihrer nächsten Verabredung mit Gefahr und Anarchie davonbrausten, schrieb ich meinen Eltern einen Brief, in dem ich mich für all das bedankte, was sie für mich getan hatten; ich stellte mir vor, daß sie damit einen schriftlichen Beweis dafür in der Hand hatten, daß sie gute Arbeit geleistet hatten, mich überhaupt soweit zu bringen, wenn man mich bald wieder nach Hause schickte. Sobald ich das getan hatte, konnte ich endlich einschlafen.

Mein Mitbewohner kreuzte am nächsten Tag auf. Er hieß Holden Young und war Chinesisch-Amerikaner, hochgewachsen, athletisch gebaut, wunderschön angezogen, sah überirdisch gut aus, hatte eine erstklassige Privatschule besucht und war ein Star in Fußball und Tennis. Die Wohnheimverwaltung hatte bei ihren Planungen vermutlich berücksichtigt, wir hätten etwas gemeinsam – nämlich China. Doch Holden, ein durch und durch amerikanischer Traummann, der schon auf der Schule in Infinitesimalrechnung, organischer Chemie und Latein geglänzt hatte, schien nicht viel über China zu wissen, während ich, der Bauerntölpel aus Ridgefield, der mal versucht hatte, in seinem Elternhaus Haschisch anzubauen, noch nie ein Fußballspiel oder ein Tennismatch gesehen hatte. Wir brauchten also einige Zeit, einander richtig zu beschnuppern. Nach der Ankunft befestigte er als erstes ein Fußballposter an der Wand. Es zeigte, wie der Ball das Netz ausbeulte, nachdem er am Torhüter vorbeigesaust war. Es war eins dieser leicht dreidimensionalen Poster aus Kunststoff, so daß der Ball tatsächlich ein wenig herausragte. Über meinem Bett hatte ich eins meiner Gemälde aufgehängt. Es zeigte einen Mann in einer Robe mit einem Haarknoten, der einen Wasserfall anstarrte.

»Treibst du irgendeinen Sport?« fragte Holden.

»Nein, aber ich habe ein paar Jahre lang Kung-Fu gemacht.« Holden machte ein mißtrauisches Gesicht. Schon wieder so ein Weißer, der Kung-Fu-Stunden genommen hatte; ich glaube, er hatte Angst, ich würde fragen, ob seine Familie im Wohnzimmer Ahnentafeln an den Wänden hatte.

»Sprichst du Chinesisch?« fragte ich ihn.

»Ich kenne nur die Wörter für süßsaures Schweinefleisch«, erwiderte er, und ich bin mir sicher, daß ich da enttäuscht aussah. Doch nach einer Stunde entdeckten wir, daß wir tatsächlich etwas gemeinsam hatten: Wir konnten es beide kaum erwarten, uns im Verzeichnis der Studienanfänger die Fotos unserer neuen Kommilitoninnen anzusehen.

Für mich war das so etwas wie eine theoretische Übung, weil ich noch immer mit Annette zusammen war und ihr erst vor vierundzwanzig Stunden ewige Treue geschworen hatte. Für Holden jedoch, der frei und ungebunden war, war es eine sehr reale Sorge, und es machte mir Spaß, ihm bei seiner Recherche zu helfen. Ein Teil meiner Freude, da bin ich mir sicher, läßt sich durch Analogie erklären: Indem ich Holden half, eine Freundin zu finden, war das etwa so, wie es wohl sein würde, Neil Armstrong einen Job als Pilot bei einer Luftlinie zu besorgen – man konnte seine Gedanken frei schweifen lassen, denn man wußte, daß die Qualifikation des Mannes über jeden Zweifel erhaben war.

Wir besuchten gemeinsam sämtliche Einführungskurse, spielten draußen auf dem Rasen Frisbee (er konnte die Scheibe mit beiden Händen werfen, sie wie einen Kronenkorken herumwirbeln lassen, sie mit dem erhobenen Ellbogen fangen oder mit dem Absatz hochtreten, so daß sie wie ein Hut auf seinem Kopf landete) und gingen abends gemeinsam einen trinken. Dies war noch eine Zeit, in der der Alkoholkonsum der Studenten noch nicht landesweit erschwert worden war, so daß man kaum hundert Meter spazieren mußte, bevor man einen Tisch mit Freibier, Wein, Mixgetränken oder Schnäpsen fand – die alle in riesigen Plastikbechern serviert wurden. Auf dem gesamten Campus sah man in den Fenstern teure, starke Stereoanlagen, die um die Vorherrschaft wetteiferten. Damit konnten wir ein nicht enden wollendes Menü aus Van Halen, Hendrix, Aerosmith, Lynyrd Skynyrd, Pink Floyd, Kiss und Fleetwood Mac hören. Das College fing an, mir zu gefallen, was alles nur noch schlimmer machte, da ich immer noch davon ausging, daß man mich hinauswerfen würde, wenn ich das Cello-Spiel aufgab.

Am fünften Tag mußte ich mich der Realität stellen. Um elf Uhr hatte ich einen Termin bei dem mir zugeteilten Studienberater, um über meinen Studienplan zu sprechen. Sein Büro lag, wie ich düster feststellte, in dem neuen Gebäude der Musikhochschule. Der Augenblick der Wahrheit war da.

Anscheinend war das Gebäude gerade fertiggestellt worden; es sah nagelneu aus, und an einigen Fenstern war noch Klebeband befestigt. Als ich über einen Flur ging, in dem meine Schritte widerhallten, um zum Büro meines Beraters zu kommen, kam ich an mehreren Übungsräumen vorbei, die sämtlich von ernsthaft aussehenden jungen Virtuosen besetzt waren. Zu meiner Erleichterung bemerkte ich, daß zumindest ein Teil der Studentenschaft noch ausgeflippter zu sein schien als ich. Fast alle hatten scheußliche Haartollen, und meist war auch ein Schuh nicht geschnürt, während die Frauen Kopfkissenbezüge zu tragen schienen, in die man Löcher für Arme und Köpfe geschnitten hatte.

Ich betrat das Büro des Professors zur festgesetzten Zeit, und er bot mir einen Stuhl an. Er sah ziemlich schnieke aus; er hatte silbergraues Haar, das ihm fast bis auf die Schultern fiel, einen gepflegten, silbergrauen Schnurrbart und ein liebenswürdiges, kluges, europäisch wirkendes Gesicht. Es war die Art von Gesicht, bei dem man nicht lügen kann, und ich sah auch keinen Sinn darin, die Dinge in die Länge zu ziehen.

»Sir, ich weiß nicht genau, wie ich das erklären soll, aber ich bin zu dem Schluß gekommen, daß ich nicht zum Cellisten geboren bin.«

»Tatsächlich?«

»Schon wenn ich jetzt nur ans Üben denke ...«

»Dreht sich Ihnen der Magen um?«

»Ja –«

Sein Gesicht verzog sich zu einem Grinsen. »Das ist doch fabelhaft!« sagte er fröhlich. »Was haben Sie denn sonst für Interessen?«

Ich war verwirrt. »Aber Sir, ich habe mich doch für das Hauptfach Musik angemeldet. Bedeutet das denn nicht, daß ich ... ich weiß nicht – daß ich mich an einer anderen Fakultät bewerben und bis zum nächsten Jahr warten muß?«

Er machte eine kurze Pause und lachte dann herzlich. »Sehen Sie deswegen so geknickt aus? Mein Sohn, Sie brauchen sich weder neu zu bewerben noch es jemandem zu erklären! Es kommt überhaupt nicht darauf an, was Sie bei Ihrem Aufnahmeantrag *gesagt* haben. Sie müssen nicht unbedingt das gleiche Hauptfach belegen. Sobald Sie als Studienanfänger angenommen worden sind, können Sie in jedem beliebigen Fach abschließen. Und als ich sagte, das sei fabelhaft, meinte ich nur, daß es gut ist, daß Ihnen das jetzt schon klar geworden ist statt erst in zwei oder drei Jahren. Dann wäre es nämlich zu spät, das Hauptfach zu wechseln, und Sie müßten bis zum Abschlußexamen durchhalten. Haben Sie eine Ahnung, wie oft das passiert, besonders in Musik? So viele junge Leute werden in jungen Jahren zur Musik gezwungen. Sie musizieren aus allerlei falschen Gründen, kommen dann ins College und bleiben aus einem Schuldgefühl heraus dabei, hassen es aber. Was für eine Vergeudung! Musik hat keinen Sinn, wenn man sie nicht liebt.«

Mann. Dieser Typ war erstaunlich. »Sind Sie Musiker, Sir?«

»Wer, ich? Nein, ich bin Fotograf. Sie haben mich nur in dieses Gebäude gesteckt, weil es das einzige ist, in das ich mit meiner Dunkelkammer passe.«

Ein langhaariger Fotograf war mein Studienberater. Mann, diese Uni fing *wirklich* an, mir zu gefallen.

»Um also auf meine frühere Frage zurückzukommen, Mister Salzman: Gibt es sonst noch etwas, wofür Sie sich im Augenblick interessieren?«

Mir fiel nichts ein.

»Na schön, dann suchen Sie sich ein nettes Plätzchen auf dem Campus und sehen sich das Vorlesungsverzeichnis gut an, ob Sie irgend etwas reizt. Besuchen Sie ein paar Kurse, hören Sie sich ein paar Vorlesungen an. Sie haben nämlich einige Wochen Zeit für die Entscheidung, müssen Sie wissen. Sobald Sie Ideen haben, rufen Sie mich an, dann werden wir dafür sorgen, daß Sie alle Voraussetzungen erfüllen, und so weiter. Viel Spaß; es gibt hier so viel, so daß Sie mit Sicherheit etwas finden werden, was Sie reizt!«

Trunken vor Erleichterung stolperte ich den Flur entlang und aus dem Gebäude. An einem der Fensterrahmen der Eingangstür war ein Blatt Papier angeklebt mit einer handgeschriebenen Notiz: »Willkommen in Ihrem neuen Übungsgebäude! Behandeln Sie es gut!« Ich lachte laut auf. Und ob ich es gut behandeln würde; wenn ich eines Tages mein Examen machte, würde ich wahrscheinlich der einzige Absolvent der Musikhochschule sein, der ehrlich von sich behaupten konnte, daß er das Gebäude in exakt dem gleichen Zustand verlassen hatte, in dem er es vorgefunden hatte.

Als ich das Vorlesungsverzeichnis durchgeackert hatte, wünschte ich fast, man hätte mich *tatsächlich* rausgeworfen. Es war das einschüchterndste Dokument, das mir je unter die Augen gekommen war. Ich bat Holden, mir bei der Auswahl der Kurse zu helfen, die ich besuchen sollte, und er zeigte mir den Plan, den er für sich aufgestellt hatte. Er hatte einen Biologiekurs belegt, einen in Chemie, einen in Englisch, einen in Physik, einen in amerikanischer Geschichte und einen in Französisch. Ich benutzte seinen Stundenplan als Modell und erarbeitete mir ein ähnliches Kurs-Menü. Am nächsten Tag besuchte ich einen Biologiekurs, einen Mathe-Kurs und einen Chemie-Kurs. Alle drei waren als Einführungskurse aufgeführt. Als ich zu den Hörsälen kam, nahm ich mir je ein Exemplar der Lehrpläne, und da begann meine Verzweiflung erst wirklich. Ich konnte nicht mal die Kursbeschreibungen verstehen! Die Vorlesungen waren so unendlich weit über meinem Niveau, daß ich alle drei Kurse schon nach zehn Minuten verließ. Völlig niedergeschlagen ging ich wieder in mein Zimmer und sagte Holden, ich sei fürs College nicht geschaffen.

»Hast du denn einen der Chinesisch-Kurse besucht?« fragte er. »Ich meine, das ist doch immerhin etwas, wovon du schon was weißt. Warum versuchst du es da nicht mal?«

Ich hatte auch schon kurz daran gedacht, doch wann immer ich daran zu denken versuchte, wieder Chinesisch zu lernen, bekam ich Bauchschmerzen, wenn mir meine früheren Albernheiten einfielen: all diese Kung-Fu-Stunden, das Essen mit Stäbchen, das Barfußlaufen auf dem Schulweg, der Weihrauch – das war mir alles viel zu peinlich, um noch einmal damit konfrontiert zu werden. Doch Holden hatte nicht unrecht; wenigstens war es ein Fach, in dem ich einige Chancen hatte, die Qualifikationen zu erfüllen. Holden fand den Eintrag im Vorlesungsverzeichnis, doch dann zuckte er zusammen und sagte: »O nein, das wirst du nicht tun wollen.«

»Warum nicht?«

Er zeigte mir die Stelle. »Dieses Gebäude liegt am Ende der Welt«, sagte er, »von hier mindestens eine halbe Stunde zu Fuß. Und, sieh mal, Studienanfänger in Chinesisch haben ihre Vorlesung von 8.30 bis 10.30 Uhr morgens! Vergiß es! Wir wollen dir was anderes aussuchen.«

Ich erklärte Holden, daß ich sowieso aus reiner Gewohnheit jeden Morgen um sechs aufstünde, so daß die Zeit kein Problem sei.

»Oh«, sagte er und strich sich nachdenklich übers Kinn. »Ist das der Grund, weshalb du jeden Abend schon vor zehn verschwindest? Es ist mir nie in den Sinn gekommen, daß du dann tatsächlich schon schlafen gehst.«

Am nächsten Morgen war ich schon vor acht im Institut für Ostasiatische Sprachen und bekam den besten Platz im Hörsaal. Nach und nach tröpfelten andere Studenten herein, die etwas verschlafen aussahen. Um 8.50 Uhr trat die Dozentin ein, eine hochgewachsene, dünne, zartgliedrige, elegante Chinesin; sie war vermutlich schon in den Sechzigern, bewegte sich aber wie eine Dreißigjährige. Mir fiel auf, daß alle Studenten in dem Augenblick zum Leben erwachten, in dem sie eintrat, und vor Freude strahlten. Kaum hatte sie zu sprechen begonnen, wußte ich warum.

Mrs. Li war, das muß ich offen sagen, die charismatischste, komischste, energischste und begeistertste Sprachlehrerin, die wir je erlebt hatten. Diese ersten beiden Stunden waren nicht so sehr eine Vorlesung, sondern vielmehr so etwas wie eine interaktive Kunstdarbietung. Um uns den Satz *kaiche* (Auto fahren) näherzubringen, streckte sie die Arme aus, ergriff ein imaginäres Lenkrad, knickte mit den Knien ein, so daß ihre Schenkel parallel zum Fußboden verliefen, schlurfte dann zwischen den Pulten herum, hupte und versuchte, in der zweiten Reihe zu parken. Sie beendete die Demonstration, indem sie krachend gegen ihr Katheder schlitterte, zuckte dann die Achseln und erklärte mit einem lauten Bühnenflüstern: »Was soll ich noch sagen, meine Teuren? *Chinesischer Autofahrer!*«

Das alles geriet so unterhaltsam, weil der Kontrast zwischen Mrs. Lis würdevoller Erscheinung und ihrer albernen Clownerie so umwerfend war; stellen Sie sich Grace Kelly vor, wie sie eine Tanzstunde damit beginnt, daß sie bestimmte Szenen von Buster Keaton nachspielt, dann haben Sie einen Eindruck. Hinzu kam, daß sie jeden Studenten mit individueller Aufmerksamkeit überschüttete. Wenn man während der Vorlesung nieste, bekam man von Mrs. Li ein Taschentuch, ein Aspirin und ein Glas Wasser; wenn man hustete, gab sie einem Hustentropfen und einen Schal, den man nach Hause mitnehmen durfte. Wenn man bei einem Text gut abschnitt, drehte Mrs. Li eine Ehrenrunde durch den Saal; wenn man mal danebenhaute, gab sie einem Privatunterricht, bis man besser wurde. Alle Studenten waren ganz hingerissen von ihr, denn Mrs. Lis eindrucksvollste Gabe war, daß sie die Fähigkeit besaß, jeden von uns denken zu lassen, er sei ihr Favorit. Ich stellte meinen Stundenplan so zusammen, daß ihr Kurs im Mittelpunkt stand.

Von dem Tag an liebte ich das College. Ich liebte die Vorlesungen, ich liebte das Nacharbeiten, ich liebte das stärkereiche Essen, und ich liebte es, mich als Holden Youngs Zimmergenossen vorzustellen. »Wirklich?« fragten mich dann die Leute, und die Gesichter hellten sich unweigerlich auf. Bei den Jungen folgte dann: »Holden Young? Der Fußballspieler? Cool«, während die Frauen sich erst umsahen, ob jemand mithörte, um dann zu sagen: »Er ist der tollste Asiate auf dem Campus.« Meine Bekanntschaft mit ihm wurde zur Grundlage meines gesellschaftlichen Lebens, was mir durchaus recht war. Man hätte meinen können, daß es für mich, den 1,68 Meter großen mageren, verrückten Sinologie-Studenten und hauptberuflichen Sekretär des Mrs. Li-Fanclubs eine Qual hätte sein müssen, mit einem derart monumentalen Überflieger zusammenzuwohnen, doch bei Holden machte die Tatsache alles wieder wett, daß er keineswegs ein Playboy war; er war in Gegenwart von Frauen sogar noch schüchterner als ich. Er starrte mit einer Hand am Telefon auf das Verzeichnis der Studienanfänger und blieb wie erstarrt so sitzen, bis es entweder Zeit war zu essen, zu schlafen oder zu einer Vorlesung zu gehen. Am Ende hatte er während der gesamten Collegezeit nur eine Beziehung, während ich zwei hatte. Nach meinen Berechnungen macht mich das doppelt so männlich wie Holden Young, eine Statistik, die mich noch heute erfreut.

17

Mein erstes Studienjahr brachte mir die längste, ununterbrochene Zeit des Glücks, die ich gekannt hatte, seit meine Eltern unseren ersten, gebrauchten Farbfernseher nach Hause brachten. Mein Geist war fast ständig beschäftigt, so daß die Zeit ihre gewohnte Bedeutung verlor. Ich maß sie nicht mehr in Stunden, wie bei der Arbeit, oder in Minuten, wie beim Cello-Üben, oder gar in Sekunden, wie ich es während der Mathematikstunden oder der Schultanzabende getan hatte. Jetzt schien ich mir nur der Tage und Wochen bewußt zu sein. Jeder Dozent und jede Dozentin war sichtlich vom eigenen Fach angetan und vermittelte bei den Vorlesungen den Eindruck, sich dabei bis zum äußersten anzustrengen, was ich höchst ansteckend fand. Die meisten Studenten in Yale hatten natürlich auch ihre Leidenschaften, doch nicht unbedingt ihr jeweiliges Studienfach. Viele von ihnen widmeten sich ihren Interessen mit der gleichen extremen Intensität, wie ich es mal getan hatte, wenn nicht noch stärker. Einer von ihnen, den wir den Monokelträger von Morse nannten, weil er im Morse-College wohnte, interessierte sich so sehr für europäische Geschichte aus der Zeit der Jahrhundertwende, daß er Kleidung aus der Zeit trug, einen entsprechenden Haarschnitt und sich weigerte, ohne einen passenden Hut der Zeit ins Sonnenlicht zu gehen, den er sogar beim Duschen trug. Zum erstenmal sah ich ihn in der Sterling Library, als er über einem Buch hockte; ich hielt ihn für eine Wachsfigur in einer Oscar-Wilde-Ausstellung. Am anderen Ende des Spektrums befand sich eine Frau, die tatsächlich Bird of the Phoenix Movement hieß; ich bin mir nicht sicher, was für Interessen sie hatte, doch sie trug Ponchos, Perlenketten und Schlapphüte und färbte das Fell ihres ungeheuer beliebten Hundes (höchstwahrscheinlich mit ungiftiger, eßbarer Farbe), und zwar jeden Monat in einer anderen Farbe. Zum erstenmal in meinem Leben war ich ein vergleichsweise

normales Mitglied einer Gemeinschaft; wenn ich gewollt hätte, hätte ich sogar meine Kahlkopf-Perücke tragen können.
Am meisten liebte ich jedoch die Arbeit. Es war so, als würde ich mich wieder aufs Tsing-Spiel vorbereiten, nur waren diesmal *alle* meine Professoren so begeistert wie Mr. Rowland. Alle blieben, bis sie ihre Kurse beendet hatten, und am Ende kam ich endlich dazu, das Spiel zu spielen, das in Yale darin bestand, eine lange Hausarbeit mit zahlreichen Fußnoten zu schreiben und die Abschlußprüfung in einem historischen Hörsaal abzulegen. Und diesmal bereiteten sich alle um mich herum ebenfalls auf das Spiel vor. Ich fühlte mich wie Steve Martin in seinem Film *The Jerk,* als er sich schließlich von seiner schwarzen Adoptiv-Familie verabschiedet, in ein weißes Stadtviertel umzieht und entdeckt, daß er doch nicht allein, sondern da draußen tatsächlich eine ganze Welt aus Menschen ist, die einen Heißhunger auf Biskuitrollen haben und mit den Füßen den Takt zu Schnulzen schlagen wie er selbst. Yale war ein Paradies für irre Typen.

Sobald ich wieder ein hoffnungsvoller Sinologie-Student geworden war, war es nur eine Frage der Zeit, bis ich wieder den Drang verspürte, meinen Kung-Fu-Kampfanzug abzustauben und es mit ein paar Drachenstößen und Tigerschwanztritten zu versuchen. Im Frühjahr übte ich gelegentlich wieder im Heizungskeller des Wohnheims. Holden kam eines Tages mit einem Flugblatt vom Fußballspiel zurück, in dem für das Wochenende eine Kampfkunstveranstaltung angekündigt wurde – das Yale Open –, und schlug vor, ich sollte mitmachen. Ich hatte nichts zu verlieren. Am Tag des Wettbewerbs war ich also zur Stelle und begann, das Anmeldeformular auszufüllen. Dann ging mir auf, daß ich meinen Rang angeben sollte. Sensei hatte immer betont, daß seine Ränge keinerlei Ähnlichkeit mit denen anderer Schulen in Connecticut hatten, und so wußte ich nicht genau, wo ich stand. Wenn ich einen zu niedrigen Rang wählte, würde das schlecht aussehen;

jeder haßt es, wenn jemand bei einem Karate-Wettbewerb, der eigentlich Träger des Braunen Gürtels ist, gegen einen Gelben Gürtel antritt, nur weil er eine Trophäe haben will. Ich sah mir die Kategorien an: Weißer Gürtel, Gelber Gürtel, Grüner Gürtel, Brauner Gürtel, Schwarzer Gürtel. Ach, was soll's, dachte ich, und kreuzte das Kästchen neben dem Schwarzen Gürtel an.

In gewisser Weise konnte ich auf das Ergebnis stolz sein: Ich belegte den ersten Platz in Technik und den zweiten Platz im Kämpfen. Von einem anderen Standpunkt aus gesehen war es jedoch nur ein begrenzter Erfolg, da ich in der Abteilung der Schwarzen Gürtel nur zwei Mitwettbewerber hatte. Mein Gegner war ein junger Professor, dem es mit Karate jedoch sehr ernst war, so daß es für mich keine völlig sinnlose Übung war. Unsere Sparringsrunde im Finale, die auch unsere Ausscheidungsrunde war, war aufregend. Wenn doch nur Sensei O'Keefe hier wäre, um sich das anzusehen, dachte ich, als der oberste Kampfrichter mir die Medaillen umlegte – doch dann überlegte ich es mir anders, als mir einfiel, daß er mich totgeschlagen hätte, weil ich mir die unverzeihliche Sünde geleistet hatte, mir einen Schwarzen Gürtel zuzuerkennen, ohne zuvor mit Auggie Doggie oder Doggie Daddy nähere Bekanntschaft geschlossen zu haben.

Mein Abschneiden bei diesem Turnier regte mich dazu an, wieder jeden Tag zu üben, doch ein paar Wochen später ereignete sich etwas, was mich zwang, meine Hinwendung zur Kampfkunst noch einmal zu überdenken. Seit etlichen Tagen hatte ich mit einer jungen Frau Blicke gewechselt, die meist auf der anderen Seite eines langen Holztischs in der Bibliothek saß. (Annette und ich hatten uns kurz nach Weihnachten getrennt. Wenn man siebzehn ist, keinen Wagen hat und fünfzig Meilen auseinander wohnt, wird aus jeder Beziehung eine Fernliebe, und ich habe den Test der Fernliebe nicht bestanden.) Irgendwann fingen die Frau in der Bibliothek und ich an, hallo zu sagen, dann unterhielten wir uns ein bißchen, und eines Nachmittags überraschte sie mich mit

der Frage, ob ich nicht eine Pause machen und mit ihr einen Spaziergang um die Bibliothek machen wolle.
Wir schlenderten auf dem Campus herum, der besonders schön war, da sich an den Bäumen endlich die ersten jungen Blätter zeigten und die Frühlingsblumen in voller Blüte standen. Von dort, wo wir gingen, konnten wir auf dem alten Friedhof in der Nähe der Bibliothek eine Reihe blühender Bäume sehen, und sie schlug vor, wir sollten sie uns ein wenig näher ansehen.
Auf dem Friedhof legten wir eine Pause ein und setzten uns auf einen Sarkophag ohne Inschrift und unterhielten uns dann angeregt über die Arbeiten, die wir noch schreiben mußten, als ein junger Schwarzer in einem ledernen Trenchcoat hinter einem Baum hervorkam und auf uns zuging. Etwas an der Art, wie er sich uns näherte, wirkte irgendwie falsch. Dann erinnerte ich mich an den Ratschlag eines Vertreters der Uni-Polizei, den er uns bei einer Einführungsveranstaltung gegeben hatte: Lassen Sie sich nie auf dem Friedhof blicken. Als der Mann nahe bei uns war, sagte er: »He, haben Sie ein Streichholz für mich?«
»Nein, bedaure.« Dann schlug er den Mantel auf und enthüllte ein Bleirohr in der rechten Hand.
»Gebt mir euer ganzes Geld, sonst spalte ich euch den Schädel«, befahl er und schwang das Bleirohr dicht am Bein.
So wie der Kerl dastand, hätte ich nur auf ihn zuzustürzen und ihm einmal hart ins Gesicht zu schlagen brauchen, dann wäre er erledigt gewesen. Ein Tritt in die Eier hätte auch nicht geschadet. Teufel, die Frau, die bei mir war, hätte ihn vielleicht geschubst, dann wäre er rückwärts gestolpert, über einen Grabstein gefallen und k. o. gewesen. Doch das geschah nicht.
Es geschah etwas anderes: Ich war so schockiert, so zutiefst entsetzt, so jenseits aller Furcht, die ich je gekannt hatte, daß ich halluzinierte. Alles wurde plötzlich vollkommen ruhig, vollkommen still und war in vollkommener Ordnung. Ich fühlte mich glücklich! Er schien gar kein übler Bursche zu sein. Ich reichte

ihm meine Brieftasche ohne irgendein Gefühl von Zorn oder Abneigung. Als die Frau, die bei mir war, ihm ihre Geldbörse überreichte, sagte der Mann: »Nein, nicht Sie, nur er.« Ein Gentleman! Er gefiel mir immer mehr.

»Hast du sonst noch was?« fragte er mich.

Mir fiel ein, daß eine der Sekretärinnen in Greenwich mir zum Abschied eine Armbanduhr geschenkt hatte, die ich aber nicht gern am Handgelenk hatte, so daß ich sie immer in der Tasche trug. Natürlich!

»Ja!« erwiderte ich fröhlich und gab sie ihm. Dann sagte er: »Ich werde euch im Auge behalten«, zog sich zurück, drehte sich um und verschwand zwischen den Grabsteinen. Ich lächelte; ich dachte, was für eine nette Begegnung. Die Frau, die bei mir war, packte mich am Arm und drückte ihn. Als ich mich zu ihr umdrehte, ließ sie meinen Arm los und preßte mich an ihre Brust. Wo immer du bist, sagte ich in Gedanken zu dem Mann mit dem Bleirohr, vielen Dank.

Auf dem Rückweg zur Bibliothek holte mich die Wirklichkeit jedoch allmählich wieder ein. Meine Hände begannen zu zittern, ich fühlte mich weich in den Knien, und dann erst dämmerte mir, was für ein totaler, unverzeihlich jämmerlicher Weltklassefeigling ich war. Ich hatte diesen Verbrecher nicht davon abgehalten, mit einem Raubüberfall davonzukommen und einer Drohung mit Körperverletzung, ich hatte nicht nur nicht vermieden, zum Opfer zu werden oder mir die lächerlich verletzliche Haltung des Mannes zunutze gemacht, sondern erst zehn Minuten nach dem Überfall *daran gedacht, daß ich eine Kampfsportart beherrschte*. Meine Begleiterin jedoch, vernünftig, wie die meisten Frauen sind, wenn es um Gewalt geht, war erleichtert, daß keiner von uns verletzt worden war. Sie versicherte mir, sie sei sehr froh, daß ich nichts Dummes getan oder den Helden gespielt hätte.

Ich wiederum war zutiefst verstört. Ich meine nicht nur aufgeregt; ich meine damit, daß ich mich danach volle zwei Wochen nicht lange genug auf etwas konzentrieren konnte, um zu lesen oder auch nur einen Satz hinzuschreiben, geschweige denn mit meiner Abschlußarbeit weiterzukommen. Ich konnte nur daran denken, daß Sensei O'Keefe von Anfang an recht gehabt hatte. Er war zwar ein Arschloch, aber er hatte recht: Ich war eine pathologische Memme. Ich sah diesen Mann mit dem Bleirohr den ganzen Tag vor mir stehen. Ich durchlebte die Begebenheit noch viele tausend Male. Unten im Heizungskeller schlug ich ihn zusammen, vernichtete ihn, verstümmelte und biß ihn, verkrüppelte ihn, riß ihm die Eingeweide und die Augen aus, schlug ihm jeden Zahn einzeln aus und machte daraus ein Halsband. Ich hielt an seinem Grab leidenschaftliche Ansprachen, wobei der Präsident von Yale und der Bürgermeister von New Haven hinter mir standen und darauf warteten, mir ihre jeweils höchsten Auszeichnungen zu überreichen. Doch jeder dieser imaginären Siege verblaßte, und dann blieb mir nur noch die Erinnerung daran, wie zutiefst verletzlich ich gewesen war. Das widerte mich an. Wenn er gesagt hätte: »Knie dich hin, damit ich dir den Schädel spalten kann«, hätte ich es vermutlich auch getan, ohne mir überhaupt klar zu machen, was ich tat. Mein einziger Trost – und er war verdammt mager – bestand darin, daß die Prophezeiung meines Vaters, wie ich mit einer Gefahr fertig werden würde, sich nicht ganz bewahrheitet hatte: Ich hatte mir nicht in die Hosen geschissen.

Meine quälende Scham ließ mir gerade noch so viel Kraft übrig, daß ich die Arbeit des Semesters zu Ende bringen konnte. Natürlich hörte ich damit auf, unten im Heizungskeller Kung-Fu zu üben; als was für eine Zeitverschwendung hatte sich das erwiesen. Eines Morgens fiel mir am Schwarzen Brett des Ostasiatischen Instituts ein Plakat des Yale Karate-Clubs auf. Es zeigte einen Cartoon, eine grimmig dreinblickende Bulldogge in einem Karate-Kampfanzug, und darunter hieß es prahlerisch: »Du kannst selbstbewußt unter die Leute gehen!« Selbstbewußt unter die Leute gehen, schön wär's ja. Ich brach das Tabu, daß man fremdes

Eigentum nicht beschädigen darf, nahm einen Marker-Stift und änderte die Bildunterschrift: »Du solltest dich *nicht* in Sicherheit wiegen.«

Als das Semester zu Ende ging, fuhr ich nach Hause und nahm meinen Job in Greenwich wieder auf. Es war jedoch nicht das gleiche wie zuvor; der Druck und die Befriedigung des akademischen Lebens hatten mich inzwischen gepackt, und so fiel es mir schwer, mit der gleichen Zen-haften Begeisterung Post zu sortieren. Außerdem hatte ich abends nichts zu tun, da ich mich nicht mehr mit Annette traf oder Cello spielte, und alle anderen Freunde waren weggezogen. Es war sogar noch schwieriger, mit meinem Vater zu sprechen, als vorher. Ich hatte den Eindruck, daß mein Vater, der mich endlich auf dem College wußte, den Hauptteil seiner Mission als Vater mehr oder weniger vollendet zu haben glaubte, so daß für ihn nicht mehr viel zu tun blieb. Er schien mir nicht zur Last fallen zu wollen, doch so sah ich es jedoch kaum. Es war ein langer, langweiliger Sommer, und ich zählte die Tage, bis ich endlich wieder nach New Haven zurückfahren konnte.
Das Herbstsemester meines zweiten Studienjahrs war irgendwie noch angenehmer als das erste. Je anspruchsvoller die Kurse und je schwerer die Arbeiten wurden, um so begeisterter wurde ich. Je tiefer ich auch in das Studium des Chinesischen eindrang, um so mehr fühlte ich mich versucht, es noch einmal mit chinesischer Philosophie zu probieren. Vielleicht, so dachte ich, würde sie mir sinnvoller erscheinen, wenn ich sie in der Ursprache lesen konnte. Wann immer ich mit jemandem in der chinesischen Abteilung darüber sprach, hieß es unweigerlich: Sie müssen mit Tungli Shen sprechen. Er war Poet und Chinesisch-Dozent in Yale, war in Kanton geboren und in Peking aufgewachsen. Er hatte den größten Teil der klassischen chinesischen Literatur von seinem Vater gelernt, der die kaiserlichen Prüfungen abgelegt hatte. Tungli Shen *kannte* nicht nur die chinesische Literatur, wie mir

jedermann versicherte, er konnte sie sogar auswendig rezitieren. Das war kein Scherz; Wissenschaftler aus allen Bereichen der Sinologie kamen mit literarischen Anfragen zu ihm, und die Smithsonian Institution, die in Mr. Shen einen der wenigen noch lebenden Menschen sah, die T'ang-Poesie in der Form uralter Gesänge rezitieren konnten, ließen ihn nach Washington einfliegen, wo er für sie eine Reihe von Aufnahmen machen sollte. Alle waren sich darin einig, daß er die lebende Verkörperung des chinesischen Ideals des Gelehrten, Künstlers und Philosophen in einer Person war. Ich suchte ihn jedoch nicht gleich auf; ich wollte warten, bis ich besser vorbereitet war.

Im Oktober bekam ich mit der Post einen Umschlag ohne Absender. Darin befand sich ein Zeitungsausschnitt der Zeitung meiner Heimatstadt, in der es hieß, Michael Dempsey sei von Sensei Timothy T. O'Keefe zum Träger des Schwarzen Gürtels ernannt worden. Dem Artikel war ein Foto von Michael beigelegt, wie er durch die Luft flog und seinem Bruder Frank den Fuß an die Kehle setzte. Er sah großartig aus.

Er hatte es geschafft! Er hatte die Durststrecke überwunden und durchgehalten, und jetzt trug er den Schwarzen Gürtel, genau wie Sensei prophezeit hatte. Tatsächlich war Michael der einzige von uns aus der Gruppe von 1974, der seinen Schwarzen Gürtel bekommen hatte, wie Sensei ebenfalls vorhergesagt hatte. Ich war stolz auf ihn. Obwohl die Kampfkunst sich bei mir nicht ausgezahlt hatte, mußte ich unwillkürlich bei dem Gedanken lächeln, daß eines Tages irgendein Arschloch vielleicht den Versuch machte, Michael auf einem Friedhof auszurauben. O Mann, was für eine Überraschung auf den Typ wartete. Ich nahm mir ein paarmal vor, ihn anzurufen, tat es dann aber doch nicht. Ich faltete den Zeitungsausschnitt jedoch zusammen und steckte ihn mir in die Brieftasche.

Während der Weihnachtsferien war ich wieder zu Hause in

Ridgefield, als ich einen Anruf von Scott erhielt, meinem Reisegefährten im Land der Kicks. Auf der anderen Seite der Stadt werde es eine große Party geben, und viele Leute aus der alten Truppe würden dasein. Ob ich kommen wolle?

Ob ich kommen wollte? Ich hatte mir im Fernsehen den ganzen Tag Wiederholungen angesehen und für den Abend auch keine weiteren Pläne, als mir weitere Shows und Serien zu Gemüte zu führen. Na klar war ich mit von der Partie.

Ich fuhr in dem alten VW-Bus hinüber. Der arme Karman Ghia war nach meinem Unfall zwar repariert worden und eineinhalb Jahre gut gelaufen, doch dann bekam mein Bruder den Führerschein. Jetzt war er an der Reihe. Als *er* ihn zu Schrott fuhr, ließ sich nichts mehr reparieren. Es geschah ihm nur recht, nachdem er mir im vergangenen Jahr mein landwirtschaftliches Experiment auf so hinterhältige Weise mit dem Jugendlexikon vereitelt hatte.

Die Party fand in einem großen Haus statt, das eine Gruppe von Typen des Western Connecticut State College für ein Jahr gemietet hatte. Scott und Lenny, der Junge, der den Triumph in den Sumpf gefahren hatte, waren ebenfalls da. Wir schwelgten in Erinnerungen an unsere Abenteuer, die sich vor vielen Generationen ereignet zu haben schienen. Ich erwähnte, was ich gehört hatte, daß Michael nämlich seinen Schwarzen Gürtel bekommen hatte.

»O ja«, sagte Scott. Etwas an der Art, wie er es sagte, machte mich neugierig.

»Was? Hast du ihn gesehen?«

»Aber sicher. Er ist im Badezimmer.«

»Tatsächlich?«

»Aber ja. Er hat sich irgendwie nicht mehr in der Gewalt.«

»Inwiefern?«

»O Mann, er nimmt seit kurzem ziemlich schwere Geschütze.«

»Was? Was hat er getan?«

»Oh, ich weiß es nicht. Frag ihn doch selbst – du kennst ihn besser als ich. Ich glaube, daß er schon bald Ärger bekommen wird. Geh doch hin und sieh ihn dir an.«
Lenny lachte. »Spiel doch nicht seine Mutter! Dempsey ist cool, Mann. Der kommt wieder in Ordnung.«
Jetzt konnte ich meine Neugier kaum noch bezähmen. Ich ging ins Badezimmer, sah dort aber niemanden. Als ich gehen wollte, hörte ich eine Stimme sagen: »Vergiß nicht, die Tür zuzumachen.« Es war Michael, doch wo steckte er?
Ich zog den Duschvorhang zur Seite, und da war er. Er lag angezogen auf dem Rücken in der Wanne und war über und über mit Erbrochenem bedeckt.
»Barabbas!« sagte er mit Wärme in der Stimme. Er sah schrecklich aus – übergewichtig, mit aufgedunsenem Gesicht, blaß und offensichtlich erschöpft. »Wie zum Teufel geht's dir?« Wie ich höre, ackerst du jetzt von neun bis fünf.«
»Bist du in Ordnung da unten?«
»Was soll das? Ich schaffe es immer noch locker, dir in den Arsch zu treten. Ich, äh … hänge eine Zeitlang nur herum, um mir über manches klar zu werden. Mache mal Pause.«
»Übrigens, Glückwunsch zu deinem Schwarzen Gürtel.«
»Danke. Hast du von meinem Test gehört?«
»Nein. Wie ist er gelaufen?«
Seine Augen, die bei unserer Unterhaltung schon halb geschlossen gewesen waren, gingen jetzt ganz zu, und er schüttelte benebelt den Kopf.
»Heftig, Mann. Du hättest dabeisein sollen.«
»Wenn du mir davon erzählt hättest, wäre ich gekommen, um zuzusehen.«
»Nein, du Arschloch! Ich meine, du hättest *dabeibleiben* sollen. Du hättest nie mit dem Unterricht aufhören dürfen, Mann. So, das reicht für den Augenblick. Bis später, Barabbas.« Sein Kopf wackelte hilflos, dann fiel ihm das Kinn auf die Brust, und er

nickte ein. Als ich zu der Party zurückkehrte, sagte ich: »Sollten wir ihn nicht im Auge behalten? Er sieht ziemlich schlimm aus.«
»Ach was, er kommt wieder zu sich. Er hat sich den ganzen Tag Speed reingeschaufelt, so daß er dann einen Downer nahm, um wieder runterzukommen. Er braucht nur etwas Ruhe.«

Als ich wieder im College war, genoß ich jeden Augenblick. Ich war zu sehr Arbeits-Freak, um mir darüber Gedanken zu machen, daß ich am Freitag und Sonnabend den größten Teil des Abends in der Bibliothek saß, doch der Charme von Yale bestand zu einem großen Teil darin, daß die Universität ein ganzes Netz von Erwachsenen eingestellt hatte, um sich über das soziale Leben der Studenten Gedanken zu machen.
Zu Beginn des Frühlingssemesters gab die Leiterin unseres Wohnheims eine Dinnerparty in ihrem Haus auf dem Campus, und alle Angehörigen des College waren eingeladen. Auf der Einladung hieß es jedoch »Jackett erbeten«. Für die meisten Anlässe wie Tanzveranstaltungen und gesellige Abende lieh mir Holden gern passende Kleidungsstücke, obwohl sie für mich alle viel zu groß waren – er brachte mir sogar das Tanzen bei. Er hätte mich auch diesmal gern ausgestattet, doch als ich meinem Vater gegenüber am Telefon die Dinnerparty erwähnte, sagte er: »Du hast doch gar keine richtige Jacke, nicht wahr?«
»Nein.«
»Wir müssen dir eine kaufen. Es ist höchste Zeit, daß du mindestens ein anständiges Jackett hast, wenn du jetzt anfängst, zu solchen Partys zu gehen.«
Am Wochenende holte Dad mich ab und fuhr mich nach Hause. Wir gingen in einen guten Second-hand-Laden, von dem meine Mutter gehört hatte. Sie hatten nur eine Jacke in meiner Größe in dunkelgrauem Cordsamt, doch sie stand mir und war praktisch so gut wie neu, so daß mein Vater sie mir kaufte. Als wir wieder den

VW-Bus bestiegen, sah er mich an und nickte, hatte aber einen Ausdruck im Gesicht, der nach einer Erklärung verlangte.
»Ist was?« fragte ich.
»Oh, ich habe nur nachgedacht.«
»Worüber?«
Er schwieg einen Moment lang und sagte dann schließlich: »Nichts als das Zweitbeste für meinen Sohn.«
Ich ging mit meiner neuen Jacke zu der Party, und nach dem Essen begaben wir uns alle ins Wohnzimmer, wo wir bei Kerzenlicht Rotwein tranken und plauderten. Wie immer bei großen gesellschaftlichen Ereignissen mit Gleichaltrigen fühlte ich mich nervös und unfähig, mit jemandem eine Unterhaltung anzufangen. Es war alles in Ordnung, wenn mich jemand ansprach, doch ich lernte nie, mich von allein Fremden vorzustellen. Ich merkte, daß ich mich immer weiter von der Gruppe zurückzog und so tat, als interessierte ich mich für meine Papierserviette, und fragte mich, ob es unhöflich wäre, früh zu gehen. Dabei achtete ich nicht darauf, wohin ich ging. Plötzlich spürte ich einen stechenden Schmerz im Rücken, in der Nähe des Schulterblatts. Mir ging auf, daß ich eine brennende Zigarette berührt haben mußte.
Ich war wie erstarrt, doch mein erster Gedanke war, daß der Betreffende merken würde, daß er (oder sie) mich mit der Zigarette verbrannt hatte, wenn ich mich plötzlich bewegte. Das wollte ich niemandem zumuten, und so zog ich mich langsam von der Quelle des Schmerzes zurück.
Dieser ließ jedoch nicht nach, sondern wurde immer schlimmer. Viel schlimmer – und das sehr schnell. Es war kaum auszuhalten! Himmel, dachte ich, dieser Typ verfolgt mich wohl absichtlich mit einer Zigarre, die er mir gegen die Jacke drückt. Ich wußte nicht mehr, was ich tun sollte. Dann bemerkte ich eine Frau, die wie wild auf meine Schulter zeigte. Ich warf einen Blick nach hinten und sah, daß ich Feuer gefangen hatte. Ich war rückwärts auf das Klavier zugegangen, auf das man einen Kandelaber

gestellt hatte. Ich hatte wie ein Esel dagestanden, bis meine schöne nagelneue Second-hand-Jacke Feuer fing. Ich riß mir die brennende Jacke vom Leib, warf sie auf den Fußboden und trat das Feuer aus.
Es war eine peinliche Methode, zum Mittelpunkt der Aufmerksamkeit zu werden, und natürlich war es auch nicht die Lösung für meine Schüchternheit, die ich mir erhoffte. Ich löste die Spannung, indem ich es mit einem Lachen abtat, entschuldigte mich dann und ging nach Hause. Dort erzählte ich Holden, was passiert war. Er bat mich, mich umzudrehen.
»Ach du dickes Ei!« sagte er und gab sich Mühe, nicht zu lachen. »Die Kerze hat dir nicht nur die Jacke verbrannt! Das Feuer ist sogar durch deinen Pullover gegangen, das Hemd und einen Teil deiner Haut! Ich glaube, ich kann deinen Kapuzenmuskel sehen. Oder vielleicht ist es das Schulterblatt? Warte – nein, ich glaube, ich kann dein Rückgrat sehen!«
»Halt die Klappe, Holden. Hilf mir lieber, die Klamotten auszuziehen.«
Holden gab mir etwas Jod für die Wunde, und ich machte mich für die Nacht fertig. Ich konnte nur eins denken: Weshalb mußte es ausgerechnet meine neue Jacke sein? Warum mußte ich rückwärts in eine Flamme laufen? Warum habe ich nicht einen Satz gemacht, sobald ich das Feuer bemerkte? Warum mußte ich mich so blamieren?

An einem Nachmittag im Februar las ich gerade einen Artikel, in dem es hieß, für Männer oder Jungen sei es in chinesischen Dörfern tabu, unter der trocknenden Wäsche menstruierender Frauen hindurchzulaufen, als das Telefon läutete. Es war mein Bruder.
»He, Erich, was ist los?«
»Ich habe schlechte Neuigkeiten. Michael Dempsey ist heute morgen gestorben.«

»Michael ist *gestorben*?«
»Ja, ein Autounfall. Er ist heute nacht am Steuer eingeschlafen. Ziemlich in der Nähe des Ethal Allen Inn. Du kennst doch diesen Felshang? Sein Wagen ist runtergestürzt. Lenny war auch im Wagen, doch ihm ist nichts passiert. Die Beerdigung ist an diesem Wochenende. Du könntest doch herkommen?«
»Ja, das sollte ich wohl lieber. Ich werde die Bahn bis Westport nehmen. Kannst du mich abholen?«
»Ich werde in der Schule sein, aber Mom kann dich abholen. Sie hat sich schon gedacht, daß du herkommen willst. Tut mir leid, dir so schlechte Nachrichten überbringen zu müssen.«
Als ich mit der Bahn nach Hause fuhr, merkte ich, daß ich gefühlsmäßig kaum auf die Nachricht reagierte. Ein Teil von mir war überrascht, ein anderer Teil von mir dachte, daß es niemanden hätte überraschen dürfen.
Als ich am nächsten Tag zur Totenwache ging, fühlte ich immer noch nichts. Ich mußte mich dem schrecklichen Anblick seiner Mutter stellen, die von ihren vier anderen Söhnen umgeben an Michaels Sarg weinte. Der Sarg mußte geschlossen bleiben; es war ein schlimmer Unfall gewesen. Ich murmelte etwas zu ihr, wie leid es mir täte, und zog mich dann in den Warteraum zurück. Bill war dort. »Hallo«, sagte er. In Anzug und mit Krawatte sah er viel kleiner aus.
»Ich hab's auf dem Rückweg von der Arbeit im Autoradio gehört«, sagte er. »Ich konnte es nicht glauben. Wenigstens hat er seinen Schwarzen Gürtel bekommen. Das war das, was er sich am meisten wünschte.«
Michaels Bruder Frank kam zu uns heraus.
»Tut mir leid, Frank«, sagte ich.
»Ja, es tut mir so leid um Mike, Frank.«
Frank stand noch unter Schock. »Wir tragen ihn in seinem guten Kampfanzug zu Grabe«, sagte er langsam. »Das hätte er sich gewünscht.«

Als Mrs. Dempsey in den Warteraum kam, sah sie etwas besser aus. Sie umarmte mich, und ich fragte, ob ich etwas tun könne.
»Möchtest du morgen bei der Beerdigung etwas sagen?« fragte sie. »Michael ist immer so stolz auf dich gewesen. Ich weiß, daß es ihm gefallen hätte.«
»Aber gern.«
Ich verbrachte den Rest des Tages und den Abend damit, eine Totenrede zu Papier zu bringen. Am nächsten Tag im Bestattungsinstitut hörte ich plötzlich aufgeregtes Flüstern, das die Stille brach, bevor wir zur Kirche gingen. Ich drehte mich um und sah, wie die Tür aufging. Ein barfüßiger Mann, der eine schneeweiße orientalische Robe trug und das Haar wie ein Samurai zu einem Haarknoten hochgebunden hatte, ging langsam an uns vorbei, die wir in unseren normalen schwarzen Anzügen dasaßen. Er sah niemanden an, sondern ging entschlossen auf den Sarg zu. Das Schockierende war, daß er weder Chinese noch Japaner war; es war Sensei O'Keefe.
In meinem gesamten jungen Leben hatte man mir immer wieder eingeschärft, das Hemd in den Hosenbund zu stecken und keine Hosen mit Löchern am Knie zu tragen, wenn ich zu besonderen Anlässen ging. Es sei »unpassend«, gegen die Kleidervorschriften zu verstoßen. Ich hatte das immer für sinnlosen Konformismus gehalten, bis ich bei Michaels Beisetzung Sensei in diesem weißen Bettlaken sah. Das war *wirklich* unpassend. Er wollte damit offensichtlich seinen tiefen Respekt zum Ausdruck bringen. Ich bin mir sicher, daß er sich diese Robe selbst zurechtgeschneidert hatte. Der Gedanke an diesen zornigen, gequälten Mann, der mit Nadel und Faden stundenlang dahockte und es dann wagte, damit im Beerdigungsinstitut aufzutauchen, war zwar anrührend, doch die Wirkung war wie ein Tritt in die Eier. Er sah aus, als hätte er auf dem Weg zu einer Halloween-Party nur mal eben hereingeschaut.
Sensei kniete nach japanischer Sitte vor dem Sarg nieder und

meditierte, versetzte dem Sarg dann einen leichten Schlag, stand auf, kehrte an die Rückwand des Saals zurück und nahm Haltung an. Niemand wußte, was er tun oder sagen sollte.
Der Bestattungsunternehmer verkündete leise, daß es »soweit« sei. Mrs. Dempsey ging auf den Sarg zu, wurde ohnmächtig und drohte rücklings hinzufallen. Sensei eilte herbei und fing sie gerade noch rechtzeitig auf. Er beugte sich über sie, fächelte ihr Kühlung zu und wies sie an, tief zu atmen. Als sie wieder zu sich gekommen war, trugen Michaels Brüder, der Bestattungsunternehmer und ich den Sarg zum Leichenwagen hinaus.
Der Trauergottesdienst fand in einer katholischen Kirche statt. Da der Priester einen weißen Ornat trug, nahm sich Senseis Aufmachung etwas besser aus als im Bestattungsinstitut, war dem Anlaß aber trotzdem alles andere als angemessen. Als der Priester den Gottesdienst fast beendet hatte, kam er zu mir herüber und sagte: »Wie Sie wissen, hat die Familie darum gebeten, daß Sie ein paar Worte sagen. Werden Sie das überstehen, mein Sohn?«
Er fragte mich in einem Tonfall, der mir signalisierte, daß er nicht darauf erpicht war, einen von Michaels Kumpels sprechen zu lassen. Wahrscheinlich fürchtete er, ich könnte mich hinstellen und Geschichten aus unserer wilden Zeit erzählen. »Ist schon in Ordnung, ich werde es kurz machen.«
Ich stand auf und hielt meine kleine Ansprache; dann gingen wir zum Friedhof, wo der Sarg in die Erde gesenkt wurde. Draußen herrschte schneidende Kälte, und der Erdboden war von matschigem Schnee bedeckt. Sensei stand trotzdem die ganze Zeit mit nackten Füßen und mit diesem dünnen Bettlaken da und zitterte kein einziges Mal. Als die Zeremonie vorbei war, gingen alle, mit Ausnahme von Sensei O'Keefe. Dieser kniete neben dem Grab im Schnee nieder. Als ich mit meinen Eltern im Wagen den Friedhof verließ, konnte ich sehen, daß er noch immer dort kniete.
»Der Kerl hat vielleicht Nerven«, sagte meine Mutter mit verweinten Augen. »Kreuzt in dieser Aufmachung bei der Beerdi-

gung eines Jungen auf. Ich möchte gern wissen, wie sich die arme Missis Dempsey dabei gefühlt hat.«
»Sie ist zu nobel, um sich dadurch stören zu lassen, da bin ich mir sicher«, sagte mein Vater.
Am Abend ging ich zu Michaels Elternhaus, wo sich Dutzende von Verwandten um Mrs. Dempsey kümmerten. Sie achteten darauf, daß es für alle reichlich zu essen und trinken gab, damit sie sich um nichts zu kümmern brauchte.
Eine der Verwandten, eine Tante von Michael, schien besonders zu trauern. »Warum nimmt Gott immer die Besten?« fragte sie wiederholt. Nach dem Essen nahm sie mich beiseite und zeigte auf einen Kassettenrecorder auf dem Wohnzimmertisch. »Das war eine schöne Ansprache, die du da gehalten hast«, sagte sie und schluchzte leise. »Würdest du sie für Michaels Mutter noch einmal vorlesen? Ich würde sie für sie gern auf Band aufnehmen. Ich weiß, daß sie ihr etwas bedeuten wird.«
Sie stellte den Recorder gleich im Wohnzimmer an und gebot allen zu schweigen. Ich konnte mich natürlich nicht weigern, doch es war schrecklich für mich, so etwas zu tun. Ich verlas die Ansprache nochmals, worauf Mrs. Dempsey erneut losschluchzte.
»Vielen Dank«, sagte die Tante und umarmte mich lange. Dann hob sie den Kassettenrecorder auf. »Ach du lieber Himmel«, sagte sie zornig. »Wie konnte ich nur so dumm sein? Ich habe auf ›abspielen‹ statt ›Aufnahme‹ gedrückt. Wir werden es noch mal machen müssen.

18

Bei der Beerdigung drehte sich alles um Michael, doch sobald die Zeremonie vorbei war, hatte sein Tod in meinen Gedanken nur noch Bedeutung für mich. Ich begann, meine Reaktionen auf die Beerdigung mit düsterer Faszination zu untersuchen; ich schämte mich, obwohl ich nicht genau wußte warum, weil mein stärkstes Gefühl an diesem Wochenende nicht ein Gefühl von Verlust gewesen war, mehr eins von Hilflosigkeit, weil es mir nicht gelungen war, Michaels Mutter zu trösten. Ich empfand überdies ein vages Schuldgefühl, weil ich die Kung-Fu-Stunden aufgegeben und Michael im Stich gelassen hatte, als er einen engen Freund vermutlich am meisten gebraucht hätte. Am beunruhigendsten war jedoch das stärker werdende Gefühl, daß meine Reaktion auf seinen Tod etwas vermissen ließ. Ich war natürlich traurig, aber – und ich fühlte mich zutiefst schuldbewußt, weil ich dies dachte – hatte sein Tod nicht noch eine größere Dimension? Sollte ein solcher Meilenstein im Leben einen nicht bis ins Mark erschüttern und dazu zwingen, neu über sein Leben nachzudenken?

Immerhin ging es um einen Menschen in genau meinem Alter, der im Bruchteil einer Sekunde und ohne es gewollt zu haben, plötzlich nicht mehr sein ganzes Erwachsenenleben vor sich hatte, sondern statt dessen einfach nicht mehr existierte. Es war ein ungeheurer Augenblick, mit Gewißheit der ernsteste meines bisherigen Lebens, doch ich fühlte mich trotzdem unverändert. Es ist scheußlich, es zugeben zu müssen, doch ich war fast enttäuscht. Ich war mir bewußt, mich anstrengen zu müssen, um meine Gedanken auf dieses Erlebnis zu konzentrieren, bis ich es richtig verdaut hatte; irgendwo mußte darin eine Botschaft für mich stecken, die ich unbedingt verstehen mußte, wenn ich mich weiterentwickeln wollte, doch ich konnte sie nicht entziffern. Falls ich sie aber nicht entzifferte, so kam es mir vor, dann nur wegen meiner mangelnden Verpflichtung gegenüber dem Ideal eines informierten, geprüften Lebens – und wir wissen alle, was das ungeprüfte Leben wert ist. Wenn ich diese Botschaft also nicht entzifferte, so fürchtete ich, würde ich es für den Rest meines Lebens bedauern.

Es war untypisch für mich, daß ich nicht mit meinem Vater darüber sprach. Ich wußte, daß er höchstwahrscheinlich eine eigene Interpretation äußern und glücklich sein würde, sie an mich weiterzureichen. Solche Dinge – das Unerwartete, das Unverdiente, das Unerträgliche – waren für ihn genau das Richtige. Doch ich wollte seine Ansicht nicht hören und war überzeugt davon, daß er mich verstehen würde. Ich hatte das Gefühl, daß jetzt die Zeit für mich gekommen war, solche Fragen selbst zu beantworten.

Als ich wieder in New Haven war, brachten mir meine Freunde und Dozenten viel Rücksichtnahme entgegen, doch statt mich zu trösten, was wohl beabsichtigt war, bestärkte es mich nur in dem Gefühl, ein persönliches Drama erlebt zu haben. Schon bald hatte ich das Gefühl, es sowohl ihnen als auch Michael schuldig zu sein, in der Tragödie irgendeinen Sinn zu sehen, damit sein Tod, ebensowenig wie die aufrichtige Besorgnis meiner Freunde, nicht umsonst gewesen waren.

Es fiel mir schwer, mich auf meine häusliche Arbeit zu konzentrieren, denn immer dann, wenn ich chinesische oder viktorianische Romane las oder Artikel über archäologische Entdeckungen in Peru, hatte ich das Gefühl, die Zeit nur dazu zu benutzen, einer weit wichtigeren Frage aus dem Weg zu gehen: Wie kommen wir weiter? Warum lähmt uns nicht alle das Wissen um unsere Sterblichkeit? Ironischerweise hatte das Bewußtsein meiner Sterblichkeit mich früher nie beeinträchtigt, doch jetzt brachte die Frage, weshalb es mich *nicht* beeinträchtigte, mein ganzes Leben zum totalen Stillstand. Ich konnte mich nicht länger als fünfzehn Minuten auf ein Buch oder eine schriftliche Arbeit konzentrieren.

Die Wochen verstrichen, und es wurde mit meiner Konzentration immer schlimmer, und zum erstenmal mußte ich meinen Dekan bitten, mir für bestimmte Arbeiten den Abgabetermin zu verlängern. Am Abend vor der Abschlußprüfung in Chinesisch des zweiten Studienjahrs, meinem schwierigsten Hauptfach, geriet ich in Panik. Ich bin unvorbereitet, dachte ich, und meine Dozenten, die so gut zu mir gewesen sind, werden enttäuscht sein. Ich werde eine schlechte Note bekommen, und damit ist das Ende der Welt gekommen! Ich schluckte ein paar Muntermacher und blieb die ganze Nacht auf, um zu pauken, was ich zuvor noch nie getan hatte. Irgendwann während der Prüfung begannen meine Hände so stark zu zittern, daß ich die Schriftzeichen nicht mehr zu Papier bringen konnte. Ich saß im Stuhl und starrte die Hände an, ohne sie kontrollieren zu können, bis der Professor es sah und mich bat, mit hinauszukommen.

»Ist mit Ihnen alles in Ordnung?« fragte er. Ich erzählte ihm, was passiert war, und ein gequälter Ausdruck huschte über sein Gesicht. »Wie weit sind Sie mit der Prüfungsarbeit gekommen?« fragte er.

»Ich glaube, ich habe den größten Teil geschafft.«

»Mark, jeder weiß, wieviel Sie in diesem Jahr fürs Studium getan haben, und wir wissen auch, daß Sie vor kurzem einen schweren Verlust erlitten haben. Gehen Sie um Himmels willen nach Hause und ruhen Sie sich aus. Es ist wirklich nicht nötig, daß Sie sich wegen des Examens solche Sorgen machen.«

Ich war für diesen Gnadenerweis dankbar, doch als ich in meinem Zimmer war, fühlte ich mich einfältig, weil ich mir überhaupt solche Sorgen gemacht hatte. Was für ein Streber ich doch war! Kein Wunder, daß es mich immer so durcheinanderbrachte, wenn ich mir keine klaren Prioritäten setzen konnte. Ich meine, wenn man sich vornimmt, sich der großen Frage zu stellen, welchen

Sinn das Leben hat, sobald man weiß, daß es jederzeit zu Ende gehen kann, gleichgültig, welche Ziele man sich gesetzt hat, sollte man wenigstens den Mut aufbringen, eine Sprachprüfung mit einer ausreichenden Note zu bestehen.

In diesem Sommer beschloß ich, nicht nach Hause zu fahren. Charles McBirney, der Professor, der mich vor der Prüfung gerettet hatte, brauchte für den Sommer einen Forschungsassistenten und stellte mich dem Eigentümer eines chinesischen Restaurants in der Stadt vor, der mir einen Abendjob als Kellner anbot. Ich mietete mir eine Wohnung in einer heruntergekommenen Gegend mit erschwinglichen Mieten gleich neben dem CVJM in der Innenstadt. Sie lag nur wenige Straßenblocks von dem Restaurant entfernt, in dem ich arbeitete.

Da ich während des Sommers keine Vorlesungen hatte, konnte ich es mir leisten, immer später und später aufzustehen. An einem typischen Abend kam ich um halb elf von der Arbeit und schlief sofort ein. Um ein Uhr nachts weckte mich irgendein Alptraum, worauf ich mich bis drei Uhr morgens herumwälzte, wieder einschlief, als alles wieder von vorn begann. Meist kroch ich gegen zwölf Uhr mittags aus dem Bett. Wenn ich am Nachmittag nicht im Institut für asiatische Sprachen arbeitete, fuhr ich meist zu einem der menschenleeren Strände, die eine runde Stunde östlich von New Haven liegen, und saß dort herum, bis es wieder Zeit war, zurückzufahren und im Restaurant zu arbeiten.

Wie lautete die Botschaft? Wie kommen wir weiter? War dies nicht genau das Problem, das meinen Vater so gemacht hatte, wie er war? Das war es; es war der Grund, weshalb ich dies jetzt ein für allemal klären mußte. Vielleicht war es meine letzte Chance zu tun, was ich mir schon vor so langer Zeit zum Ziel gesetzt hatte: nämlich Ordnung ins Chaos zu bringen, meinem Leben einen Sinn zu geben und auf eine Weise glücklich zu werden, wie es mein Vater nicht geschafft hatte. Wenn ich vorhatte, das heilige Versprechen zu halten, das wir uns an der Schwelle zum Erwachsensein geben – niemals der Heuchelei zu erliegen, der Selbstzufriedenheit oder der Mittelmäßigkeit –, mußte ich diese Frage *jetzt* lösen. Ich war es meinem Vater schuldig, diese Sache bis zum bitteren Ende durchzustehen und diesmal nicht aufzugeben. Ich hatte das Gefühl, es auch Michael schuldig zu sein. Armer Kerl, er würde nicht mehr die Chance haben, es selbst zu tun.

Ich stellte mir den ganzen Tag die großen Fragen, doch statt Antworten hörte ich im Kopf nur Rauschen. Es kam mir vor, als wäre ich ständig high, obwohl es nicht annähernd so unterhaltsam war. Alles schien seiner Farbe beraubt zu sein, seines Geschmacks und seiner Anziehungskraft. Es kam mir vor, als würde ich aufwachen, um mich in einem schwarzweißen B-Film wiederzufinden, die Art von Film, den man sich vielleicht um zwei Uhr morgens ansieht, ohne sich von der Handlung oder dem Dialog angesprochen zu fühlen. Man sieht sich die flackernden Bilder an, weil sie einfach den Blick auf sich ziehen, jedoch ohne viel davon zu begreifen.

Es war eine weder befriedigende noch angenehme Art der Selbstprüfung, doch ich widersetzte mich ihr nicht. Im Gegenteil, ich begrüßte sie; hatten nicht alle von mir respektierten historischen Gestalten erst dann ihre großen Leistungen vollbracht, nachdem sie diese Fragen für sich beantwortet hatten? Hatte mein Vater nicht mal gesagt, er sei froh, daß ich solche Fragen stellte, und hatte er nicht auch gesagt, ich solle nicht erwarten, daß die Antworten sich von selbst ergäben? Oder etwas in der Richtung? Obwohl ich es damals um keinen Preis zugegeben hätte, hatte ich eine Zeitlang eine ganze Reihe romantischer Vorstellungen über die Natur von Genie und Inspiration gehegt. Eine davon war, daß man kein wirklicher Künstler sein kann, wenn man in jungen Jahren keinen Nervenzusammenbruch gehabt hat. Je jünger, um so besser. Ich hatte allerdings den Eindruck, daß man sich nicht einfach in die Tiefen versenken kann, wann immer einem danach zumute ist; man braucht einen einleuchtenden Katalysator für den

Zusammenbruch, ein reales oder symbolisches Ereignis, das die psychologische Lawine in Gang setzt, und ein einleuchtenderes als den Tod eines Jugendfreunds hätte ich mir kaum wünschen können. Ich war zwar nicht so monströs selbstsüchtig, mich über Michaels Tod zu freuen, doch ich war egoistisch genug, mir einzureden, daß es jetzt, wo es nun mal passiert war, meine Pflicht sei, etwas Positives daraus zu machen.

Als das Herbstsemester begann, war ich viel zu sehr mit Büchern über Nihilismus und Zen sowie damit beschäftigt, aus dem Fenster auf die nackte Stadt zu starren, um überhaupt Chinesisch zu studieren. Das Semester war eine Katastrophe, und das so sehr, daß ich schließlich glaubte, keine andere Wahl zu haben, als auszusteigen.

»O nein! Nicht schon wieder!« stöhnte mein Vater, als ich ihm die Neuigkeit eröffnete.

»Wenigstens hat er seinen High-School-Abschluß«, entgegnete meine Mutter in einem Versuch, sich aufzumuntern.

»Ich bin mir nicht sicher, daß er den hat. Mark, du bist doch nicht richtig von der High-School abgegangen – haben sie dir überhaupt ein Abschlußzeugnis geschickt?«

»Nein, ich glaube nicht.«

Die Augen meiner Mutter erstarrten in höchster Verzweiflung. »Du hast keinen High-School-Abschluß? O mein Gott!«

Wenn meine Mutter Alpträume hatte, dann meist in einem von drei Szenarios: Entweder mußte sie über ein Feld voll toter Vögel laufen, ein Konzert geben, ohne sich vorbereitet zu haben, wobei ein starker Wind ihr die Noten vom Pult wehte, oder entdecken, daß ihre Kinder keinen High-School-Abschluß hatten.

Am nächsten Morgen rief meine Mutter die High-School an, und der stellvertretende Schulleiter erklärte ihr, daß mir ein Zeugnis im Turnen fehle, so daß sie mir kein Abschlußzeugnis ausstellen

könnten. Was für ein Mitgefühl ich mit dem armen Kerl hatte! Ich sah schon aus weiter Ferne, was auf ihn zukam.
Mom knallte den Hörer so fest auf die Gabel, daß sie das Telefon fast von der Wand riß. Wenn ich gut war, stärkte mir niemand mit größerer Begeisterung den Rücken als sie, doch wenn ich mich in irgendwas reingeritten hatte, wurde kein anderer auch nur halb so wütend oder entschlossen, die Dinge wieder geradezurücken. Sie ging schnurstracks zum Wagen und fuhr gleich nach New Haven, wo sie meinen Dekan einen Brief schreiben ließ, in dem bestätigt wurde, daß ich seit einem Jahr im fünften Stock eines Studentenwohnheims ohne Fahrstuhl wohne; einfaches Kopfrechnen genüge, um zu zeigen, daß die Bewegung, die ich beim Treppensteigen in diesem Haus bekommen habe, mühelos die staatlichen Anforderungen für einjährige Leibeserziehung an einer High-School überschreite. Mom nahm den Brief zum Büro der High-School mit, setzte sich auf einen Stuhl und erklärte, sie werde warten. Sie stand erst wieder auf, als ihr mein Abschlußzeugnis überreicht wurde. Als sie nach Hause kam und es mir gab, hatte sie die Zähne so fest zusammengebissen, daß zwei ihrer Goldfüllungen sich knirschend aneinander rieben. Ich schwöre bei allem, was mir heilig ist, daß ich mich für den Rest des Wochenendes wie ein Engel benahm.
Die Moral dieser Geschichte: Es ist kein Zufall, daß die härtesten und zielbewußtesten Männer der Welt das Wort »Mutter« auf den Armen eintätowiert haben. Denken Sie mal darüber nach.

Mutter fühlte sich besser, als ich das Abschlußzeugnis in der Tasche hatte, doch mein dunkles Jahr begann gerade erst. Ich setzte meine Arbeit für Professor McBirney für ein paar Stunden pro Tag fort und ging an einigen Abenden der Woche kellnern, doch meist blieb ich in meinem Zimmer und brütete. Wenn ich wirklich auf Messers Schneide hätte leben wollen, hätte ich vermutlich spätabends auf den Straßen herumspazieren sollen,

doch da das Erlebnis auf dem Friedhof mir noch frisch im Gedächtnis war, hielt ich es für besser, meine Selbstzerstörung in der Sicherheit meines Apartments vorzunehmen.
Es wurde immer schlimmer. Ich schlief erst vierzehn, dann sechzehn Stunden am Tag, bis es mir irgendwann fast unmöglich wurde, überhaupt aus dem Bett zu kommen. Und wenn ich es tat, war ich immer kurzatmig. Ich stürzte mich wie im Fieberwahn auf meine alten Zen-Bücher und suchte mir in der Bibliothek sogar deren chinesische Versionen. Zu meiner Enttäuschung und höchstem Ärger waren sie im Original ebenso unverständlich wie in der Übersetzung. *(Das Spiegelbild des Mondes im Wasser ist nur Spiegelbild. Wenn du dies verstehst, verstehst du dies.)* Ich hatte in Chinesisch umsonst ein Examen abgelegt.
Dies. Diesheit. *Sei jetzt hier.* Ich zwang mich, über die Diesheit nachzudenken, praktizierte, Jetzt Hier Zu Sein, konnte aber an nichts weiter denken, als *dies* kommt mir *jetzt* wie *Scheiße* vor. Ich sah Faltblätter, in denen für einen Tempel von Zen-Buddhisten geworben wurde, und machte sogar eine ihrer anstrengenden Wochenend-Freizeitangebote mit, doch das war nichts für mich. Wozu die Roben? Wozu der Weihrauch und die Buddhastatuen? Wozu dieser Singsang auf koreanisch? Das hatte ich alles schon mal mitgemacht. Ich hatte nicht mehr die Geduld, es auch nur versuchsweise wieder ernst zu nehmen; ich hatte das Gefühl, daß mir die Zeit davonlief.
Ohne mir Gedanken zu machen, ob ich nun vorbereitet war oder nicht, meldete ich mich bei Tungli Shen an, dem Poeten/Gelehrten/Philosophen, von dem ich vor so vielen Jahren gehört hatte. Als ich sein Büro betrat, übte er gerade Kalligraphie. Er blickte hoch und lächelte, und ein einziger Blick auf dieses sanfte Gesicht überzeugte mich davon, daß er mir die Antworten geben würde, die ich so dringend brauchte. Ich wollte ihn nicht mit meiner ganzen Geschichte belasten, so daß ich zu unserem Treffen nur eine Passage mitbrachte, die ich in der Hoffnung ausgewählt

hatte, zur Wurzel des gesamten Problems von Sinn und Sinnlosigkeit vorzustoßen. Der Text stammte von Chuangtse, einem Taoisten, der im dritten Jahrhundert v. Chr. gelebt hatte. Ich zeigte Mr. Shen das Zitat, und er übersetzte es etwa wie folgt:

Hähne krähen, Hunde bellen
Dies ist alles, was wir wissen.
Selbst die weisesten Männer wissen nicht,
woher diese Stimmen kommen
Und können nicht erklären, weshalb Hähne krähen
und Hunde bellen
Wenn sie es tun …

»Was bedeutet das? Ich meine, was bedeutet es für *uns*?« fragte ich ihn.

»Oh, es bedeutet wahrscheinlich einfach nur, daß es viele Dinge gibt, die wir nicht verstehen.«

»Ja, aber … wie leben wir damit? Wie leben wir damit, daß wir es nicht wissen?«

Er lächelte und schloß die Augen. »Aha! Ja, das ist das Problem, nicht wahr? Aber das ist es ja gerade; niemand weiß, wie man das tut! Wenn Sie es wüßten, dann – nun ja, dann würde es nicht als etwas zählen, was Sie nicht verstehen, richtig?«

»Ja, aber Mister Shen, ich verstehe den Sinn des Lebens nicht und bin offensichtlich unglücklich. Sie sagen, Sie verstehen den Sinn des Lebens auch nicht, sind aber offensichtlich glücklich. Was ist es, was mir fehlt?«

Er lachte. »Rund fünfzig Lebensjahre, glaube ich! Viele dieser Dinge erscheinen einem klarer, wenn man älter wird. Sie sollten nicht das Gefühl haben, sich beeilen zu müssen. Das macht Ihnen so zu schaffen, da könnte ich wetten.«

Dies war nicht das, was ich hören wollte. Ich beschloß, es noch einmal mit einer Frage zu versuchen. »Sie sagen also, daß dieses

Zitat heute etwas anderes sagt als früher, als Sie in meinem Alter waren?«

»Ja. Gewiß.«

»Können Sie mir sagen, was es heute für Sie bedeutet?«

Er schloß die Augen und lachte erneut. »Sie sind schlau! Darüber habe ich noch gar nicht nachgedacht. Trotzdem würde es Ihnen gar nichts sagen. Dieses Zitat bedeutet mir etwas, wegen … wegen alldem, was ich erlebt habe. Wenn ich es jetzt lese, füge ich es mit meiner Lebenserfahrung zusammen. Mit meinen Kindheitserinnerungen an Peking … was für eine schöne Stadt! Dem Leben in Hongkong, als die Japaner die Stadt bombardierten, als ich die Schrecken des Krieges sah. Mit dem Umzug in dieses schöne Land – das für mich ein fremdes Land war! –, in dem ich meine Kinder großzog und so viele Jahre unterrichtet habe. All das ist meine Antwort auf dieses Zitat. Und Ihr Leben wird *Ihre* Antwort darauf sein. Ich fürchte, daß es nur so funktioniert. Eine Abkürzung ist mir nicht bekannt.«

Ich war dankbar für das, was Mr. Shen mir gesagt hatte, doch statt mich aufgemuntert zu fühlen, traf es mich wie ein tödlicher Schlag. Es sei zwecklos, ihm Fragen über Sterblichkeit oder den Sinn des Lebens zu stellen, schien er zu sagen, denn diese Fragen würden ohnehin erst beantwortet werden, wenn ich wirklich alt sei. Danach befand ich mich nicht mehr in einem existentiellen Dilemma; ich war einfach nur deprimiert. Wenn ich auf der Straße einen Bekannten mir entgegenkommen sah, tat ich, als sähe ich ihn nicht, und eilte schnell auf die andere Straßenseite, weil mir belanglose Unterhaltungen unerträglich geworden waren. Telefongespräche mit meinen Eltern waren eine Qual. Ich konnte die Besorgnis in ihren Stimmen hören, doch statt den Wunsch zu spüren, sie zu beruhigen und zu sagen, daß alles in Ordnung sei, machte mich ihre Besorgnis schuldbewußt. Ich nahm dann immer eine Abwehrhaltung ein, so daß sich meine Worte schlimmer anhörten, als es der Wirklichkeit entsprach. Es kam mir jedoch nie in den Sinn, einen Therapeuten oder Psychiater aufzusuchen, denn das wäre für mich sowohl schändlich als auch gefährlich gewesen. Gefährlich in dem Sinn, daß ich mir vorstellte, jeder Therapeut würde sein Bestes tun, um mich dazu zu überreden, gerade die Selbstzufriedenheit und die Mittelmäßigkeit zu akzeptieren, die ich in mir hatte zerstören wollen. Und das nur, um mich wieder aufs College zu zwingen und wieder ins System einzubauen. Gefährlich auch in dem Sinn, daß ein guter Therapeut mich sofort durchschauen und sagen würde: »Es ist nicht der Tod Ihres Freundes, der Sie deprimiert macht! Sie fühlen sich so, weil Sie einfach enttäuscht sind, nicht noch privilegierter zu sein, als Sie es jetzt schon sind, etwa indem Sie eine Art von Weiser werden! Offen gestanden bekommen wir an den besseren Hochschulen eine Menge davon zu sehen, und es widert mich immer wieder an.« Es kam mir gar nicht in den Sinn, daß ich irgendwo da draußen einen Therapeuten finden konnte, der sich auf meine Seite stellte und mir auf eine Weise dabei half, mir über meine Schwierigkeiten Klarheit zu verschaffen, die mir gefielen. Mir kam ebensowenig der Gedanke, daß ich in den Fragen der Selbstzufriedenheit und Mittelmäßigkeit falsch lag sowie darin, was das geprüfte Leben ausmachte. Je deprimierter ich wurde, um so verzweifelter klammerte ich mich an den Glauben, mit Recht deprimiert zu sein. Die Möglichkeit, daß ich mich total irrte und all das umsonst durchmachte, wäre unerträglich gewesen.

Ich kann nur dankbar sein, daß Professor McBirney, den ich fast jeden Tag im Institut für asiatische Sprachen sah, meinen Kummer bemerkte und es auf sich nahm, dafür zu sorgen, daß ich eine freundliche Unterhaltung nicht lange entbehren mußte. Er lud mich mehrmals in der Woche zum Lunch ein, und als wir uns allmählich näherkamen, lud er mich auch zum Dinner ein. Er war darin meinem Vater nicht unähnlich, daß er sehr wohl wußte, daß man einem Menschen in Not auch damit ein guter Freund sein

kann, indem man ein guter Zuhörer ist. Er ließ es zu, daß ich ihn buchstäblich Hunderte von Stunden lang mit meinen Problemen langweilte. Das half mir, meine Gedanken einem anderen Menschen gegenüber auszudrücken, und die Tatsache, daß ein Professor ein so starkes Interesse an meinen philosophischen Gehversuchen zeigte, war die einzige Quelle von Selbstwertgefühl, die mir geblieben war. Viele Jahre später gestand er mir jedoch zu meiner großen Erleichterung, daß er seit seinem Examen die Fähigkeit besessen habe, sich den Anschein des Zuhörens zu geben, obwohl er in Wahrheit grammatische oder Übersetzungsprobleme löste, so daß ich ihn gar nicht so sehr gequält hatte.
Die Monate schlichen dahin. Das Wetter wurde kälter und feuchter, die Tage wurden kürzer, und ich schlief immer mehr. Im Dezember konnte ich dieses Leben nicht mehr aushalten. Ich fühlte mich nun schon so lange unwohl in meiner Haut, daß ich verzweifelt nach irgendeiner Erlösung suchte. Doch was für eine Erlösung gibt es bei solchen Problemen?
In früheren Augenblicken intensiven Unglücklichseins (etwa als Dad meine Hasch-Pflanzen fand) hatte ich mir natürlich vorgestellt, daß ich von einem Felsen sprang oder mir die Kehle durchschnitt, doch das war immer eher eine Phantasie von Rache oder Strafe als sonst etwas und verging schon nach wenigen Stunden oder gar Minuten wie ein leichtes Fieber. Doch jetzt kam mir die Idee der Vergessenheit – der permanenten und totalen Erlösung – irgendwie vernünftig und reizvoll vor. Statt eine impulsive Verzweiflungsphantasie zu sein, kam sie mir wie die einzige gnädige Reaktion auf ein Problem vor, das mich schon in einen Zombie verwandelt hatte und sich nur noch verschlimmern würde. Ich wollte niemanden sonst mit in den Abgrund reißen und wußte, daß ich die Lage, in die ich mich gebracht hatte, nicht mehr lange würde ertragen können.
Es kam mir wie eine rationale Entscheidung vor, doch solange meine Eltern noch am Leben waren, konnte ich sie unmöglich in

die Praxis umsetzen. Die Vorstellung, was ich ihnen damit antun würde, war so abstoßend, so unaussprechlich obszön, daß ich nur den Kopf schütteln und denken konnte: Morgen wird mir schon etwas einfallen, morgen wird vielleicht ein Wunder geschehen.

Aus einer Eingebung heraus fragte ich Professor McBirney an einem Sonnabend nachmittag, ob ich mir übers Wochenende seinen Wagen leihen könne, um meine Eltern zu besuchen. Wenn ich es ihretwegen in einer Hölle auf Erden aushielt, würden sie mich zumindest von Zeit zu Zeit bei sich aufnehmen und ernähren. McBirney stimmte zu. Ich dankte ihm, fuhr nach Hause und verbrachte den Abend, in die grüne Decke gehüllt auf der Couch liegend, damit, Dad an einem Aquarell arbeiten zu sehen. Wie gewohnt hatte ich in der Nacht einen dummen Angsttraum – nur war dieser so dumm, daß ich ihn mir nach dem Aufwachen merkte, um ihn meinem Vater gleich am Morgen erzählen zu können. Ich dachte, er würde ihm Spaß machen.

Im Traum war ich von der NASA eingeladen worden, vor einem hochkarätigen Komitee von Ingenieuren einen Vortrag zu halten. Sie waren zusammengekommen, um über die Konstruktion einer Raumkapsel zu diskutieren, die einen Mann zum Jupiter und zurück befördern konnte. Wegen meiner reichen Erfahrungen als Astronaut bei mehreren Flügen zum Mars wollten die Ingenieure von mir wissen, welche Vorschläge ich für die Jupiter-Kapsel zu machen hätte. Nachdem man mich vorgestellt hatte, öffnete ich meine Aktentasche und zog ein Bündel von Diagrammen heraus, die ich vorbereitet hatte. Sie zeigten genau, wie die neue Raumkapsel gebaut werden mußte. Als ich das erste Diagramm in den Projektor schob, erfüllte nervöses Gelächter den Raum. Ich schaute auf den Schirm an der Wand und sah zu meiner ersten Verwirrung eine unbeholfene Zeichnung von einem Karton.

Da hat sich jemand einen Spaß mit mir erlaubt, dachte ich, als ich den Stapel meiner Diagramme untersuchte. Als ich sie in der

Hand hielt, sahen sie genauso aus, wie ich sie gezeichnet hatte, präzise und kunstvoll, doch kaum schob ich ein Blatt in den Projektor, verwandelten sie sich in Skizzen von dem Karton, in dem ich als Kind gesessen und geträumt hatte, ich wäre ein Astronaut. Das nervöse Lachen im Saal wurde zu verärgertem Schweigen und dann zu einem unheilvollen Murmeln. Schließlich bat mich der Direktor der NASA, vom Podium herunterzukommen. Ich versuchte zu protestieren, doch zwei Männer in dunklen Anzügen mit spiegelnden Sonnenbrillen und winzigen Kopfhörern im Ohr packten mich grob und warfen mich aus dem Saal.

»Was meinst du dazu?« fragte ich meinen Vater.

»Du hast schon recht, ein ziemlich dummer Traum«, sagte er zerstreut und machte seine Pinsel für die Arbeit des Nachmittags zurecht.

Er hatte mir offensichtlich nicht aufmerksam zugehört, sonst wäre seine Antwort ganz anders ausgefallen. Ich sagte ein paar Minuten gar nichts, während er dort weitermachte, wo er am Tag zuvor bei seinem Bild aufgehört hatte. Es zeigte den nächtlichen Wald vor unserem Wohnzimmerfenster. Das Bild war fast völlig in Schattierungen von Schwarz gehalten mit Ausnahme zweier leuchtend grüner Liegestühle aus Kunststoff, die sich gegenüberstanden und in dem Licht, das aus unserem Haus ins Freie drang, unheimlich glühten.

»Weißt du, wie ich es nennen möchte?« fragte Dad, betrachtete das Gemälde und grinste.

»Wie denn?«

»›Sie glauben, wir wären nur Liegestühle‹.« Er gluckste, doch ich reagierte nicht. Ich war wütend, weil er für meinen Traum nicht mehr Interesse aufgebracht hatte. Als er anfing, einem der Liegestühle den letzten Feinschliff zu geben, beschloß ich, wieder auf das Thema zurückzukommen.

»Weißt du aber, was an diesem Traum so merkwürdig ist?«

»Nein, was denn?«
»Er ist irgendwie wahr. Ich meine, ich bin doch ein Schwindler, wenn man es recht bedenkt.«
»Inwiefern bist du ein Schwindler, Mark?«
»Denk doch mal darüber nach, Dad! Ich versuche ständig, zu jemandem zu werden, der ich nicht bin. Es ist die Geschichte meines Lebens.«
Er nickte und malte weiter. Wahrscheinlich nahm er an, daß ich noch nicht geendet hatte. Ich ärgerte mich über ihn, doch etwas an der Art, wie er die Unterhaltung führte – er hatte mir nicht gerade heftig widersprochen, als ich mich als Schwindler bezeichnete –, provozierte mich dazu, fortzufahren.
»Sieh dir doch nur an, was ich seit meinem dreizehnten Lebensjahr getan habe: Erst habe ich versucht, ein Kung-Fu-Meister zu werden, dann ein Konzert-Cellist, heute ein Professor für Chinesisch, und keiner davon entspricht meiner wirklichen Natur. Genausogut könnte ich mir einen Umhang umlegen und so tun, als wäre ich Superman; das wäre kaum lächerlicher. Andere Menschen entwickeln sich allmählich, ich aber nicht. Ich möchte nicht kleine Schritte tun müssen, um irgendwohin zu kommen; bei mir muß es immer der Große Sprung sein, immer die Vollständige Verwandlung. Natürlich komme ich nie dort an, weil ich nicht das Stehvermögen dazu habe. Ich springe immer vorher ab.«
Um ihm nachdrücklich klar zu machen, was ich meinte, fuhr ich fort, um zu beweisen, daß ich ein Drückeberger war. Ich wollte ihm beweisen, daß ich unweigerlich mit etwas aufhörte, wenn ich kurz davor stand, als Hochstapler entlarvt zu werden:

1 Ich hatte mit dem Kampfsport aufgehört, weil Kung-Fu mich nicht in einen furchtlosen Krieger verwandelt hatte. Jeder Idiot hätte mir sagen können, daß ich es nie sein würde.
2 Nach zehn Jahren Cello-Spiel, eine Zeit, die ich meist mit Versuchen verbracht hatte, meinem Vater und Mutter zu ge-

fallen, hörte ich Yo-Yo Ma einmal spielen, um danach sofort aufzuhören. Wenn ich nicht sein konnte wie er, wollte ich anscheinend nichts mehr mit dem Cello zu tun haben, obwohl jeder Dummkopf mir hätte sagen können, daß Yo-Yo Ma nicht nur ein Genie war, sondern seit dem dritten Lebensjahr auch sechs Stunden am Tag geübt hatte. Aber glaubte ich etwa, auch so hart arbeiten zu müssen? Ich doch nicht!

3 Nachdem ich das Hauptfach Chinesisch belegt hatte, weil es das einzige Fach war, in dem ich einen gewissen Vorsprung hatte und deshalb etwas klüger erscheinen konnte, als ich wirklich war, indem ich mich darauf konzentrierte, passierte folgendes: Ich gelangte zu der Überzeugung, daß das Lesen philosophischer Texte in der chinesischen Ursprache mich in Tungli Shen verwandeln würde. Als ich schließlich tatsächlich einige dieser Texte im Original las und dennoch unerleuchtet blieb, verlor ich jedes Interesse an chinesischer Kultur.

4 (Am lächerlichsten von allem) Ich hatte das College geschmissen, weil es mich so deprimierte, ein Drückeberger zu sein, daß ich mich nicht mehr auf meine Hausarbeiten konzentrieren konnte.

Als letztes erinnerte ich meinen Vater noch an die Zwecklosigkeit von allem, nur für den Fall, daß er es vergessen haben sollte. »Wir sind nichts weiter als große Haufen von Atomen, die sich in bestimmten Mustern bewegen. Es ist so, wie du immer gesagt hast: Wir halten uns für was Besonderes, wenn wir aber ernsthaft darüber nachdenken, erkennen wir: *Wen glauben wir damit zu täuschen?*

Dad machte nicht den Eindruck, als wollte er mir in diesem Punkt widersprechen, und so fuhr ich fort: »Mir ist schließlich die Erkenntnis gedämmert, daß alle Menschen, die ich mag oder respektiere, eingestanden haben, keine Antwort auf die großen Fragen von Leben und Tod zu kennen. Trotzdem scheinen sie alle damit leben zu können; sie bewegen sich vorwärts. Aber ich kann das nicht! Ich empfinde immer nur eins: Was? Soll das alles sein? Ich war schon als kleiner Junge so, was vermutlich der Grund dafür ist, weshalb ich immer Tagträume hatte. Jetzt kann ich das nicht mehr, weil ich alt genug bin zu wissen, daß man sich damit nur selbst täuscht. Es ist nichts weiter als eine Nebelwand, die ich erzeugt habe, um mich abzulenken. Und jetzt, wo ich nicht mal mehr das habe, kann ich nichts weiter sehen als fünfzig oder sechzig Jahre voller Plackerei, wonach ich wahrscheinlich in einem Seniorenheim tot umfalle. Darum dreht sich alles, nicht wahr?«

Ich machte eine dramatische Pause und wartete auf eine verbale Antwort oder zumindest Applaus. Es war eine umwerfend gute Rede gewesen, dachte ich. Doch Dad blickte nicht mal von seinem Aquarell auf, und so beschloß ich, ihn zum Sprechen zu zwingen.

»Himmel, Dad, du bist doch Sozialarbeiter«, sagte ich und erlaubte mir, böse zu sein. »Du mußt doch zu alldem etwas zu sagen haben.«

Endlich legte mein Vater seinen Pinsel hin und hob den Kopf, um mich anzusehen. Er schob seine Lesebrille ein Stück höher auf die Nase und blickte mich, wie mir schien, lange prüfend an. Er hob eine Augenbraue und senkte sie dann; er machte leicht den Mund auf und schloß ihn dann wieder. Er schien sich mehrere mögliche Antworten zu überlegen, bevor er sich für eine entschied.

Schließlich verzog sich sein Gesicht zu einem Grinsen. »Willkommen im Club«, sagte er und zuckte die Schultern.

Er wartete ab, was ich tun würde. Als mir aufging, daß mir wirklich keine andere Wahl blieb, als ebenfalls zu grinsen, nickte er und fuhr mit seiner Malerei fort.

Epilog

Ein Mensch ist nie er selbst, sondern immer eine Maske; ein Mensch besitzt nie seine eigene Persönlichkeit, sondern stellt immer eine andere dar, von der er besessen ist. Und dieser andere Mensch, der man ist, sind immer die Vorfahren.

Norman O. Brown

Im Juni 1993 entdeckten drei Astronomen einen Kometen, der bei seiner letzten Sonnenumkreisung in mehrere Stücke zerbrochen war. Kurz nachdem sie ihre Entdeckung verkündet hatten, stellten andere Wissenschaftler, die den Kometen ebenfalls beobachteten, Berechnungen an. Sie errechneten seine Geschwindigkeit, Position und Flugbahn und fanden heraus, daß die Teilstücke im Juli 1994 auf dem Planeten Jupiter aufprallen würden. Diese Kollisionen, so erklärten sie, würden von einer solchen Größenordnung sein, daß die Zivilisation, wie wir sie kennen, sofort zu Ende sein würde, wenn sie sich hier auf der Erde ereigneten. Einige Wissenschaftler prophezeiten, der Aufprall werde so heftig sein, daß wir sogar mit Amateur-Teleskopen die Zerstörungen mit ansehen könnten, obwohl wir vierhundert Millionen Meilen vom Schauplatz entfernt seien. Andere Forscher beharrten darauf, daß Kometenfragmente zu klein seien und von der bewölkten Atmosphäre und der aus Flüssigwasserstoff bestehenden Oberfläche des Jupiter verschluckt würden, als würde man Murmeln in einen riesigen Milchshake fallen lassen. Sie warnten die Astronomen vor der Hoffnung, ein kosmisches Schauspiel zu erleben.

»Von hier aus werden wir es nie sehen«, sagte mein Vater, der wie stets mit den Pessimisten einer Meinung war, doch das hielt ihn nicht davon ab, mit seinem neuen Teleskop von Tucson, Arizona, wohin er mit meiner Mutter nach der Pensionierung gezogen war, fünfhundert Meilen nach Kalifornien zu fahren, damit er und ich den Zusammenprall notfalls doch vom Gipfel des Mount Wilson beobachten konnten. Ich hatte das alte Teleskop schon bei mir in Los Angeles. Er hatte es mir, zusammen mit einem guten Feldstecher, zur Hochzeit geschenkt. Wir wollten die beiden nebeneinander aufstellen und die Optik vergleichen.

Der Traum meines Vaters von der Pensionierung war endlich wahr geworden, fünfunddreißig Jahre nach seinem Eintritt in die Arbeitswelt und lange, nachdem der letzte unserer Volkswagen-Busse durchgerostet war und abgeschleppt werden mußte. Bei dieser Sterngucker-Fahrt fuhr er einen Plymouth Voyager, der trotz der Namensgleichheit mit der am höchsten fliegenden Raumsonde der NASA dazu neigte, in großer Höhe einfach stehenzubleiben. Mein Vater hatte dem Händler das Problem schon oft geschildert, jedoch ohne positive Ergebnisse. Am Tag vor dem errechneten Aufprall des Kometen versuchten wir, den Wagen in einem Probelauf auf den Mount Wilson zu fahren, um einen guten Standort für unsere Teleskope zu finden, und prompt blieb der Voyager stehen, bevor wir den Gipfel erreichten.

»Kauft amerikanische Produkte«, grantelte mein Vater, als wir bergab in Richtung Los Angeles rollten. »Ich würde diesen Wagen Lee Iacocca gern in den Hintern stecken.« Am nächsten Abend gingen wir auf Nummer Sicher und nahmen meinen Toyota Corolla. Das bedeutete jedoch, daß wir nur das kompaktere Teleskop meines Vaters mitnehmen konnten. Fünfzehn Jahre waren vergangen, seit mein Vater seine denkwürdige »Willkommens«-Ansprache in Connecticut gehalten hatte. Wie es bei Übergangsriten nun mal der Fall ist, konnte sie sich in Begriffen der Verfeinerung oder der dramatischen Wirkung kaum mit so altehrwürdigen Zeremonien wie der Konfirmation, der Bar Mizwa oder

Erwachsenenbeschneidung ohne Betäubung messen. Trotzdem hatte sie funktioniert; dieser Augenblick hatte sich als entscheidendes Erlebnis meiner Jugend erwiesen. Als Kind hatte ich immer auf das Verständnis meines Vaters zählen können. Er hatte stets gewußt, wie mir zumute war, hatte sich in mich hineinversetzen können. An jenem Nachmittag hatte sich ein Zyklus vollendet: Er hatte mich wissen lassen, daß ich es schließlich geschafft hatte, mir *seine* Schuhe anzuziehen. Wie der Zauberer von Oz, der dem ›Feigen Löwen‹ eine Medaille an die Brust heftet, lenkte mein Vater meine Aufmerksamkeit lediglich nur auf das, was ich schon wußte.

Ein weiterer Aspekt unseres Wortwechsels an jenem Tag, der uns immer nur im Kreis herumführte, war folgender: Nachdem ich in einem psychologischen Sinn so viele Jahre lang versucht hatte, mich von ihm zu entfernen, war es jetzt sowohl ironisch als auch aufheiternd, mit meinem Vater am entferntesten Punkt meiner Reise zusammenzutreffen. Wenn Norman O. Brown recht hat und wir tatsächlich nicht wir selbst sind, wenn wir in Wahrheit nur Masken sind, die unsere Vorfahren repräsentieren, zeigt meine bisherige Lebenserfahrung, daß es auch seine positive Seite hat zu entdecken, daß die Seele des einzelnen in Wahrheit eher so etwas wie ein Unternehmen ist: Besessen zu sein bedeutet, daß man von sich nie behaupten muß, allein zu sein.

Daß ich jetzt in den Schuhen meines Vaters stand, machte mir noch etwas deutlich: Wir hatten zwar eine Menge gemeinsam, doch ich war keineswegs ganz und gar wie er. Seine Schuhe paßten mir eben nicht ganz. Die meisten Menschen, die unsere Familie kennen, behaupten steif und fest, meine Persönlichkeit ähnele mehr der des ältesten Bruders meines Vaters, Ray, dem unglaublich extrovertierten Innenarchitekten, und nicht dem meines stark introvertierten Vaters. Doch das ist eine andere Geschichte.

Ich bin ein synthetischer Pessimist und kein wirklicher. Die

Sinnlosigkeit des Daseins löste in mir mehr als ein Jahr lang ernste Depressionen aus, doch nachdem ich den Punkt der Erschöpfung erreicht hatte und wußte, daß es keinen Sinn hatte, so weiterzumachen, war ich des Nachdenkens über Sinnlosigkeit überdrüssig geworden. Ich löste jedoch nicht das Problem, sondern verlor einfach das Interesse daran. Ich hatte genug davon, nur aus dem Fenster meiner Wohnung zu starren. Im folgenden Jahr ging ich wieder aufs College und versuchte, Englisch als Hauptfach zu nehmen, nur um zu erfahren, daß ich die Voraussetzungen nicht erfüllte; ich mußte also mit Chinesisch abschließen. Ich fand mich mit der Einstellung ab, daß ich es wegen des Diploms machen würde und es nicht allzu ernst nehmen wollte, mit dem Ergebnis, daß das Studium mir plötzlich mehr Spaß machte, als ich vermutet hatte.

Für ein examenswichtiges Studienprojekt wählte ich einige von Tungli Shens volkstümlichen chinesischen Gedichten aus, was mir die Gelegenheit gab, mich ein ganzes Jahr lang einmal in der Woche mit ihm zu treffen und in einem Restaurant gegenüber dem Institut für asiatische Sprachen bei Pizza und Kaffee mit ihm zu plaudern. Es war eine Arbeit, die mich nicht sonderlich in Anspruch nahm. Mir gefielen die Gedichte, und ich konnte in der ruhigen Gewißheit an die Arbeit gehen, daß ich jederzeit Gehör bei der unbestrittensten Autorität dieses Fachgebiets finden würde, falls ich zu einem Gedicht Fragen hatte.

Nach der Pensionierung konnte mein Vater endlich seine gesamten Energien auf seine drei Hauptinteressen richten: die Malerei, die Astronomie und den Zorn, wann immer er in der Zeitung liest oder im Fernsehen sieht, daß das allgemeine Interesse an übernatürlichen Phänomenen ansteigt.

»Hast du das gehört, Martha? Die Colleges bieten jetzt Kurse in *Astrologie* an.« Dies sagte er am Nachmittag des Kometen-Aufpralls, an dem er sich über unsere Fahrt zum Mount Wilson sorgte.

Würde der Himmel bewölkt sein? Ob das Auto einen Platten bekam? Was wäre, wenn ein Carjacker auf die Idee kam, auf der dunklen, einsamen Straße zu dem berühmten Observatorium könnten sich ein paar Astronomen befinden?
Dad schaltete auf einen anderen Kanal, nur um Bilder von einem christlichen Jugendtreffen zu sehen, auf dem der Papst begrüßt wurde. Die Ader auf der Stirn meines Vaters sah aus, als würde sie jeden Moment platzen. »*Dieser* Kerl! *Dies* ist der Kerl, der *erst jetzt* zugibt, daß Galilei recht hatte, vierhundert Jahre nachdem alle anderen es kapiert hatten. Trotzdem beharrt er darauf, daß es *völlig außer Frage* stehe, daß Gott Geburtenkontrolle für etwas Schlechtes hält. Was ist mit den Menschen *eigentlich los*?«
»O Dad«, sagte ich in dem Wissen, daß die Frage nicht ernst gemeint war, doch ich schluckte den Köder trotzdem. »Viele Menschen finden es tröstlich zu glauben, daß es einen großen Plan gibt und einen Planer, der sich um sie sorgt. Warum sollten Leute wie wir ihnen das verderben?«
»Natürlich ist es tröstlich, aber das heißt doch noch lange nicht, daß sie es glauben sollen! Ich meine, wenn einige Leute an die Bibel oder an Tarot-Karten oder diese abstoßenden Marktschreier in den Infomercials glauben wollen, die einen Notdienst von Psychiatern anbieten, schön, in Ordnung, aber dann sollen sie es wenigstens in der Abgeschiedenheit ihrer eigenen vier Wände tun. Warum muß das in die Nachrichten kommen? Wenn ich Märchen hören will, würde ich den Märchenkanal einschalten. Das hier ist CNN, verdammt noch mal! Warum bringen sie nichts über den Jupiter? Das Ereignis des Jahrhunderts steht kurz bevor, und ich muß mir einen Mann ansehen, der sich für qualifiziert hält, im Namen Gottes zu sprechen. Einen Mann, der in einer motorisierten, kugelsicheren Seifenblase herumfährt und einen dämlichen Hut aufhat. Blödsinn!«
Ich neige dazu, in diesen Fragen mit meinem Vater einer Meinung zu sein, doch mein Schamgefühl zwingt mich, es nicht zu plaka-

tieren; es wäre ein bißchen vermessen für einen Typ, der mal eine Kahlkopf-Perücke getragen hat, sich über den Hut des Papstes lustig zu machen.
Die Stunden krochen dahin. Wir fuhren gleich nach dem Abendessen los und erreichten den Gipfel des Mount Wilson in dem Moment, in dem Jupiter und Venus am Abendhimmel sichtbar wurden. Zum Glück war der Himmel nicht bewölkt. Wir stellten das Teleskop meines Vaters auf und riskierten einen Blick. Wir konnten beide nichts auf der Oberfläche des Jupiter erkennen.
»Ich hab's gewußt«, sagte mein Vater und nickte.
»Es ist noch früh.«
Wir suchten nach einigen unserer alten Sommer-Favoriten wie etwa dem Lagunen- und dem Ringnebel, doch der Mondschein machte sie unsichtbar. Wir mußten uns damit begnügen, durch die dichteren Teile der Milchstraße zu wandern und über die unvorstellbar große Zahl von Sternen in unserem Teil unseres großen Spiralnebels zu staunen. Wenn wir es irgendwie schaffen könnten, die gesamte Milchstraße auf einmal zu betrachten, würden wir mehr als vierhundert Milliarden Sterne sehen. Und die Entfernungen! Wenn wir eine Rakete bauen könnten, die mit einer Million Meilen pro Stunde dahinfliegt, würden wir immer noch dreitausend Jahre brauchen, um Alpha Centauri zu erreichen, den uns am nächsten gelegenen Stern. Und die anderen? Wenn eine Gruppe von Menschen mit Lichtgeschwindigkeit fliegen könnte – eine Million Meilen alle fünf Sekunden –, müßten sie dreißigtausend Geburtstage zusammen feiern, bevor sie die Mitte unserer Milchstraße erreichten. Und was ist mit den anderen Galaxien? Es gibt da draußen mindestens einhundert Milliarden davon; man kann sich vorstellen, wie lange es dauern würde, auch nur eine bescheidene Rundfahrt zusammenzustellen. Wer sich zur Astronomie hingezogen fühlt, betrachtet die Sterne, weil er nicht anders kann; wenn wir uns den Nachthimmel ansehen, werden wir daran erinnert, daß wir ins Unbekannte starren,

und das stört uns, da es uns ängstlich macht und ein Gefühl von Unvollkommenheit vermittelt. Dann fühlen wir uns gezwungen, durch Teleskope zu blicken und damit den Versuch zu unternehmen, das Unbekannte bekannt zu machen und es in den Bereich des Vertrauten zu holen. Wir wissen, daß die Astronauten und Kosmonauten, die unsere Erde aus dem Weltraum tatsächlich mit eigenen Augen gesehen haben, in einem Punkt einer Meinung sind: Ideen wie die Gemeinschaft aller Menschen, die wechselseitige Abhängigkeit allen Lebens und die Verwundbarkeit unseres Planeten wurden für sie im All weit realer als zuvor. Für sie ist dieses Raumschiff Erde keine intellektuelle Erfahrung mehr, sondern persönliches Erleben.

Astronomen würden das Weltall am liebsten zu einem persönlichen Erlebnis machen, obwohl sie wissen, daß sich das nicht machen läßt. Vergeblich ist die Hoffnung, daß irgendein Mensch die Leere jenseits der fernsten Milchstraßen erleben könnte, von dem ganz zu schweigen, was in Universen liegen könnte, die mit unserem Universum nichts zu tun haben – oder gar in den Welten, die sich in jedem subatomaren Teilchen verstecken. Angesichts der sehr realen Grenzen von Zeit und Raum und unserer Sinne ist diese Hoffnung unrealistisch.

Doch wir blicken trotzdem weiterhin durch unsere Teleskope und Mikroskope. Warum tun wir das, wenn wir wissen, daß wir damit keine befriedigenden Antworten finden? Vielleicht hängt diese Frage mit der zusammen, die ich meinem Vater gestellt hatte: Wie sollen wir leben, wenn wir wissen, daß wir sterben müssen? Warum sollen wir uns überhaupt mit diesen Dingen beschäftigen, da nichts davon mehr zählen wird, wenn die Sonne verbrennt und die Erde zu kalter Schlacke wird? Warum sollte man sich überhaupt noch um etwas sorgen?

Die vorläufige Antwort auf diese Frage ist folgende: Weil es immer noch das beste denkbare Spiel ist, sich um alle möglichen Dinge Gedanken zu machen. Ich würde sogar behaupten, daß das für Menschen das *einzige* Spiel ist, das sich lohnt. Der Physiker Stephen Hawking wurde einmal gefragt, ob er der Meinung sei, daß alles im Universum einschließlich unserer Gedanken, unseres Verhaltens und unseres Bewußtseins von einem freien Willen durch die grundlegenden Gesetze der Physik determiniert sei. Ja, erwiderte er; das Universum ist determiniert, doch die Gleichungen sind so unfaßbar komplex, daß niemand je hoffen kann, sie zu lösen. Er schrieb:

> Mir ist aufgefallen, daß selbst Menschen, die alles für vorherbestimmt halten und der Meinung sind, wir könnten nichts dagegen unternehmen, sich umsehen, bevor sie die Straße überqueren ... Man kann sein Verhalten jedoch nicht auf der Idee gründen, alles sei determiniert, weil wir nämlich nicht wissen, was vorherbestimmt worden ist. Statt dessen muß man die wirksame Theorie anerkennen, daß man einen freien Willen hat und selbst für sein Handeln verantwortlich ist. Diese Theorie taugt zwar nicht dazu, menschliches Verhalten vorherzusagen, doch wir nehmen sie an, weil es keinerlei Möglichkeit gibt, die aus grundlegenden Gesetzen entstehenden Gleichungen zu lösen. Es gibt überdies einen darwinistischen Grund dafür, daß wir an den freien Willen glauben: Eine Gesellschaft, in der sich der einzelne für sein Handeln verantwortlich fühlt, wird eher zur Zusammenarbeit bereit sein und überleben können, um so ihre Wertvorstellungen zu verbreiten.

Wenn das so ist, würde die Theorie der natürlichen Selektion erklären, weshalb sich so viele von uns um die Erde und andere Menschen Gedanken machen, weshalb so viele der Ansicht sind, daß das Bemühen, uns selbst und die Welt zu verstehen, lohnend sei: weil wir im Verlauf vieler Generationen darauf hingezüchtet worden sind, unersättlich neugierig zu sein. Diejenigen unserer Vorfahren, die sich um etwas kümmerten und die Welt ein wenig besser zu verstehen lernten, überlebten. Sie reproduzierten sich öfter als diejenigen, denen alles gleichgültig war. Damit sind wir bei uns Heutigen angelangt: bei Menschen, die genetisch darauf angelegt sind, sich zu fragen, wie die Dinge funktionieren, die in eine Welt hineingeboren worden sind, die viel zu komplex und viel zu chaotisch ist, um je völlig verstanden zu werden.

Es verging eine halbe Stunde, bis Dad und ich das Teleskop wieder auf den Jupiter richteten. Diesmal glaubten wir beide, am Rand des Sehfelds etwas entdeckt zu haben, waren uns jedoch nicht sicher. Die Minuten schleppten sich dahin. Als sich der Jupiter um seine Achse drehte, kam der hintere Rand des Planeten allmählich klarer ins Blickfeld, und tatsächlich entdeckten wir einen runden dunklen Fleck an seiner Oberfläche, der zuvor nicht dort gewesen war. Wir waren außer uns vor Freude.

»Warte einen Moment«, sagte mein Vater und ging schnell zum Wagen. Dort untersuchte er ein Bündel mit Informationen, die er bei der Zeitschrift *Sky and Telescope* bestellt hatte. Er blickte wieder durchs Teleskop. »Scheiße«, sagte er. »Das ist es nicht.« Der Fleck, den wir betrachteten, befand sich auf der falschen Hemisphäre! Wir hatten vor der Abfahrt im Radio gehört, inzwischen seien mehrere Kometenfragmente eingeschlagen und wie vorhergesagt auf der nördlichen Hemisphäre auf den Jupiter geprallt. Wir betrachteten beide die Informationen der Zeitschrift; da war kein Zweifel möglich, der Komet würde in der nördlichen Hemisphäre aufschlagen. Wir blickten wieder durchs Teleskop. Jetzt sahen wir zwei dunkle Flecke, doch die befanden sich auf der *südlichen* Hemisphäre.

»Bist du dir sicher, daß das nicht die nördliche Hemisphäre sein könnte?« fragte ich. Die Ungewißheit beruhte darauf, daß Reflektorteleskope jedes Bild spiegelverkehrt zeigen; wenn ich die Flecke betrachtete, befanden sie sich an der Spitze des Planeten, so daß man *das Gefühl* hatte, sie befänden sich auf der nördlichen Hemisphäre, obwohl ich es besser wußte.

»Nix da. Ich weiß, was das für Flecke sind«, sagte Dad und seufzte.

»Nämlich?«

»Es sind Schatten. Zwei der Jupiter-Monde müssen sich vor dem Planeten befinden. Sieh dir doch nur an, wie rund und klar begrenzt sie sind und wie riesig. Das hätte der Komet auf keinen Fall zustande bringen können. Es sind nur Schatten.«
Wir waren beide enttäuscht, doch die Nacht war noch jung. Wir suchten stundenlang die nördliche Hemisphäre ab, machten uns sogar alle fünfzehn Minuten Skizzen, falls etwas auftauchte, das wir nicht gleich bemerkten, doch da war nichts. Beide blickten wir immer wieder auf diese zwei dunklen Flecke; was wäre, wenn wir uns irgendwie irrten und sie letztlich doch den Kometen-Aufprall zeigten, den wir sehen wollten? Wir wollten dies glauben, doch wenn man sich *wünscht,* daß etwas wahr ist, ist es nicht das gleiche, als *glaubte* man daran. Um Mitternacht gaben wir auf. Wir waren beide müde und erinnerten uns, daß wir noch eine lange Heimfahrt vor uns hatten.

Wir sehnen uns alle nach Gewißheit, träumen von Gemütsruhe und möchten unsere wahre Identität entdecken. Zen-Jünger stellen gern die Frage: Wie war dein Ursprüngliches Gesicht vor deiner Geburt? Wer warst du, bevor deine Eltern dir beibrachten, wie du »du selbst« wirst? Die meisten von uns neigen zu folgender Annahme: Wenn es ein für allemal bewiesen werden könnte, daß wir die Antworten auf diese Fragen nie kennen werden und unsere Spezies für Gemütsruhe oder Gewißheit einfach nicht gebaut ist, müßte unsere gesamte Rolle im Leben – die Suche nach Sinn und Verständnis – vergeblich und mitleiderregend werden. Doch ist das tatsächlich so? Wenn wir wirklich darauf angelegt sind zu suchen, könnte es für uns Menschen doch nichts Furchterregenderes geben, als irgendwann am Endpunkt all dieses Suchens anzukommen. Klingt das nicht vernünftig? Würde es uns nicht alle unglaublich gelangweilt machen, ganz zu schweigen davon, daß wir alle zu Langweilern würden? Kann sich jemand etwas Langweiligeres vorstellen als ein Leben, in dem man sich keine Fragen mehr stellt und über nichts mehr staunt? Die Möglichkeit, daß wir auf ewig unfähig sein werden, alles gleichzeitig zu wissen, ist möglicherweise das beste Merkmal dieses ganzen menschlichen Experiments.

Als mein Vater und ich vom Mount Wilson zurückkehrten, waren meine Mutter und Jessica noch auf.
»Na, habt ihr Spaß gehabt?« fragte meine Mutter.
»Wir haben nicht viel gesehen, fürchte ich.«
»Jessica und ich haben uns einen Gruselfilm angesehen. Er war *scheußlich*, aber irgendwie hat er mir doch gefallen. Kriegen wir diesen Kanal auch in Tucson, Joe?«
Ich hatte meine Mutter, die Bach-Kennerin, mit meiner Frau allein gelassen. Diese hält Jason aus der Serie *Freitag der 13.* für einen postmodernen Antihelden. Sechs Stunden waren die beiden nur allein gewesen, und dann passiert so etwas! Ich stellte mir vor, intervenieren zu müssen und bei meiner Mutter ins Zimmer zu stürmen, wo sie sich *Hellraiser*-Videos ansah, statt Spinett zu spielen.

Als ich am nächsten Morgen aufstand, fand ich meinen Vater unten im Wohnzimmer vor. Er saß in seinem Sessel und las die Zeitung.
»Du wirst es nicht glauben«, sagte er und schüttelte verwirrt den Kopf.
»Was denn?«
Er zeigte auf ein Foto des Jupiter, das mit dem Hubble-Weltraumteleskop aufgenommen worden war. »Wir haben es gestern abend gesehen. Diese Flecke. Das war's.«
»Aber ...?«
»Es ist das neue Teleskop. Es ist ein Cassegrain und kein Newtonscher Reflektor wie unser altes. Ich hatte vergessen, daß es ein Prisma direkt vor dem Okular hat, um das seitenverkehrte Bild

zu korrigieren. Wahrscheinlich habe ich mich noch immer nicht daran gewöhnt.«

Wir hatten den ganzen Abend das Schauspiel des Jahrhunderts betrachtet, ohne es jedoch genießen zu können.

»Das ist noch nicht alles«, fuhr mein Vater fort. »Die Wetterfrösche haben für heute abend Wolken vorhergesagt.«

»Oh. Was für ein Pech.«

»Das kannst du laut sagen.«

Wir starrten die Fotos auf der Titelseite an. Da waren die Flecke, genau wie wir sie gesehen hatten. Jeder von ihnen war größer als die Erde.

»Astronomen in der ganzen Welt waren überglücklich und verblüfft«, jubelte das Blatt. »Nur wenige hatten erwartet, daß es so spektakulär wird.«

»Es ist genau wie bei der Sonnenfinsternis in Kanada«, sagte mein Vater.

»Nein, so schlimm ist es nicht. Immerhin *haben* wir es gesehen. Wir haben es nur nicht, wie soll ich sagen …«

»Wirklich gesehen«, unterbrach er mich.

Das war der Moment, in dem ich die Möglichkeit sah, die wie ein unbeholfener, flugunfähiger Vogel dahockte. Es war kaum sportlich zu nennen, doch ich konnte nicht widerstehen.

»Sei nicht traurig. Verstehst du, nicht alles wird so, wie du es gern hättest. Du lernst aber, damit zu leben.«

Er blickte von der Zeitung hoch und warf mir einen langen, funkelnden Blick zu.

»Schlaumeier.«